基础学科拔尖学生培养计划配套教材
—— 数学专业系列

陈猛　王庆雪　李志远　编著

抽象代数

中国教育出版传媒集团

高等教育出版社·北京

内容提要

本书主要内容涵盖群论、环论、域论三大部分。本书内容体系注重理论深度与思维训练，着力培养学生的抽象推理能力和严谨逻辑素养，通过系统化的知识架构与前沿视野的结合，既夯实学生数学理论基础，又激发其关注理论成果向关键技术领域的发展潜力。

本书可作为高等学校数学类专业的抽象代数课程教材，也可供数学教师作为教学参考书和科研工作者作为专业参考书使用。

前言

　　近 30 年来，复旦大学数学学科抽象代数课程使用的教材先后为《抽象代数学》（姚慕生编，复旦大学出版社）、《近世代数讲义》（杨劲根编著，科学出版社）。本书 3 位编者分别自 2012 年、2009 年、2021 年起从事数学本科抽象代数课程的教学工作，这期间该课程经历了 3 个方面的外部条件变化：自 2011 年开始，复旦大学数学学科的培养方案将抽象代数课程前移至本科第三学期授课；2015 年，复旦大学调整为每学期 16 周授课（外加 2 周考试）；2019 年，复旦大学开始开设数学英才班，需要一本适应更高要求的抽象代数独立教学方案和教材。因此，编者一直在教学一线努力实践，力图编写一本满足复旦大学数学学科本科多需求的抽象代数教材，幸运的是本教材被列入复旦大学首批"七大系列百本精品教材"专项建设。

　　编者得益于多年使用姚慕生先生和杨劲根先生的两本精彩教材，在编写过程中传承了两位先生学风严谨、编排细致、按需选料、内容衔接紧致的风格。本书内容涵盖群论、环论、域论三大部分，考虑到本校数学专业本科生良好的数学基础和能力，以及与后续荣誉系列课程的高效衔接，我们分别对传统抽象代数教材进行了内容上的扩充，并结合多年的教学实践，对主要定理的证明在处理方法上都做了细致的加工，更重视证明思路的清晰明了和可读性。本教材在例题和习题的编排上也花费了相当大的精力。编者在完成教材初稿的基础上于 2024 年秋季学期再次试用了一个完整的教学周期，并于 2024 年年底最后定稿。

　　抽象代数虽在形式上看似抽象，但它充满了美妙的推断逻辑和数学思维。编者希望本教材对读者有所帮助和启发，并能从中找到乐趣。本教材在编写过程中得到了陈苗芬、江辰、江智等专家的帮助和若干有益的改进建议，特此向他们表示衷心感谢！特别感谢博士生李濛初对本书 TeX 编辑工作的大力帮助，感谢下列博士生为编排部分习题所做出的奉献，他们是别品贤、昌文涛、陈在远、程怡然、储韩峰、丁思成、杜佩恩、蒋安、李濛初、刘核旭、鲁子伟、潘龙、唐指朝、吴昊宇、姚翰宇、喻正杰、张天越、朱民哲。在本书最终定稿之前，我们还收到了部分助教和学员的大量改进建议，恕不一一具名致谢。编写组感谢高等教育出版社兰莹莹、李蕊、杨帆、庞彤心等几位同志对推进本教材顺利出版所做的努力和给予的热情支持。限于编者的水平，本教材不足之处尚待逐步完善。

编　者

2025 年元旦写于上海

目录

第三章　域论　125

附录　集合　183

参考文献　188

记号列表　189

索引　192

第一章　群论

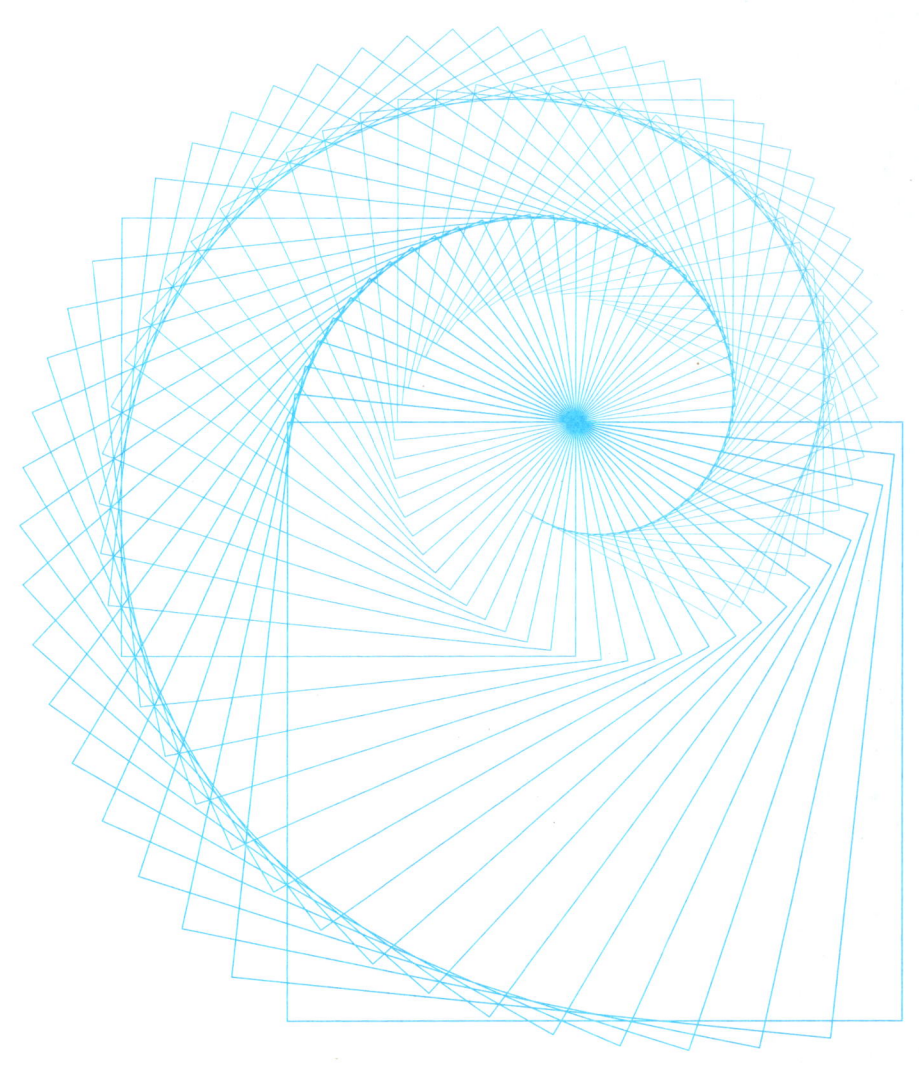

约定如下记号: $\mathbb{N} = \{1, 2, 3, \cdots\}$ 为自然数集, $\mathbb{Z}$ 为整数集, $\mathbb{Z}_{\geqslant 0}$ 为非负整数集. $\mathbb{Q}$ 为有理数集, $\mathbb{R}$ 为实数集, $\mathbb{C}$ 为复数集. 如果以 K 表示一个数域, 即 $K \subset \mathbb{C}$ 且在加、减、乘、除运算下封闭, 记 $M_{m \times n}(K)$ 为数域 K 上 $m \times n$ 矩阵全体, $M_n(K)$ 为 K 上 n 阶方阵全体. 本书中, 记号 $\triangleq$ 表示定义; 对一个有限集 S, id_S 表示集合 S 到自身的恒等映射, $|S|$ 表示 S 中元素的个数; $\Longleftrightarrow$ 表示 "当且仅当".

1.1 群与子群

半群、含幺半群和群

定义 设 G 是一个非空集合, 如 $f: G \times G \to G$ 为映射, 则称 f 为 G 上的一个二元运算 (binary operation). 对任意元素 $a, b \in G$, 我们记 $a \star b = f(a, b)$. 该二元运算也可记为 $(G, \star)$.

人们往往关注二元运算 $(G, \star)$ 的下列特性:

(1) 结合律: 对任意 $a, b, c \in G$, $(a \star b) \star c = a \star (b \star c)$.

(2) 交换律: 对任意 $a, b \in G$, $a \star b = b \star a$.

(3) 恒等元 (identity) e: 对任意 $a \in G$, $a \star e = e \star a = a$.

(4) 元素的逆: 设 $(G, \star)$ 有恒等元 e, 对 $x \in G$, 若存在 $y \in G$, 使得 $x \star y = y \star x = e$, 则称 x, y 互为逆 (inverse), 或称 x 可逆 (invertible).

命题 1.1 设 $(G, \star)$ 具有结合律, 则

(1) $(G, \star)$ 中至多只有一个恒等元.

(2) 若 $(G, \star)$ 含恒等元且 $x \in G$ 可逆, 则 x 的逆元是唯一的 (记 x 的逆为 x^{-1}).

证明 (1) 如果 e_1, e_2 都是恒等元, 则

$$e_1 = e_1 \star e_2 = e_2.$$

(2) 若 y_1, y_2 均为 x 的逆, 记 e 为恒等元, 则

$$y_1 = y_1 \star e = y_1 \star (x \star y_2) = (y_1 \star x) \star y_2 = e \star y_2 = y_2. \qquad \square$$

定义　若二元运算 $(G, \star)$ 满足结合律, 则称其为半群 (semi-group). 若半群中存在一个恒等元, 则称其为含幺半群 (monoid). 若含幺半群中的每个元素均可逆, 则称其为群 (group). 满足交换律的群被称为交换群, 亦称为阿贝尔群或 Abel 群.

为了简化表示, 我们在此后的叙述中将经常使用 "G 在运算 $\star$ 下是一个 (含幺) 半群或群" 或简称 "G 是一个 (含幺) 半群或群" 的表述方式 (当运算 $\star$ 明确时), 并将元素在 $\star$ 运算下的乘积简记为 $ab = a \star b$.

例 1　现提供几个常见的半群和群的例子. 设 $K = \mathbb{Q}$、$\mathbb{R}$ 或者 $\mathbb{C}$.

(1) 非负偶数集 $2\mathbb{N} \cup \{0\}$ 在乘法运算 "$\times$" 下是半群, 但不含恒等元.

(2) 非负整数集 $\mathbb{Z}_{\geq 0}$ 在加法运算 "$+$" 下是含幺半群, 但不是群.

(3) n 阶 K 系数矩阵的全体 $M_n(K)$ 在矩阵乘法运算 "$\cdot$" 下是含幺半群, 但不是群.

(4) 在加法运算下, $(\mathbb{Z}, +), (\mathbb{Q}, +), (\mathbb{R}, +), (\mathbb{C}, +), (M_{m \times n}(K), +)$ 都是交换群.

(5) 设

$$\mathrm{GL}_n(K) \triangleq \{ M \in M_n(K) \mid \det(M) \neq 0 \},$$

它在矩阵乘法运算下是一个群, 称 $\mathrm{GL}_n(K)$ 为一般线性群. 类似地,

$$\mathrm{SL}_n(K) \triangleq \{ M \in \mathrm{GL}_n(K) \mid \det(M) = 1 \}$$

也是群, 称其为特殊线性群. 当 $n > 1$ 时, $\mathrm{GL}_n(K)$ 和 $\mathrm{SL}_n(K)$ 都是非交换群.

(6) 闭区间 $[a, b]$ 上的连续函数全体按函数的加法运算构成交换群.

通常情况下, 根据群内元素的数量, 群可以被划分为有限群与无限群两大类别. 在前述例证中, 所有群均包含无限数量的元素, 均为无限群. 当群 G 是有限群时, 我们将其包含的元素数量定义为群 G 的阶, 用符号 $|G|$ 表示. 下面我们给出一些有限群的例子.

例 2(同余运算)　给定 $m \in \mathbb{N}$, 定义 $\mathbb{Z}_m \triangleq \left\{ \bar{0}, \bar{1}, \bar{2}, \cdots, \overline{m-1} \right\}$ 为模 m 的同余类全体. 我们可以定义一个模 m 的同余加法运算 "$+$" 如下:

$$\bar{a} + \bar{b} \triangleq \overline{a+b} \in \mathbb{Z}_m, \quad \forall \bar{a}, \bar{b} \in \mathbb{Z}_m.$$

容易验证 $(\mathbb{Z}_m, +)$ 是一个群. 由于 $|\mathbb{Z}_m| = m$, 这是一个有限 Abel 群.

类似地, 我们可以考虑模 m 的同余乘法运算 "$\times$", 其定义如下:

$$\bar{a} \times \bar{b} \triangleq \overline{ab} \in \mathbb{Z}_m, \quad \forall \bar{a}, \bar{b} \in \mathbb{Z}_m.$$

可以验证该运算的定义是有意义的, 并且我们有

(1) $(\mathbb{Z}_m, \times)$ 是含幺半群, 其为群当且仅当 $m = 1$. 当 $m > 1$ 时, $\bar{0} \in (\mathbb{Z}_m, \times)$ 无逆 $(\bar{0} \neq \bar{1})$, 故此时 $(\mathbb{Z}_m, \times)$ 不是群.

(2) 记 $\mathbb{Z}_m^{\#} \triangleq \mathbb{Z}_m \backslash \{\bar{0}\}$. 当 m 是合数时, 比如 $m = q_1 q_2$, $q_1 > 1$, $q_2 > 1$, 则有 $\bar{q}_1 \times \bar{q}_2 = \bar{0}$, 所以此时 $\mathbb{Z}_m^{\#}$ 在运算 "$\times$" 下不封闭. 当 m 是素数时, 可以验证 $(\mathbb{Z}_m^{\#}, \times)$ 是群.

(3) 设 $\mathbb{Z}_m^* \triangleq \{\bar{j} \mid m > j > 0, \ \gcd(m, j) = 1\} \subset \mathbb{Z}_m$, 则 $(\mathbb{Z}_m^*, \times)$ 总是群. 对 $n \in \mathbb{N}$, 令 $\varphi(n) \triangleq |\mathbb{Z}_n^*|$, $\varphi(\cdot)$ 称为 Euler 函数.

定义 设 G 是群, $g \in G$. 若存在 $m \in \mathbb{N}$, 使得 $g^m = e$, 则称 g 为有限阶元素且称

$$o(g) \triangleq \min\{m > 0 \mid g^m = e\}$$

为 g 的阶 (order). 若对任意 $m \in \mathbb{N}$, 都有 $g^m \neq e$, 则称 g 为无限阶的, 记作 $o(g) = \infty$.

在群 G 中, 容易得出下列三条重要性质:

(1) 消去律: 对任意 $a, b, c \in G$, 若 $ab = ac$ (或 $ba = ca$), 则 $b = c$.

(2) 乘积的逆: 对任意 $a, b \in G$, $(ab)^{-1} = b^{-1} a^{-1}$. 归纳法可得, 对 $a_1, a_2, \cdots, a_n \in G$, 则 $(a_1 a_2 \cdots a_n)^{-1} = a_n^{-1} a_{n-1}^{-1} \cdots a_2^{-1} a_1^{-1}$.

(3) 若对 $g \in G$ 及 $n \in \mathbb{N}$, $g^n = e$, 则有 $o(g) \mid n$. 特别地, $o(g) = 1$ 当且仅当 $g = e$.

后文将证明有限群 G 中任何元素均是有限阶的. 反过来是否成立? 这也是在后文能找到答案的有趣问题.

最后, 我们给一个例子表明群结构的 "数量" 多得惊人.

例 3 设 G 为一个群, 对任意非空集合 S, 记

$$M(S, G) \triangleq \{f : S \to G \mid f \text{ 是一个映射}\}.$$

$M(S, G)$ 上可以定义乘法运算 "$\star$" 如下:

$$\text{对任意 } x \in S, \ (f \star g)(x) \triangleq f(x) g(x),$$

则 $(M(S, G), \star)$ 是一个群, 该群的恒等元即为将 S 中每个元素都映为 G 的恒等元的那个常值映射.

子群及其构造

定义　设 G 为群且 H 为 G 的非空子集. 若 H 关于 G 的运算构成群, 则称 H 是 G 的子群 (subgroup), 记作 $H < G$.

例 4　由定义可知, $\{e\}$ 与 G 是 G 的子群, 称为 G 的平凡子群. 若 $H < G$ 且 $H \neq G$, 则称 H 是 G 的真子群.

下面的命题给出了判别群的子集为子群的非常实用的准则.

命题 1.2　设 G 是群, H 是 G 的非空子集, 则下列 3 个命题等价:

    (1) H 是 G 的子群;

    (2) 对任意的 $a, b \in H$, $ab \in H$ 且 $a^{-1} \in H$;

    (3) 对任意的 $a, b \in H$, $ab^{-1} \in H$.

证明　(1) $\Rightarrow$ (2): 由于 H 关于 G 的运算构成群, 故 H 关于 G 的运算封闭, 即对任意 $a, b \in H$, 有 $ab \in H$. 设 e_H 是 H 的恒等元, e 是 G 的恒等元. 由恒等元的定义, $e_H e_H = e_H = e e_H$; 由群 G 的消去律, $e_H = e$. 因此, 对任意 $a \in H$, a 在 H 中的逆元与它在 G 中的逆元相同, 故 $a^{-1} \in H$.

(2) $\Rightarrow$ (3): 由条件直接得到.

(3) $\Rightarrow$ (1): 取 $a \in H$, 令 $b = a$, 则 $e = aa^{-1} \in H$; 取 $a_0 = e, b_0 = a \in H$, 则 $a^{-1} = ea^{-1} \in H$, 即 H 关于求逆封闭. 对任意的 $a', b' \in H$, 则 $b'^{-1} \in H$, $a'b' = a'(b'^{-1})^{-1} \in H$, 即 H 关于 G 的乘法封闭. 因此 H 关于 G 的运算构成群, 即 H 是 G 的子群. □

例 5　这里介绍两类重要子群.

    (1) 定义群 G 的中心 (center) 为

$$C(G) \triangleq \{\, g \in G \mid \forall\, a \in G, ag = ga \,\}.$$

显然 $e \in C(G)$. 对任意的 $g_1, g_2 \in C(G)$ 及任意的 $a \in G$, 有

$$a(g_1 g_2^{-1}) = (ag_1)g_2^{-1} = g_1(ag_2^{-1}) = g_1(g_2^{-1}a) = (g_1 g_2^{-1})a,$$

其中, 由 $ag_2 = g_2 a$ 可得 $g_2^{-1}a = ag_2^{-1}$. 所以 $g_1 g_2^{-1} \in C(G)$, 故根据命题 1.2, $C(G) < G$. 明显地, G 是 Abel 群当且仅当 $G = C(G)$.

    (2) 定义 $g \in G$ 的中心化子 (centralizer) 为

$$C_G(g) \triangleq \{\, x \in G \mid gx = xg \,\} \subset G.$$

类似地, 对任意的 $x_1, x_2 \in C_G(g)$, 有

$$g(x_1x_2^{-1}) = (gx_1)x_2^{-1} = x_1(gx_2^{-1}) = x_1(x_2^{-1}g) = (x_1x_2^{-1})g,$$

即 $x_1x_2^{-1} \in C_G(g)$, 故 $C_G(g) < G$. 明显地, $C_G(g) = G$ 当且仅当 $g \in C(G)$.

命题 1.3 设 G 是群, $\{H_\alpha\}_{\alpha \in \Lambda}$ 是 G 的子群, Λ 是非空指标集, 则 $\bigcap\limits_{\alpha \in \Lambda} H_\alpha$ 是 G 的子群.

证明 由子群的定义与命题 1.2 直接验证得到. □

定义 设 G 是群, S 是 G 的非空子集, $\Lambda(S) = \{H < G \mid H$ 包含 $S\}$. 记

$$\langle S \rangle \triangleq \bigcap_{H \in \Lambda(S)} H$$

为包含 S 的最小子群, $\langle S \rangle$ 也被称为由子集 S 生成的子群.

命题 1.4 设 G 是群, S 是 G 的非空子集, 则

$$\langle S \rangle = \{ a_1^{e_1} a_2^{e_2} \cdots a_n^{e_n} \mid n \in \mathbb{N}, \forall i, a_i \in S, e_i = \pm 1 \}.$$

证明 记等式右边的集合为 T. 显然 $S \subset T$. 对任意的 $x, y \in T$, 设 $x = a_1^{e_1} a_2^{e_2} \cdots a_n^{e_n}$, $y = b_1^{f_1} b_2^{f_2} \cdots b_m^{f_m}$, 其中 $n, m \in \mathbb{N}$, $a_i, b_j \in S$, $e_i, f_j \in \{\pm 1\}$. 则 $x \cdot y^{-1} = a_1^{e_1} \cdots a_n^{e_n} b_m^{-f_m} \cdots b_1^{-f_1} \in T$, 由命题 1.2 知, $T < G$. 又如果 $H < G$, $S \subset H$, 则 $T \subset H$. 故 $T = \langle S \rangle$. □

定义 若群 $G = \langle g \rangle$, 则称 G 为循环群 (cyclic group). 我们常称 g 是 G 的一个生成元, 当然循环群的生成元不一定是唯一的.

例 6 $(\mathbb{Z}, +) = \langle 1 \rangle = \langle -1 \rangle$, $(\mathbb{Z}_m, +) = \langle \bar{1} \rangle$ 都是循环群. 本书后文将证明, 从结构上看, 循环群就只有这两个类型.

习题 1.1

1. 证明 $(\mathbb{Z}, +)$ 的所有子群形如 $m\mathbb{Z} = \{mt \mid t \in \mathbb{Z}\}$, 这里 $m \in \mathbb{Z}_{\geqslant 0}$.

2. 在 $\mathbb{R}_{>0}$ 内构造出两个不同的乘法子群.

3. 设 K 是一个数域, $n > 1$, 在 $\mathrm{GL}_n(K)$ 中尽可能多地找出有限阶元素. 能否写出所有可能的有限阶元素?

4. 在群 G 中, 设 $H_1 < G$ 且 $H_2 < G$, 定义 $H_1 H_2 \triangleq \{h_1 h_2 \mid h_1 \in H_1, h_2 \in H_2\}$. 举例说明, 一般情形下, $H_1 H_2$ 不再是子群.

5. 设 G 是群, H_1, H_2 是子群, 证明 $H_1 \cup H_2$ 是子群当且仅当 $H_1 \supseteq H_2$ 或者 $H_2 \supseteq H_1$.

6. 设 G 是有限群, $G \supset H \neq \varnothing$, 若 H 关于 G 的乘法封闭, 则 $H < G$.

7. 设 G 是一个含幺半群. 若对任意 $a \in G$, 存在 $b \in G$, 使 $ba = e$ (e 是 G 的恒等元), 则 G 必是一个群.

8. 设 G 为有限群, 证明: 对任意两个不同元素 $a, b \in G$, $o(ab) = o(ba)$.

9. 求解下列问题:

   (1) 设 G 是一个群, $g \in G$ 是有限阶元, 其阶 $o(g) = n$. 记 r 是一个正整数, $d = \gcd(r, n)$ 是 r, n 的最大公约数. 证明: g^r 的阶 $o(g^r) = \dfrac{n}{d}$;

   (2) 设 G 为 m 阶循环群 ($m > 1$), 试确定 G 的所有生成元.

10. 设 G 是一个 10 阶群, 证明在 G 中最多只有 4 个非平凡的 5 阶元素.

11. 设 U 是一个半群, $u \notin U$, 令 $G = U \cup \{u\}$, 试将 G 做成一个含幺半群并使 u 成为该含幺半群的恒等元, 并使 U 成为该含幺半群的子半群. 如果 U 本身含恒等元 e_U, 问 e_U 在新构造的含幺半群 G 中是否还是恒等元?

12. 设 $\mathbb{R}$ 是实数集, $\mathbb{R}^* = \mathbb{R} \setminus \{0\}$. 对任意 $a \in \mathbb{R}^*$, $b \in \mathbb{R}$, 定义映射 $f_{a,b} : \mathbb{R} \to \mathbb{R}$ 如下:

$$f_{a,b}(x) = ax + b, \ \forall\, x \in \mathbb{R}.$$

设 $G = \{\, f_{a,b} \mid a \in \mathbb{R}^*, b \in \mathbb{R} \,\}$ 是所有上述映射的全体. 求解下列问题:

(1) 证明 G 在映射的复合下构成一个群;

(2) 求出 G 的中心 $C(G)$.

1.2 对称群

集合的对称群

定义 设 X 为一个非空集合. 令 $S_X = \{\sigma : X \to X \mid \sigma \text{ 是一个双射}\}$. 由映射的复合可以定义 S_X 上的一个二元运算 "$\circ$", 即对任意元素 $\sigma, \tau \in S_X$, 我们有 $\sigma \circ \tau \in S_X$. 集合 S_X 在该运算下是一个群, 即 X 上的对称群. 该群中的每个元素也被称为 X 上的置换. 注意本书中映射的复合运算是从右向左定义的, 即对任意的 $x \in X$,

$$(\sigma \circ \tau)(x) \triangleq \sigma(\tau(x)).$$

若 $X = \{1, 2, \cdots, n\}$ 是一个有限集, 我们记 $S_n = S_X$, 称 S_n 为 n 元对称群, 并称 S_n 中的元素为 n-置换 (n-permutation). 对任意的 $\sigma \in S_n$, 它可以被表示为

$$\sigma = \begin{pmatrix} 1 & 2 & \cdots & n \\ \sigma(1) & \sigma(2) & \cdots & \sigma(n) \end{pmatrix}.$$

易见 S_n 是一个有限群且 $|S_n| = n!$. 我们用 (1) 表示 S_n 的恒等元.

定义 设有 $\{1, 2, \cdots n\}$ 中的不同元素 $i_1, i_2, \cdots, i_d$, 其中 $d \geqslant 2$. 若 n-置换 σ 满足 $\sigma(i_1) = i_2$, $\sigma(i_2) = i_3, \cdots, \sigma(i_d) = i_1$, 且对于所有 $j \notin \{i_1, i_2, \cdots, i_d\}$, 有 $\sigma(j) = j$, 则称 σ 为一个 d-轮换 (d-cycle), 并记作 $\sigma = (i_1 i_2 \cdots i_d)$. 特别地, 2-轮换通常被称为对换 (transposition). 由定义我们看出一个 d-轮换的阶等于 d.

给定轮换 $\sigma = (i_1 i_2 \cdots i_d)$ 和 $\tau = (j_1 j_2 \cdots j_r)$, 若 $\{i_1, i_2, \cdots, i_d\} \cap \{j_1, j_2, \cdots, j_r\} = \varnothing$, 则称这两个轮换是不相交的. 反之, 则称它们为相交的. 例如, 轮换 (123) 与 (45) 是不相交的, 而轮换 (123) 与 (12) 则是相交的.

根据定义, 容易验证若 σ, τ 为两个不相交的轮换, 则有 $\sigma\tau = \tau\sigma$. 但对于相交的轮换, 可以轻易地找到不满足交换律的例子. 比如在 S_n ($n \geqslant 3$) 中, 我们有

$$(123)(12) = \begin{pmatrix} 1 & 2 & 3 \\ 3 & 2 & 1 \end{pmatrix} = (13),$$

$$(12)(123) = \begin{pmatrix} 1 & 2 & 3 \\ 1 & 3 & 2 \end{pmatrix} = (23),$$

故 $(123)(12) \neq (12)(123)$. 特别地, 当 $n \geqslant 3$ 时, S_n 都不是 Abel 群.

命题 2.1 (轮换分解) 对于任意非恒等元素 $\sigma \in S_n$, 不考虑轮换出现的顺序, σ 可唯一地表示为有限多个两两不相交的轮换之积, 即 $\sigma = \prod_{i=1}^{m} \sigma_i$, 这里每个 σ_i 为轮换, 且对 $i \neq j$, σ_i 与 σ_j 互不相交. 称这个分解为 σ 的轮换分解.

证明 该命题可以通过对 n 做归纳证明. 这里我们将直接给出轮换分解的一个算法.

首先起始设定: $\Sigma_1 = \{1, \cdots, n\}$. 对 $i \geqslant 1$, 构造 τ_i 和集合 Σ_{i+1}: 取 Σ_i 中最小的元 a. 取轮换

$$\tau_i = (a\ \sigma(a)\ \sigma^2(a)\ \cdots\ \sigma^{k-1}(a)),$$

这里 k 是最小的正整数使得 $\sigma^k(a) = a$. 从定义可知, 如果 τ_i 不是恒等元, 则其必为轮换. 设 $\Sigma_{i+1} = \Sigma_i \setminus \{a, \sigma(a), \cdots, \sigma^{k-1}(a)\}$. 由于 $\Sigma_{i+1} \subsetneq \Sigma_i$ 为 Σ_1 的真子集序列, 而 Σ_1 为有限集, 因此在有限次后 (不妨设为 t 次) 必有 $\Sigma_{t+1} = \varnothing$.

由构造可知, $\tau_1, \cdots, \tau_t$ 不全为恒等元, 记其中的全部非恒等元为 $\sigma_1, \cdots, \sigma_m$, 它们必然互不相交且 $\sigma = \prod_{i=1}^{m} \sigma_i$. $\qquad\square$

对 $d \geqslant 2$, 令 λ_d 表示 σ 的轮换分解式中的 d-轮换的个数, 用 λ_1 表示 σ 的不动点的个数, 即 $\lambda_1 = |\{1 \leqslant i \leqslant n \mid \sigma(i) = i\}|$. 这时我们可以称 σ 具有轮换结构 $[1^{\lambda_1} 2^{\lambda_2} \cdots n^{\lambda_n}]$, 或者说 σ 的型为 $[1^{\lambda_1} 2^{\lambda_2} \cdots n^{\lambda_n}]$. 由定义, 每个 λ_i 是一个非负整数, 且 $n = \sum_{i=1}^{n} i \cdot \lambda_i$. 当某个 $\lambda_i = 0$ 时, 我们在表示 σ 的型时通常会省略 i^{λ_i} 这一项.

例 1 考虑对称群 S_9 中的置换

$$\sigma = \begin{pmatrix} 1 & 2 & 3 & 4 & 5 & 6 & 7 & 8 & 9 \\ 4 & 3 & 9 & 7 & 8 & 6 & 1 & 5 & 2 \end{pmatrix}.$$

下面我们来计算 σ 的轮换分解. 首先, $1 \to \sigma(1) = 4$, 然后 $4 \to \sigma(4) = 7$, $7 \to \sigma(7) = 1$, 即 $1 \to 4 \to 7 \to 1$, 故有 3-轮换 (147); 类似地, 我们有 $2 \to 3 \to 9 \to 2$, 故有 3-轮换 (239); $5 \to 8 \to 5$, 故有对换 (58); $6 \to 6$ 即 6 是 σ 的不动点. 因此我们得到 σ 的轮换分解:

$$\sigma = (147)(239)(58),$$

进而 σ 的型为 $[1^1 2^1 3^2]$. 由于不相交的轮换的复合是交换的, 由 σ 的轮换分解我们可以计算 σ 的阶等于 $6 = \mathrm{lcm}(2, 3, 3)$. 这里 lcm 表示最小公倍数.

命题 2.2 在对称群 S_n 中, 任何 d-轮换可表示为 $d-1$ 个对换之积. 任意 n-置换可表示为有限个对换之积.

证明 对于 d-轮换, 可直接验证有如下等式

$$(i_1 i_2 \cdots i_d) = (i_1 i_2)(i_2 i_3) \cdots (i_{d-1} i_d).$$

再由命题 2.1 可知, 所有置换都可以分解成若干个对换之积. □

命题 2.2 中的对换分解并不是唯一的 (见习题 1.2 第 7 题), 然而, 我们将看到该分解给出的对换的个数的奇偶性却是不变的. 为了叙述得更加清晰, 我们接下来引入奇 (偶) 置换的概念.

交错群

定义 对任意 $\sigma \in S_n$, 若有序数组 $\sigma(1), \sigma(2), \cdots, \sigma(n)$ 是奇 (偶) 排列, 我们称 σ 为奇 (偶) 置换. 按照定义, σ 的奇偶性与排列 $\sigma(1)\sigma(2)\cdots\sigma(n)$ 的逆序数的奇偶性相同. 我们记

$$A_n \triangleq \{ \sigma \in S_n \mid \sigma \text{ 为偶置换} \}.$$

引理 2.3 对任意 $\sigma \in S_n$, 设 $1 \leqslant i < j \leqslant n$, 则 $\sigma \circ (ij)$ 与 σ 的奇偶性相反.

证明 注意到

$$\sigma \circ (ij) = \begin{pmatrix} 1 & \cdots & i & \cdots & j & \cdots & n \\ \sigma(1) & \cdots & \sigma(j) & \cdots & \sigma(i) & \cdots & \sigma(n) \end{pmatrix},$$

对应排列 $\sigma(1)\cdots\sigma(j)\cdots\sigma(i)\cdots\sigma(n)$, 而 σ 对应排列 $\sigma(1)\cdots\sigma(i)\cdots\sigma(j)\cdots\sigma(n)$, 这两个排列相差一对指标的互换, 故其奇偶性相反. □

推论 2.4 (1) 对 $n \geqslant 2$, S_n 中奇、偶置换各占一半, $|A_n| = \dfrac{1}{2}n!$.

(2) 对任意 $\sigma \in S_n$, σ 是奇 (偶) 置换当且仅当 σ 可表示为奇 (偶) 数个对换之积.

(3) $A_n < S_n$. 称 A_n 为交错群 (alternating group).

证明 (1) 作映射 $\theta_{1,2} : S_n \to S_n$, 对 $\sigma \in S_n$, $\theta_{1,2}(\sigma) \triangleq \sigma \circ (12)$, 则 $\theta_{1,2}$ 是单射, 从而是一一对应. 而 $\theta_{1,2}$ 恰把奇置换变为偶置换, 故 S_n 中奇、偶置换个数相同.

(2) $\sigma \in S_n$ 可写作若干个对换之积, 不妨记 $\sigma = (i_1 j_1) \cdots (i_t j_t)$, 而 $\sigma \circ (i_t j_t) \cdots (i_1 j_1) = (1)$, 即 σ 连续改变 t 次奇偶性后为偶置换, 所以 σ 的奇偶性与 t 的奇偶性相同.

(3) 结论 (2) 和命题 1.2 直接推出结论 (3). □

例 2 $S_3 = \{(1), (12), (13), (23), (123), (132)\}$. 通过观察可知, S_3 所有的真子群为

(1) 平凡真子群: $\{(1)\}$;

(2) 2 阶子群: $\{(1), (12)\}$, $\{(1), (13)\}$, $\{(1), (23)\}$;

(3) 3 阶子群: $\{(1), (123), (132)\}$.

例 3 平面上正 n 边形的全等变换可以构成一个群, 称为二面体群 (dihedral group), 记该群为 D_n. 将 n 个顶点依次编号为 $1, 2, \cdots, n$, 在 D_n 的元素作用下, 顶点对 $(1, 2)$ 只可映为 $(1, 2), (2, 3), \cdots, (n, 1)$; 或 $(2, 1), (3, 2), \cdots, (1, n)$. 注意到 $(1, 2)$ 的映照方式可唯一确定 D_n 中所有元素, 故 $|D_n| = 2n$. 容易看出, 当 $n \geqslant 3$ 时, D_n 是非交换群, 它是 S_n 的一个子群.

习题 1.2

1. 补全命题 2.1 的证明.

2. 给出 $\sigma = (1357)(2345)(567) \in S_7$ 的轮换分解.

3. 设 $\sigma = (1762)(563)(347) \in S_7$, 给出 σ^{-2} 的轮换分解.

4. 设 $\sigma = \begin{pmatrix} 1 & 2 & 3 & 4 & 5 & 6 & 7 & 8 \\ 8 & 3 & 5 & 6 & 7 & 1 & 2 & 4 \end{pmatrix}$, $\tau = \begin{pmatrix} 1 & 2 & 3 & 4 & 5 & 6 & 7 & 8 \\ 7 & 1 & 8 & 5 & 6 & 2 & 4 & 3 \end{pmatrix}$, 给出 $\sigma \circ \tau^{-1}$ 的轮换分解.

5. 设 $\sigma \in S_n$ $(n > 2)$ 分解为互不相交的轮换因子的长度分别为 $r_1, \cdots, r_k$, 求 σ 的阶 $o(\sigma)$.

6. 设 $\sigma = \begin{pmatrix} 1 & 2 & 3 & 4 & 5 & 6 & 7 \\ 3 & 7 & 5 & 4 & 1 & 6 & 2 \end{pmatrix} \in S_7$, 求 σ^{2024}.

7. 举例说明, 置换 $\sigma \in S_n$ $(n > 2)$ 分解为对换之积的方式不唯一.

8. 设 $n > 2$, 求解下列问题:

   (1) 将二面体群 D_n 中把顶点对 $(1, 2)$ 映为 $(2, 3)$ 的变换记为 r; 把顶点对 $(1, 2)$ 映为 $(2, 1)$ 的变换记为 s. 证明: $D_n = \langle r, s \rangle$, 且 $r^n = s^2 = rsrs = e$;

   (2) 找出二面体群 D_n 中的所有 2 阶元和 n 阶元.

9. 求出 S_{10} 中具有轮换结构 $[2^2 3^2]$ 的置换个数.

10. 求出 S_8 中阶为 6 的置换个数.

11. 求出 A_8 中阶为 4 的置换个数.

1.3 陪集、正规子群、商群

本节主要介绍陪集、正规子群和商群的概念和性质. 陪集的全体可以构成群的划分, 正规子群的对应划分可通过用商群的形式表现出来, 从而达到对群进行 "化繁为简" 的研究目的. 这种利用子结构构建商结构的思想在代数学的发展中发挥着根本性的作用.

左 (右) 陪集

设 G 是群, H 是 G 的子群. 对 $a \in G$, 定义

$$aH \triangleq \{ ah \mid h \in H \}.$$

通常称 aH 为 H 的左陪集 (left coset), 同理可定义右陪集 (right coset):

$$Ha \triangleq \{ ha \mid h \in H \}.$$

对于陪集, 我们有如下性质:

引理 3.1 设 G 是群, H 是 G 的子群, 则对任意 $a, b \in G$,

(1) $aH \cap bH = \varnothing$ 或 $aH = bH$. 特别地, 存在子集 $S \subset G$ 使得

$$G = \bigcup_{a \in G} aH = \coprod_{a' \in S} a'H,$$

其中 $\coprod$ 表示无交并.

(2) $aH = bH$ 的充分必要条件是 $a^{-1}b \in H$. 特别地, 对每个 $c \in aH$, 都有 $cH = aH$, 我们称 c 是左陪集 aH 的一个代表元.

证明 (1) 若 $aH \cap bH \neq \varnothing$, 则存在 $k \in aH \cap bH$ 且 $k = ah = bh'$, 其中 $h, h' \in H$. 这时 $a^{-1}b = hh'^{-1} \in H$. 对任意的 $h'' \in H$, $ah'' = (bh'h^{-1})h'' \in bH$, 故 $aH \subset bH$. 同理可证 $bH \subset aH$. 由于 $a \in aH$, 群 G 中每个元素都属于某个左陪集, 所以 G 可以写成一族互不相交的左陪集的并. 由选择公理, 可以在每个左陪集中选择代表元 a', 以构成集合 S.

(2) 必要性由 (1) 的证明可得. 如果 $a^{-1}b = k' \in H$, 对任意 $h''' \in H$, $ah''' = (bk'^{-1})h''' \in bH$, 故 $aH \subset bH$. 由 (1) 知, $aH = bH$. $\square$

群 G 可以写成若干互不相交的左陪集的并, 这样 H 按左陪集给出了 G 的一个划分. 上述性质对于右陪集也相应成立.

定义　设 G 是群, $H < G$, 定义 G 关于 H 的左指数和右指数为

$$[G : H]_l \triangleq |\{\, aH \mid a \in G \,\}|,$$

$$[G : H]_r \triangleq |\{\, Ha \mid a \in G \,\}|,$$

其中 $|\cdot|$ 表示集合的基数 (cardinality).

引理 3.2　$[G : H]_l = [G : H]_r$.

证明　设 $\Sigma_l \triangleq \{\, aH \mid a \in G \,\}$, $\Sigma_r \triangleq \{\, Hb \mid b \in G \,\}$. 考虑对应

$$\theta : \Sigma_l \to \Sigma_r,$$

$$aH \mapsto Ha^{-1}.$$

首先验证 θ 是单值对应: 若 $aH = a'H$, 则 $a^{-1}a' \in H$, 故 $Ha^{-1} = Ha'^{-1}$, 即 $\theta(aH) = \theta(a'H)$. 若 $\theta(aH) = \theta(bH)$, 即 $Ha^{-1} = Hb^{-1}$, 故 $a^{-1}b \in H$, $aH = bH$, 并且 $\theta(a^{-1}H) = Ha$, 所以 θ 既是单射也是满射, 故 $[G : H]_l = [G : H]_r$. □

从现在起, 群 G 关于子群 H 的左、右指数统一记作 $[G : H]$, 称其为 G 关于 H 的指数 (index). 由此可得:

定理 3.3　(Lagrange 定理)　如果 G 是有限群, $H < G$, 则

$$[G : H] = \frac{|G|}{|H|}.$$

上式亦被称为 Lagrange 公式. 关于有限群 G, 定理 3.3 有下列直接推论:

(1) 若 $H < G$, 则 $|H|$ 是 $|G|$ 的因子;

(2) 对任意 $a \in G$, 设 $H = \langle a \rangle$, 则 $|H| = o(a)$, 故 $o(a)$ 必定是 $|G|$ 的因子;

(3) 如果 $|G| = p$ 为素数, 对任意 $a \in G$ 且 $a \neq e$, 必有 $G = \langle a \rangle$, 因为循环子群 $\langle a \rangle$ 的阶数只能为 p. 特别地, G 是一个循环群.

子群的运算性质

接下来, 我们将探讨由群乘法所引发的子群之间的乘积关系. 设 H 和 K 为群 G 的子集, 我们可如下定义:

$$HK \triangleq \{\, hk \mid h \in H, k \in K \,\},$$

$$H^{-1} \triangleq \{\, h^{-1} \mid h \in H \,\}.$$

根据此符号约定, 我们可以为命题 1.2 提供一个简洁且等价的表述: 群 G 的一个子集 H 为子群当且仅当

$$HH^{-1} = H.$$

引理 3.4　设 H, K, J 是群 G 的子集, 则有

(1) $(HK)J = H(KJ)$;

(2) $(HK)^{-1} = K^{-1}H^{-1}$.

证明　由定义直接验证即可, 细节留作练习. □

命题 3.5　设 G 是群, $H < G$, $K < G$. 则下列命题等价:

(1) $HK < G$;

(2) $HK = KH$;

(3) $KH < G$.

证明　只需证明 (1) 和 (2) 等价即可. 由于 H 和 K 为子群, 因此有 $H^{-1} = H$, $K^{-1} = K$, 且 $HH = H$, $KK^{-1} = K$.

若 $HK < G$, 则有 $HK = (HK)^{-1}$. 由引理 3.4, $(HK)^{-1} = K^{-1}H^{-1}$, 因此有 $HK = (HK)^{-1} = K^{-1}H^{-1} = KH$.

反之, 若 $HK = KH$, 由引理 3.4, 我们有

$$HK(HK)^{-1} = HKK^{-1}H^{-1} = HKH = HHK = HK.$$

根据命题 1.2 的等价诠释, 我们可以推出 $HK < G$. □

命题 3.6　设 G 是群, H, K 均为 G 的有限子群, 则

$$|HK| = \frac{|H| \cdot |K|}{|H \cap K|}.$$

证明　记 $L = H \cap K$, $L < K$, $L < H$. 可记

$$K = \bigcup_{k \in K} Lk = \coprod_{1 \leqslant i \leqslant n} Lk_i.$$

其中 $n = [K : L]$, 则

$$HK = H\left(\coprod_{1 \leqslant i \leqslant n} Lk_i\right) = \bigcup_{i=1}^{n} HLk_i = \bigcup_{i=1}^{n} Hk_i. \tag{1.1}$$

而 $Hk_i = Hk_j$ 当且仅当 $k_i k_j^{-1} \in H$; 当且仅当 $k_i k_j^{-1} \in H \cap K = L$; 当且仅当 $Lk_i = Lk_j$. 所以 (1.1) 右侧为无交并. 故

$$|HK| = |H| \cdot n = \frac{|H| \cdot |K|}{|H \cap K|}. \qquad \square$$

正规子群与商群

现在我们研究子群的陪集所组成的集合. 设 G 是群且 $H < G$, 我们定义

$$G/H = \{\, aH \mid a \in G \,\}$$

为 H 所有不同 (左) 陪集所组成的集合. 我们期望在 G/H 上定义一个由 G 所自然诱导的乘法 "$*$", 即对任意 $a_1, a_2 \in G$,

$$(a_1 H) * (a_2 H) = (a_1 a_2) H.$$

这个运算 "$*$" 是否有意义, 取决于它是否依赖于陪集代表元的选取, 即如下性质是否成立: 对任意 $a_1 H = a_1' H$ 且 $a_2 H = a_2' H$, 总有等式 $(a_1 a_2) H = (a_1' a_2') H$. 根据陪集的性质, 该条件等价于: 若 $a_1^{-1} a_1' \in H$, $a_2^{-1} a_2' \in H$, 则

$$(a_1 a_2)^{-1} a_1' a_2' = a_2^{-1} (a_1^{-1} a_1') a_2' = a_2^{-1} \underbrace{(a_1^{-1} a_1')}_{\in H} a_2 \underbrace{(a_2^{-1} a_2')}_{\in H} \in H.$$

设 $a = a_2 \in G$, $h = a_1^{-1} a_1' \in H$, 则上述条件等价于 $a^{-1} h a \in H$. 不难看出, 这里 a 和 h 可以分别取遍 G 和 H. 因此当子群 H 满足条件: 对任意 $a \in G$, $h \in H$, 都有 $a^{-1} h a \in H$ 时, 上面定义的运算 "$*$" 是有意义的! 由此, 我们引出下列重要概念.

定义　设 G 是群, $H < G$. 若对任意 $a \in G$, $h \in H$, 都有 $a^{-1} h a \in H$, 则称 H 是 G 的正规子群 (normal subgroup), 记作 $H \lhd G$.

由上面的讨论我们有

命题 3.7　设 H 是群 G 的正规子群, 则 $(G/H, *)$ 构成一个群, 称为 G 关于 H 的商群, 通常简记为 G/H; 它的恒等元是 H, 对 $aH \in G/H$, 其逆元 $(aH)^{-1} = a^{-1} H$.

证明　由上面的讨论, 我们知道定义在 G/H 上二元运算: $(a_1 H) * (a_2 H) = (a_1 a_2) H$ 是有意义的, 即与陪集代表元的选取无关. 验证它满足群的定义, 以及计算恒等元、逆元, 留作练习.　□

容易得到正规子群的一些等价表述如下:

命题 3.8　设 G 为群, $H < G$, 则下列命题等价:

(1) $H \lhd G$.

(2) 对任意 $a \in G$, $a^{-1} H a = H$.

(3) 对任意 $a \in G$, $aH = Ha$.

(4) 对任意 $a \in G$, $aH \subset Ha$.

(5) 对任意 $a \in G$, $Ha \subset aH$.

我们将这个命题的证明留给读者. $\qquad\square$

例 1 平凡子群 $\{e\}$ 与 G 是 G 的正规子群. 另一方面, 并非所有子群都是正规子群. 比如在 S_3 中, 考察子群 $H = \{(1), (12)\}$, 因 $(23)^{-1}(12)(23) = (13) \notin H$, 故 H 不是 G 的正规子群.

例 2 Abel 群的每个子群都是正规子群. 我们有下面的例子:

(1) $m\mathbb{Z} \lhd (\mathbb{Z}, +)$, $\mathbb{Z}/m\mathbb{Z} = \{m\mathbb{Z}, 1 + m\mathbb{Z}, \cdots, (m-1) + m\mathbb{Z}\}$. 读者可以对比 1.1 节例 2 中定义的群 $(\mathbb{Z}_m, +)$.

(2) $(\mathbb{Z}, +) \lhd (\mathbb{Q}, +)$, $\mathbb{Q}/\mathbb{Z} = \left\{ \dfrac{a}{b} + \mathbb{Z} \,\middle|\, \dfrac{a}{b} \in \mathbb{Q} \right\}$. 这是一个无限群, 但其每个元素都是有限阶的.

例 3 几个常见的正规子群:

(1) 若 H 是 G 中指数为 2 的子群, 则 $H \lhd G$. 事实上, 对任意 $a \notin H$, $G = H \amalg aH = H \amalg Ha$, 故对任意 $b \in G$, $bH = Hb$, 因此 $H \lhd G$. 特别地, 对 $n \geqslant 2$, $A_n \lhd S_n$.

(2) G 的中心 $C(G) \lhd G$.

例 4 设 $H < G$, 令

$$N_G(H) = \{ x \in G \mid x^{-1}Hx = H \},$$

$N_G(H)$ 称为 H 在 G 中的正规化子 (normalizer). 我们可以看出 $N_G(H) < G$. 事实上, 对任意 $x, y \in N_G(H)$, $(x^{-1}y)^{-1}Hx^{-1}y = y^{-1}(xHx^{-1})y = y^{-1}Hy = H$, 故 $x^{-1}y \in N_G(H)$. 此外, 显然有 $H \lhd N_G(H)$.

例 5 设 S 为群 G 的一个非空子集, 满足: 对任意 $a \in G$, $s \in S$, 有 $a^{-1}sa \in S$, 则 $\langle S \rangle \lhd G$. 事实上, $\langle S \rangle$ 中的元素都形如 $s_1^{e_1} s_2^{e_2} \cdots s_n^{e_n}$, 其中 $s_i \in S$, $e_i = \pm 1$. 注意到对任意的 $a \in G$, 有 $a^{-1}s_i^{e_i}a = (a^{-1}s_ia)^{e_i} \in \langle S \rangle$, 则

$$a^{-1}(s_1^{e_1} s_2^{e_2} \cdots s_n^{e_n})a = (a^{-1}s_1^{e_1}a)(a^{-1}s_2^{e_2}a) \cdots (a^{-1}s_n^{e_n}a)$$

$$= (a^{-1}s_1a)^{e_1}(a^{-1}s_2a)^{e_2} \cdots (a^{-1}s_na)^{e_n} \in \langle S \rangle.$$

所以 $\langle S \rangle \lhd G$. 特别地, 若取 $S_0 = \{ x^{-1}y^{-1}xy \mid x, y \in G \}$, 对任意的 $a, x, y \in G$, 都有

$$a^{-1}(x^{-1}y^{-1}xy)a = (a^{-1}xa)^{-1}(a^{-1}ya)^{-1}(a^{-1}xa)(a^{-1}ya) \in S_0.$$

记 $[G, G] \triangleq \langle S_0 \rangle$. 我们称 $[G, G]$ 为 G 的换位子群. 当然有 $[G, G] \lhd G$, 这是群论中一个重要的正规子群.

命题 3.9   设 G 是群, 则

(1) $G/[G,G]$ 是 Abel 群.

(2) 若 $H \lhd G$ 使得 G/H 为 Abel 群, 则 $[G,G] \subset H$.

证明   (1) 如果 $u, v \in G/[G,G]$, 设 $u = x[G,G]$, $v = y[G,G]$, $uv = xy[G,G]$, $vu = yx[G,G]$. 由于 $(yx)^{-1}xy = x^{-1}y^{-1}xy \in \langle S_0 \rangle \subset [G,G]$, 故 $xy[G,G] = yx[G,G]$, 即 $uv = vu$, 因此 $G/[G,G]$ 为 Abel 群.

(2) 如果 G/H 为 Abel 群, 那么对任意 $x, y \in G$, $xH, yH \in G/H$, 有 $(xH)(yH) = (yH)(xH)$, 即 $xyH = yxH$, 故 $x^{-1}y^{-1}xy \in H$. 所以 $S_0 \subset H$, $[G,G] = \langle S_0 \rangle \subset H$. $\square$

上述命题说明换位子群是使得商群为交换群的最小正规子群.

定义   设 G 是群, $a, b \in G$, 若存在 $g \in G$ 使得 $b = g^{-1}ag$, 则称 a 与 b 是共轭的 (conjugate); 称 b 是 a 的一个共轭元.

当 $G = \mathrm{GL}_n(\mathbb{C})$ 时, $A, B \in \mathrm{GL}_n(\mathbb{C})$ 是共轭的, 与高等代数课上所定义的 A, B 是相似的是相同的.

例 6   设群 G 的换位子群 $[G,G]$ 为 m 阶群, $a \in G$, 记 $T_a = \{\, g^{-1}ag \mid g \in G \,\}$ 是 a 的所有共轭元的集合. 证明 $|T_a| \leqslant m$.

证明   换位子群 $[G,G] = \langle S_0 \rangle$, $S_0 = \{\, xyx^{-1}y^{-1} \mid x, y \in G \,\}$. 设 $b = g^{-1}ag \in T_a$, 则 $b = (g^{-1}aga^{-1})a \in [G,G]a$, 即 $T_a \subseteq [G,G]a$, 故与 a 共轭的元素至多有 m 个. $\square$

习题 1.3

1. 证明引理 3.4.

2. 证明命题 3.7.

3. 证明命题 3.8.

4. 设 G 是群, A 是 G 的一个非空子集, 定义 $[A, G] = \langle a^{-1}g^{-1}ag \mid a \in A, g \in G \rangle$, 证明 $[A, G] \lhd G$.

5. 若 S 是群 G 关于群 H 的左陪集代表元系, 即 $G = \coprod\limits_{a \in S} aH$, 证明 S^{-1} 是群 G 关于 H 的右陪集代表元系, 即 $G = \coprod\limits_{a' \in S^{-1}} Ha'$.

6. 设 N 是群 G 的一个正规子群, 若商群 G/N 是有限群且 $|G/N| = n$, 证明: 对任意 $a \in G$, $a^n \in N$.

7. 设 G 是有限群, $K \lhd H \lhd G$, 且 $\gcd(|K|, |H/K|) = 1$, 证明: $K \lhd G$.

8. 设 G 是一个群, N 是 G 的一个正规子群, 问:

   (1) 如果 N 与 G/N 都是循环群, 那么 G 是否一定是 Abel 群?

   (2) 如果 $N < C(G)$, 且 G/N 是循环群, 那么 G 是否一定是 Abel 群?

   如果是, 给出证明; 否则, 给出反例.

9. 设 G 是群, $H, K < G$. 证明:

   (1) H 的左陪集与 K 的左陪集的交要么为空集, 要么为 $H \cap K$ 的左陪集;

   (2) $H \cap K$ 的左陪集必为 H 的左陪集与 K 的左陪集的交;

   (3) 若 G 关于 H 和 K 的指数均有限, 则 G 关于 $H \cap K$ 的指数也有限.

10. 证明下列命题:

    (1) 任取非零自然数 n, $\left\langle \dfrac{1}{n} + \mathbb{Z} \right\rangle$ 是 $\mathbb{Q}/\mathbb{Z}$ 中唯一的 n 阶子群;

    (2) $\mathbb{Q}/\mathbb{Z}$ 的由有限个元素生成的子群是循环群.

11. 设 A, B 是有限群 G 的两个非空子集. 证明若 $|A| + |B| > |G|$, 则 $G = AB$.

12. 设 G 是有限群, H 是 G 的真子群. 形如 gHg^{-1} $(g \in G)$ 的子群称为 H 的共轭子群. 证明:

    (1) H 共有 $[G : N_G(H)]$ 个共轭子群;

    (2) H 的共轭子群全体必不能覆盖整个群 G.

1.4   单群、交错群

对于一个群 G 而言, 如果它有一个非平凡的正规子群 H (即 $H \neq \{e\}$、G), 那么通过研究商群 G/H 可以达到 "化繁为简" 的研究目的, 从这个意义上讲, 可以将问题归结为研究下列类型的群——单群.

定义   如果群 $G \neq \{e\}$ 且除 $\{e\}$ 和 G 外没有其他正规子群, 则称 G 为单群 (simple group).

例 1   我们来观察几个最简单的实例.

(1) 对素数 p, p 阶群必为单群.

(2) $(\mathbb{Z}, +)$ 不是单群, 对任意正整数 m, $m\mathbb{Z}$ 均为正规子群.

(3) 对称群 S_2 是单群. 对 $n \geqslant 3$, $A_n \lhd S_n$, $|A_n| = \dfrac{n!}{2} > 1$, 故当 $n \geqslant 3$ 时, S_n 不是单群.

有限单群的分类工作于 2008 年完成, 它是数学史上一个重要的里程碑. 本节的一个主要目的是弄清楚交错群 A_n 何时为单群. 为此, 我们先做些准备.

引理 4.1   对 $n \geqslant 2$, $1 \leqslant r \leqslant n$, 设 $\sigma = (i_1 i_2 \cdots i_r) \in S_n$, 则对任意的 $\tau \in S_n$, 有
$$\tau \sigma \tau^{-1} = (\tau(i_1)\tau(i_2)\cdots\tau(i_r)).$$

证明   设 $\tau = \begin{pmatrix} 1 & 2 & \cdots & n \\ \tau(1) & \tau(2) & \cdots & \tau(n) \end{pmatrix}$, 则 $\tau^{-1} = \begin{pmatrix} \tau(1) & \tau(2) & \cdots & \tau(n) \\ 1 & 2 & \cdots & n \end{pmatrix}$.

因此
$$\tau(i_1 i_2 \cdots i_r)\tau^{-1} = \begin{pmatrix} \tau(i_1) & \tau(i_2) & \cdots & \tau(i_r) \\ \tau(i_2) & \tau(i_3) & \cdots & \tau(i_1) \end{pmatrix} = (\tau(i_1)\tau(i_2)\cdots\tau(i_r)). \qquad \square$$

引理 4.2   对 $n \geqslant 2$, 下列命题成立:

(1) $S_n = \langle (12), (13), \cdots, (1n) \rangle = \langle (12), (12\cdots n) \rangle$.

(2) 如果 $n \geqslant 3$, 那么 $A_n = \langle (123), (124), \cdots, (12n) \rangle$.

证明   (1) S_n 可以由对换生成. 对 $i < j$, 有 $(ij) = (1i)(1j)(1i)^{-1} = (1i)(1j)(1i)$, 故 $S_n = \langle (12), (13), \cdots, (1n) \rangle$. 又注意到对 $1 < j < n$, 有 $(12\cdots n)(1j)$ $(12\cdots n)^{-1} = (2, j+1)$, $(12)(2, j+1)(12)^{-1} = (1, j+1)$, 故 $\langle (12), (12\cdots n) \rangle = \langle (12), (13), \cdots, (1n) \rangle = S_n$.

(2) 对任意 $\sigma \in A_n$, σ 可表示为偶数个对换之积. 对 $i \neq j$, $(ij) = (1i)(1j)(1i)$, 故 σ 可表示为偶数个形如 $(1i)$ 的对换之积. 而 $(1i)(1j) = (1ji) = (12i)(12j)^{-1}$, 故

$$A_n = \langle (123), (124), \cdots, (12n) \rangle.$$ □

下面我们讨论交错群 A_n 何时是单群. 由定义, $A_1 = \{(1)\}$, $A_2 = \{(1)\}$.

定理 4.3 设 $n \geqslant 3$, 对交错群 A_n,

(1) A_4 不是单群;

(2) 当 $n \geqslant 3$ 且 $n \neq 4$ 时, A_n 是单群.

证明 (1) $|A_4| = \dfrac{4!}{2} = 12$. 令 $a = (12)(34)$, $b = (13)(24)$, $c = (14)(23)$, $H = \{(1), a, b, c\}$. 直接验证可知 $a^2 = b^2 = c^2 = (1)$, $ab = ba = c$, $ac = ca = b$, $bc = cb = a$, 所以 $H < A_4$. 对任意的 $\tau \in A_4$, 以及 $\{i_1, i_2, i_3, i_4\} = \{1, 2, 3, 4\}$, 有

$$\tau(i_1 i_2)(i_3 i_4)\tau^{-1} = (\tau(i_1)\tau(i_2))(\tau(i_3)\tau(i_4)) \in H,$$

所以 $H \lhd A_4$.

(2) $A_3 = \langle (123) \rangle$ 为 3 阶循环群, 故为单群. 现在证明当 $n \geqslant 5$ 时 A_n 为单群. 设 $K \lhd A_n$, 且 $|K| > 1$. 我们的目标是证明 $K = A_n$.

第一步 断言: 如果 K 中含有一个 3-轮换 (rst), 则 $K = A_n$. 设 $i \geqslant 3$, 只需证明 $(12i) \in K$. 取置换 $\sigma \in S_n$ 使得 $\sigma(r) = 1$, $\sigma(s) = 2$, $\sigma(t) = i$, 有如下两种情形:

(i) 若 $\sigma \in A_n$, 则 $\sigma(rst)\sigma^{-1} = (\sigma(r)\sigma(s)\sigma(t)) = (12i) \in K$.

(ii) 若 $\sigma \notin A_n$, 由 $n \geqslant 5$, 可取 $\{u, v\} \subset \{1, 2, \cdots, n\} \backslash \{1, 2, i\}$, 则 $\tilde{\sigma} = (uv) \circ \sigma \in A_n$, 且 $\tilde{\sigma}(rst)\tilde{\sigma}^{-1} = (uv)(\sigma(rst)\sigma^{-1})(uv) = (uv)(12i)(uv) = (12i) \in K$.

第二步 断言: K 中必含有一个 3-轮换. 对任意 $\alpha \in K$, $\beta \in A_n$, $\beta\alpha\beta^{-1} \in K$, 故 $\beta\alpha\beta^{-1}\alpha^{-1} \in K$. 目标是找一个合适的 β 使得 $\beta\alpha\beta^{-1}\alpha^{-1}$ 是 3-轮换. 我们已经知道, α 可分解为互不相交的轮换之积. 定义 $\eta(\alpha)$ 为 α 的不相交轮换分解中轮换因子的最大长度. 自然地, 可对 α 做下列分类 (可跳过 α 恰好是 3-轮换的情形):

(i) $\eta(\alpha) \geqslant 5$;

(ii) $\eta(\alpha) = 4$;

(iii) $\eta(\alpha) = 3$ 且 α 至少有两个 3-轮换因子;

(iv) $\eta(\alpha) = 3$ 且 α 只有一个 3-轮换因子;

(v) $\eta(\alpha) = 2$ 且 α 有至少 4 个不相交对换因子;

(vi) $\eta(\alpha) = 2$ 且 α 恰有两个不相交的对换因子.

下面依各种情形构造出 K 中的 3-轮换:

(i)′ 不妨设 $\alpha = (1234 \cdots m)\alpha'$, 其中 $m \geqslant 5$, α' 为与 $(12 \cdots m)$ 不相交的一些轮换之积. 取 $\beta = (345)$, 则 $\beta\alpha\beta^{-1}\alpha^{-1} = (345)(\alpha(354)\alpha^{-1}) = (345)(\alpha(3)\alpha(5)\alpha(4))$.

当 $m = 5$ 时, $\beta\alpha\beta^{-1}\alpha^{-1} = (345)(415) = (134) \in K$; 当 $m > 5$ 时, $\beta\alpha\beta^{-1}\alpha^{-1} = (345)(465) = (346) \in K$.

(ii)' 设 α 有轮换因子 (1234). 取 $\beta = (234)$, $\beta\alpha\beta^{-1}\alpha^{-1} = \beta\big(\alpha(243)\alpha^{-1}\big) = \beta(314) = (234)(314) = (123) \in K$.

(iii)' 设 α 有因子 $(123), (456)$. 取 $\beta = (124)$, 则 $\beta\alpha\beta^{-1}\alpha^{-1} = (12534)$, 可归结到情形 (i).

(iv)' 如果 α 不是 3-轮换, 设 α 有因子 $(12), (34), (567)$. 取 $\beta = (135)$, 则 $\beta\alpha\beta^{-1}\alpha^{-1} = (135)(264)$, 可归结到情形 (iii).

(v)' 设 α 有因子 $(12), (34), (56), (78)$. 取 $\beta = (135)$, 则 $\beta\alpha\beta^{-1}\alpha^{-1} = (135)(264)$, 可归结到情形 (iii).

(vi)' 设 $\alpha = (12)(34)$. 取 $\beta = (135)$, 则 $\beta\alpha\beta^{-1}\alpha^{-1} = (13542)$, 可归结到情形 (i).   □

习题 1.4

1. 给出两个其他类型的单群例子.

2. 设 G 是 S_{2024} 的一个子群, 且 G 中存在一个 n-轮换, 其中 $n \geqslant 4$ 是偶数. 证明: G 不是单群.

3. 设 $\sigma = (12345)(1234) \in S_5$ 和 $\tau = (321)(21)(514) \in S_5$.
   (1) 计算 $\tau^{-1}\sigma\tau$.
   (2) 给出一个 $\xi \in S_5$ 使得 $\xi\sigma\xi^{-1} = \sigma^{-1}$.

4. 求出以下两个 S_5 的子群的结构:
   (1) $\langle (12)(34), (12345) \rangle$;
   (2) $\langle (12)(35), (12345) \rangle$.

5. 设 A_4 是 4 个文字的交错群.
   (1) 设 N 是 A_4 的一个正规子群且含有一个 3-轮换, 证明: N 包含所有 3-轮换;
   (2) 求 A_4 的所有正规子群, 说明理由.

6. 对任何正整数 $n \geqslant m \geqslant 2$, 自然地视 A_m 为 A_n 的子群. 令 $A_\infty = \bigcup\limits_{n=2}^{\infty} A_n$.
   (1) 说明 A_∞ 上有一个自然的群结构, 使得对任意的 $n \geqslant 2$, $A_n < A_\infty$;
   (2) 证明 A_∞ 是单群.

7. 描述 S_n $(n \geqslant 1)$ 的所有正规子群.

8. 设 $n \geqslant 2$ 为正整数.

   (1) 设 $G_n = [S_n, S_n]$, 证明当 $n \geqslant 3$ 时, $G_n = A_n$;

   (2) 求 $[A_n, A_n]$.

9. 对 $n \geqslant 2$, 确定所有的数字 $i\ (2 \leqslant i \leqslant n)$, 使得 $S_n = \langle (1i), (12 \cdots n) \rangle$.

10. 求解下列问题:

    (1) 证明: 当 $n \geqslant 5$ 为奇数时, $A_n = \langle (123), (12 \cdots n) \rangle = \langle (12)(34), (12 \cdots n) \rangle$;

    (2) 说明 A_5 可被一个 2 阶元和一个 3 阶元生成.

11. 设 n 是正整数. 证明 $\sigma, \tau \in S_n$ 是共轭的当且仅当 σ, τ 有相同的轮换结构.

1.5　群的同态与同构

群同态

定义　设 G_1, G_2 是群, $f : G_1 \to G_2$ 为映射. 若对任意的 $a, b \in G_1$, $f(ab) = f(a)f(b)$, 则称 f 为群同态 (homomorphism). 若 $f : G_1 \to G_2$ 为群同态且是双射 (bijection), 则称 f 为群同构 (isomorphism), 记为 $G_1 \cong G_2$. 若群同态 $f : G_1 \to G_2$ 作为映射是单 (满) 的, 则称 f 是单 (满) 同态.

若 $f : G_1 \to G_2$ 为群同态, 则可证明 (见本节习题): f 为群同构当且仅当存在同态 $g : G_2 \to G_1$ 使得 $g \circ f = \mathrm{id}_{G_1}$, $f \circ g = \mathrm{id}_{G_2}$.

例 1　我们观察几个常见的群同态例子.

(1) 若 $H \lhd G$, 则 $j : G \to G/H$ $(g \mapsto gH)$ 是满同态.

(2) 指数映射 $\exp : \mathbb{Z} \to \mathbb{R}^*$, $\exp(m) = \mathrm{e}^m$, $\forall m \in \mathbb{Z}$, 这是一个单同态.

(3) 记 $H = \left\{ \begin{pmatrix} a & b \\ -b & a \end{pmatrix} \,\middle|\, a, b \in \mathbb{R}, a^2 + b^2 \neq 0 \right\}$ $(< \mathrm{GL}_2(\mathbb{R}))$, 定义映射 $\theta : \mathbb{C}^* \to H, \theta(a + bi) = \begin{pmatrix} a & b \\ -b & a \end{pmatrix} \in H$. 可以验证 θ 是群同态, 而且是双射. 因此, θ 是群同构.

(4) 设 G 为群, 定义

$$\mathrm{Aut}(G) = \{\, f : G \to G \mid f \text{ 是群同构} \,\},$$

$f \in \mathrm{Aut}(G)$ 称为群 G 的自同构 (automorphism), $\mathrm{Aut}(G)$ 按照映射的复合运算构成群, 其恒等元为恒等映射, 逆映射即为群中的逆元. $\mathrm{Aut}(G)$ 称为群 G 的自同构群.

若 $f : G_1 \to G_2$ 为群同态, 则 $f(e_1) = f(e_1 \cdot e_1) = f(e_1) \cdot f(e_1)$, 故 $f(e_1) = e_2$. 又因 $f(a) \cdot f(a^{-1}) = f(a \cdot a^{-1}) = f(e_1) = e_2$, 故 $f(a^{-1}) = f(a)^{-1}$.

对任意 $g \in G$, 作映射 $\theta_g : G \to G$ 使 $\theta_g(x) = g^{-1}xg$, $\forall x \in G$. 则对任意 $y \in G$, $\theta_g(xy) = g^{-1}xyg = (g^{-1}xg)(g^{-1}yg) = \theta_g(x)\theta_g(y)$, 故 θ_g 为群同态. 因为 $\theta_{g^{-1}}$ 为 θ_g 的逆映射, θ_g 为同构, 故 $\theta_g \in \mathrm{Aut}(G)$. 若 $g \in C(G)$, 则 $\theta_g = \mathrm{id}_G$. 通常称 θ_g 为内自同构 (inner automorphism). 记

$$\mathrm{Inn}(G) = \{\, \theta_g \mid g \in G \,\}$$

为内自同构的全体, $\mathrm{Inn}(G) \subset \mathrm{Aut}(G)$.

引理 5.1 $\mathrm{Inn}(G) \lhd \mathrm{Aut}(G)$.

证明 对任意 $\theta_1, \theta_2 \in \mathrm{Inn}(G)$, 设 $\theta_1 = \theta_{g_1}$, $\theta_2 = \theta_{g_2}$. 对任意 $x \in G$, $\theta_1 \theta_2^{-1}(x) = \theta_{g_1}(g_2 x g_2^{-1}) = g_1^{-1} g_2 x g_2^{-1} g_1 = \theta_{g_2^{-1} g_1}(x)$, 故 $\theta_1 \theta_2^{-1} = \theta_{g_2^{-1} g_1} \in \mathrm{Inn}(G)$. 故 $\mathrm{Inn}(G)$ 构成群, 即 $\mathrm{Inn}(G) < \mathrm{Aut}(G)$.

对任意 $\theta = \theta_g \in \mathrm{Inn}(G)$ 及 $\sigma \in \mathrm{Aut}(G)$, 有 $\sigma^{-1} \theta \sigma(x) = \sigma^{-1} \theta_g(\sigma(x)) = \sigma^{-1}(g^{-1} \sigma(x) g) = \sigma^{-1}(g^{-1}) \cdot \sigma^{-1}(\sigma(x)) \cdot \sigma^{-1}(g) = \sigma^{-1}(g)^{-1} x \sigma^{-1}(g) = \theta_{\sigma^{-1}(g)}(x)$, 即 $\sigma^{-1} \theta \sigma = \theta_{\sigma^{-1}(g)} \in \mathrm{Inn}(G)$, 所以 $\mathrm{Inn}(G) \lhd \mathrm{Aut}(G)$. $\square$

群的同构定理

设 $f : G_1 \to G_2$ 为群同态, 定义 f 的核 (kernel) 和像 (image) 为

$$\mathrm{Ker}\, f = \{\, x \in G_1 \mid f(x) = e_2 \,\},$$

$$\mathrm{Im}\, f = \{\, f(x) \mid x \in G_1 \,\}.$$

由定义可知, $\mathrm{Ker}\, f \lhd G_1$, $\mathrm{Im}\, f < G_2$, 但 $\mathrm{Im}\, f$ 不一定是 G_2 的正规子群 (见本节习题).

定理 5.2 (同态基本定理) 设 $f : G_1 \to G_2$ 为群同态, 它自然诱导了一个群同构

$$\mathrm{Im}\, f \cong G_1 / \mathrm{Ker}\, f.$$

证明 记 $H = \mathrm{Ker}\, f$. 我们断言映射

$$\theta : G_1 / H \to \mathrm{Im}\, f,$$

$$gH \mapsto f(g)$$

是一个群同构. 首先, 我们需验证 θ 为一个有意义的映射. 换言之, 若 $gH = g'H$, 须保证 $\theta(gH) = f(g) = f(g') = \theta(g'H)$. 注意到 $gH = g'H$ 等价于 $g^{-1} g' \in H = \mathrm{Ker}\, f$, 故有

$$f(g)^{-1} f(g') = f(g^{-1} g') = e \in G_2.$$

因此 $f(g') = f(g)$. 其次, 由陪集的乘法可知

$$\theta(gH g'H) = \theta(gg'H) = f(gg') = f(g) f(g') = \theta(gH) \theta(g'H)$$

这表明 θ 是一个群同态. 同态 θ 的核为

$$\mathrm{Ker}\,\theta = \{\, gH \mid f(g) = e \,\}$$

$$= \{\, gH \mid g \in \mathrm{Ker}\,f = H \,\}$$

$$= \{H\}.$$

故 θ 是单射. 又根据定义, θ 也是满的. 因此, θ 为群同构. $\qquad\qquad\square$

例 2 (循环群的结构) 设 $G = \langle g \rangle$, 总可作群同态 $f : (\mathbb{Z}, +) \to G$ 使得对任意 $m \in \mathbb{Z}$, $f(m) = g^m$. f 是满同态, 根据定理 5.2, $G \cong \mathbb{Z}/\mathrm{Ker}\,f$. 作为 $\mathbb{Z}$ 的子群, 存在 $n \geqslant 0$, 使得 $\mathrm{Ker}\,f = n\mathbb{Z}$. 如果 $n = 0$, 则 $G \cong \mathbb{Z}$. 如果 $n \neq 0$, 则 $G \cong \mathbb{Z}/n\mathbb{Z} \cong \mathbb{Z}_n$.

例 3 设 G 是群, 作映射 $\varphi : G \to \mathrm{Inn}(G)$ 使 $\varphi(g) = \theta_{g^{-1}} \in \mathrm{Inn}(G)$, $\forall\, g \in G$. 则对任意 $g_1, g_2 \in G$ 及任意 $x \in G$, 总有

$$\varphi(g_1 g_2)(x) = \theta_{(g_1 g_2)^{-1}}(x) = (g_1 g_2) x (g_1 g_2)^{-1} = g_1(g_2 x g_2^{-1}) g_1^{-1}$$

$$= \theta_{g_1^{-1}}(\theta_{g_2^{-1}}(x)) = (\varphi(g_1)\varphi(g_2))(x),$$

所以 φ 是群同态且 φ 是满的. 注意到 $K = \mathrm{Ker}\,\varphi = \{\, g \in G \mid \theta_{g^{-1}} = \mathrm{id}_G \,\} = C(G)$, 故 $\mathrm{Inn}(G) \cong G/C(G)$.

定理 5.3 (子群对应定理) 设 G 是群, $H \lhd G$, $j : G \to G/H$ 为自然同态. 令

$$\Gamma_1 \triangleq \{\, H_1 < G \mid H \subset H_1 \,\},$$

$$\Gamma_2 \triangleq \{\, \tilde{H}_2 \mid \tilde{H}_2 < G/H \,\},$$

则 j 可以诱导 Γ_1 和 Γ_2 之间的一一对应.

证明 只需构造两个映射 $\varphi_1 : \Gamma_1 \to \Gamma_2$ 和 $\varphi_2 : \Gamma_2 \to \Gamma_1$ 使得 $\varphi_2 \circ \varphi_1 = \mathrm{id}_{\Gamma_1}$, $\varphi_1 \circ \varphi_2 = \mathrm{id}_{\Gamma_2}$.

对任意 $H_1 \in \Gamma_1$, 定义 $\varphi_1(H_1) = \{\, h_1 H \mid h_1 \in H_1 \,\} \subset G/H$. 对 $h_1, h_1' \in H_1$, $h_1 H (h_1' H)^{-1} = h_1 H \cdot h_1'^{-1} H = (h_1 h_1'^{-1}) H = h_1'' H \in \varphi_1(H_1)$, 其中 $h_1'' = h_1 h_1'^{-1} \in H_1$. 故 $\varphi_1(H_1) \in \Gamma_2$. 对任意 $\tilde{H}_2 \in \Gamma_2$, 定义 $\varphi_2(\tilde{H}_2) \triangleq j^{-1}(\tilde{H}_2) = \{\, x \in G \mid j(x) \in \tilde{H}_2 \,\}$. 对 $x, x' \in \varphi_2(\tilde{H}_2)$, $j(x), j(x') \in \tilde{H}_2$, 则 $j(xx'^{-1}) = j(x)j(x')^{-1} \in \tilde{H}_2$, $xx'^{-1} \in \varphi_2(\tilde{H}_2)$, 故 $\varphi_2(\tilde{H}_2) < G$, 且 $H \subset \varphi_2(\tilde{H}_2)$, 所以 $\varphi_2(\tilde{H}_2) \in \Gamma_1$.

对任意 $H_1 \in \Gamma_1$, $\varphi_2 \circ \varphi_1(H_1) = j^{-1}(\{\, h_1 H \mid h_1 \in H_1 \,\}) \supset H_1$, 对 $x \in j^{-1}(\{\, h_1 H \mid h_1 \in H_1 \,\})$, 存在 $h_1 \in H_1$, $xH = j(x) = h_1 H \subset H_1$, 故 $x \in H_1$. 所以 $\varphi_2 \circ \varphi_1(H_1) = H_1$, 即 $\varphi_2 \circ \varphi_1 = \mathrm{id}_{\Gamma_1}$. 对任意 $\tilde{H}_2 \in \Gamma_2$, $\varphi_1 \circ \varphi_2(\tilde{H}_2) = \{\, hH \mid h \in j^{-1}(\tilde{H}_2) \,\} \subset \tilde{H}_2$.

对 $y \in \tilde{H}_2$, 存在 $x \in G$ 使得 $y = xH = j(x)$, 故 $x \in j^{-1}(\tilde{H}_2)$, $y = xH \in \varphi_1 \circ \varphi_2(\tilde{H}_2)$, 故 $\varphi_1 \circ \varphi_2(\tilde{H}_2) = \tilde{H}_2$, $\varphi_1 \circ \varphi_2 = \mathrm{id}_{\Gamma_2}$. $\qquad\square$

例 4 设 $n > 1$ 是正整数, 下面我们用子群对应定理 5.3 来确定 $\mathbb{Z}/n\mathbb{Z}$ 的子群. 我们有商同态 $j : \mathbb{Z} \to \mathbb{Z}/n\mathbb{Z}$. 由习题 1.1 第 1 题, $(\mathbb{Z}, +)$ 的所有子群是 $m\mathbb{Z} = \{mt \mid t \in \mathbb{Z}\}$, $m \in \mathbb{Z}_{\geqslant 0}$. 设 $m\mathbb{Z}$ 是 $\mathbb{Z}$ 的子群, 则 $n\mathbb{Z} \subset m\mathbb{Z}$ 当且仅当 $m \mid n$. 由定理 5.3, $\mathbb{Z}/n\mathbb{Z}$ 的子群是

$$T_m = \left\{ 0 + n\mathbb{Z}, m + n\mathbb{Z}, 2m + n\mathbb{Z}, \cdots, \left(\frac{n}{m} - 1\right)m + n\mathbb{Z} \right\}.$$

这里 $m \mid n$ 取遍 n 的正因子. 由定义可知, 每个 $T_m = \langle m + n\mathbb{Z} \rangle$ 是 $\frac{n}{m}$ 阶循环群.

定理 5.4 (第一同构定理) 设 G 是群, $H \lhd G$, $N \lhd G$ 且 $H \subset N$, 则 $H \lhd N$, $N/H \lhd G/H$ 且 $(G/H)/(N/H) \cong G/N$.

证明 显然 $H \lhd N$. 对任意 $\tilde{a} \in G/H$, $\tilde{n} \in N/H$, 则 $\tilde{a} = gH$, $\tilde{n} = lH$, $g \in G$, $l \in N$. 则 $\tilde{a}^{-1}\tilde{n}\tilde{a} = (gH)^{-1}(lH)(gH) = (g^{-1}lg)H \in N/H$, 所以 $N/H \lhd G/H$.

自然同态 $j_1 : G \to G/H$, $j_2 : G/H \to (G/H)/(N/H)$ 均为满同态, 故 $\varphi = j_2 \circ j_1$ 也是满同态, 故而 $(G/H)/(N/H) \cong G/\mathrm{Ker}\,\varphi$. 可以断言 $\mathrm{Ker}\,\varphi = N$. 事实上, 对任意 $x \in \mathrm{Ker}\,\varphi$,

$$\varphi(x) = j_2(xH) = xH \cdot N/H = N/H.$$

故 $xH \in N/H$, 存在 $n \in N$, $xH = nH \subset N$, 故 $x \in N$. 反之, 若 $y \in N$, $yH \in N/H$, $\varphi(y) = j_2(yH) = yH \cdot N/H = N/H$, 故 $y \in \mathrm{Ker}\,\varphi$. 因此 $(G/H)/(N/H) \cong G/N$. $\qquad\square$

定理 5.5 (第二同构定理) 设 G 是群, $H \lhd G$, $K < G$, 则 $HK < G$, $H \lhd HK$, $H \cap K \lhd K$ 且 $HK/H \cong K/(H \cap K)$.

证明 由于 $H \lhd G$, 对任意 $k \in K$, $Hk = kH$, 故 $HK = KH$, 由命题 3.5, $HK < G$. 显然 $H \lhd HK$, $H \cap K \lhd K$. 考虑群同态

$$\varphi : K \hookrightarrow HK \to HK/H.$$

我们有 $\varphi(k) = kH \in HK/H$, $\forall k \in K$. 由 $HK = KH$ 可知, φ 是一个满同态. 由同态基本定理可得 $HK/H \cong K/\mathrm{Ker}\,\varphi$. 而 $\mathrm{Ker}\,\varphi = \{k \in K \mid kH = H\} = H \cap K$, 故 $HK/H \cong K/(H \cap K)$. $\qquad\square$

例 5 设 $N \lhd G$, $[G : N] < +\infty$, $H < G$ 且 H 是有限群. 若 $[G : N]$ 和 $|H|$ 互素, 则 $H < N$.

证明　只需证明 $NH = N$ 即可. 由第二同构定理, 可知

$$NH/N \cong H/(N \cap H).$$

因此 NH/N 为有限群且 $|NH/N|$ 为 $|H|$ 的因子. 另一方面, 注意到 $NH/N <$ G/N, 所以 $|NH/N|$ 可以整除 $|G/N|(= [G : N])$. 由题设的互素性可知 $|NH/N| =$ 1.　　□

例 6　设 $G = \langle a \rangle$ 为 n 阶循环群, 求 $\mathrm{Aut}(G)$.

对任意 $\sigma \in \mathrm{Aut}(G)$, σ 由 $\sigma(a) = a^m, 0 < m < n$ 完全确定. 由于 σ 是自同构, 必有 $o(a^m) = o(\sigma(a)) = o(a) = n$. 若 $\gcd(m, n) = d > 1$, 则 $m = dm_1, n = dn_1$, $(a^m)^{n_1} = a^{dm_1 n_1} = (a^n)^{m_1} = e$, 故 $o(a) \leqslant n_1 < n$, 矛盾! 故 $\gcd(m, n) = 1$.

反之, 若 $\gcd(m, n) = 1$, 定义同态 $\sigma_m : G \to G$, 使得 $\sigma_m(a) = a^m$, 则对 $k \in \mathbb{Z}$, $\sigma_m(a^k) = a^{mk}$. 若 $\sigma_m(a^k) = e$, 则 $n \mid km$, 故 $n \mid k$, $a^k = e$, 故 σ_m 是单射, 进而是双射, 故 $\sigma_m \in \mathrm{Aut}(G)$.

记 $\mathbb{Z}_n^* = \{ t \in \mathbb{Z} \mid 0 < t < n, \gcd(t, n) = 1 \}$, $\mathbb{Z}_n^*$ 在 $\mathrm{mod}\ n$ 乘法下构成群. 上述讨论表明映射 $\theta : \mathbb{Z}_n^* \to \mathrm{Aut}(G)$ 是双射, 其中对任意 $m \in \mathbb{Z}_n^*$, $\theta(m) = \sigma_m$, 又对任意 $s, t \in \mathbb{Z}_m^*$, $\sigma_{st}(a^k) = a^{kst} = \sigma_s(\sigma_t(a^k))$, 所以 θ 是群同构. 故 $\mathrm{Aut}(G) \cong \mathbb{Z}_n^*$.

我们知道 $|\mathbb{Z}_n^*| = \varphi(n)$. 由 Lagrange 定理, 对 $\overline{m} \in \mathbb{Z}_n^*$, 有 $\overline{m}^{\varphi(n)} = \overline{1}$, 也即 $m^{\varphi(n)} \equiv 1 \ (\mathrm{mod}\ n)$. 此即著名的 Euler 定理.

例 7　设 G 为群, $\varphi \in \mathrm{Aut}(G)$, 且对任意 $a \in G$, $\varphi(a) = a$ 当且仅当 $a = e$. 试证明:

(1) 映射 $\theta : G \to G$ 为单射, 这里 $\theta(a) \triangleq \varphi(a) \cdot a^{-1}, \forall a \in G$. 若 $|G| < +\infty$, 则 G 中任意元素都形如 $\varphi(a) \cdot a^{-1}$.

(2) 设 $|G| < +\infty$. 已知 $\varphi^2 = \mathrm{id}_G$, 则 G 为奇数阶 Abel 群.

证明　(1) 设 $\theta(a) = \theta(b)$, 则 $\varphi(a) \cdot a^{-1} = \varphi(b) \cdot b^{-1}$, $\varphi(b^{-1}a) = b^{-1}a$, 故 $b^{-1}a = e$, $a = b$, 因此 θ 为单射. 若 G 是有限群, θ 为一一对应, 故 G 中任意元素都形如 $\varphi(a) \cdot a^{-1}$.

(2) 对任意 $x \in G$, $x = \varphi(a) \cdot a^{-1}$, $\varphi(x) = \varphi^2(a) \cdot \varphi(a)^{-1} = a \cdot \varphi(a)^{-1} = x^{-1}$. 这样 $\varphi(e) = e$, 若 $x \neq e$, 则 $x \neq \varphi(x) = x^{-1}$, $\varphi(x^{-1}) = x$, φ 将非恒等元的元素两两配对, 所以 $|G|$ 是奇数. 对任意 $x, y \in G$, $xy = \varphi((xy)^{-1}) = \varphi(y^{-1}x^{-1}) = \varphi(y^{-1})\varphi(x^{-1}) = yx$, 故 G 是 Abel 群.　　□

例 8　设 G 是群, $H \lhd G$ 且 $H \neq G$. 如果对任意满足 $H < H' \lhd G$ 的真子群 H', 总有 $H' = H$, 那么称 H 为 G 的极大正规子群. 如果 $H \lhd G$, 证明 H 是 G 的

极大正规子群的充分必要条件是 G/H 为单群.

证明　由子群对应定理, G/H 的子群都形如 H'/H, 其中 $H < H' < G$. 如果 $H'/H \lhd G/H$, 那么对任意 $h' \in H'$, $g \in G$, $h'H \in H'/H$, $gH \in G/H$, $(g^{-1}h'g)H = (gH)^{-1}(h'H)(gH) \in H'/H$, 所以存在 $a \in H'$, $(g^{-1}h'g)H = aH \subset H'$, 故 $g^{-1}h'g \in H'$. 这表明 $H < H' \lhd G$, 故 $H' = H$ 或者 $H' = G$, 即 H'/H 是 G/H 的平凡子群, 因此 G/H 是单群.

反之, 如果 $H < H' \lhd G$, 那么 $H'/H < G/H$. 对 $x \in H'/H$, $y \in G/H$, $x = h'H$, $y = gH$, 其中 $h' \in H'$, $g \in G$, 则 $y^{-1}xy = (gH)^{-1}(h'H)(gH) = (g^{-1}h'g)H \in H'/H$, 故 $H'/H \lhd G/H$. 又因 G/H 是单群, 故 $H' = H$ 或 $H' = G$. □

习题 1.5

1. 设 $f: G_1 \to G_2$ 为群同态, 证明 f 为群同构当且仅当存在群同态 $g: G_2 \to G_1$ 使得 $g \circ f = \mathrm{id}_{G_1}$, $f \circ g = \mathrm{id}_{G_2}$.

2. 举例说明: 如果 $f: G_1 \to G_2$ 为群同态, $\mathrm{Im}\, f$ 不一定是 G_2 的正规子群.

3. 设 $f: G \to H$ 是一个群同态, $a \in G$ 是一个有限阶元. 证明 $f(a)$ 的阶整除 a 的阶.

4. 设 $f: S_n \to G$ 是群同态, G 为 Abel 群, 证明: $|\mathrm{Im}\, f| \leqslant 2$.

5. 若 G 是一个群, 映射 $f: G \to G$ 由 $f(x) = x^{-1}$ $(\forall x \in G)$ 给出.

   (1) 给出 f 是群同态的一个充分必要条件;

   (2) 若 G 是有限群且 $|\mathrm{Aut}(G)| = 1$, 证明 $|G| \leqslant 2$.

6. 若群 G 满足 $C(G) = \{e\}$, 则 $C(\mathrm{Aut}(G)) = \{\mathrm{id}\}$.

7. 设 G 是有限群, 使得 $|G| = p_1 p_2 \cdots p_s$, 其中 p_i 为互异素数, 设 G 的正规子群的个数为 n, 证明 $n \leqslant 2^s$.

8. 设 $\phi: S_n \to S_n$ 是对称群 S_n 的一个自同构, 且 $n \neq 6$. 证明:

   (1) ϕ 将 S_n 中的对换映为对换;

   (2) $\mathrm{Aut}\, S_n \cong S_n$.

9. 求解下列问题:

   (1) $\mathbb{R}/\mathbb{Q}$, $\mathbb{R}/\mathbb{Z}$, $\mathbb{Q}/\mathbb{Z}$ 作为加法群是否两两同构?

   (2) 群 $(\mathbb{R}, +)$ 与群 $(\mathbb{R}_{>0}, \times)$ 是否同构? 与 $(\mathbb{R} \setminus \{0\}, \times)$ 是否同构?

*10. 求解下列问题:

   (1) 设群 G 的正规子群满足升链条件 (ACC), 即若有正规子群 $H_i \lhd G$ 使

得

$$H_1 \lhd H_2 \lhd \cdots \lhd H_s \lhd \cdots \lhd G,$$

则存在 $n_0 \in \mathbb{N}$, 使得对任意 $n \geqslant n_0$ 有 $H_n = H_{n+1}$. 证明: 若 $f : G \to G$ 是满同态, 则 f 为同构;

(2) 设 G 是 Abel 群, 且 G 的正规子群满足降链条件 (DCC), 即若有正规子群 $H_i \lhd G$ 使得

$$\cdots \lhd H_s \lhd \cdots \lhd H_2 \lhd H_1 \lhd G,$$

则存在 $n_0 \in \mathbb{N}$, 使得对任意 $n \geqslant n_0$ 有 $H_n = H_{n+1}$. 证明: 若 $f : G \to G$ 是单同态, 则 f 为同构;

(3) 试问若不要求 G 是 Abel 群, (2) 中结论是否仍然成立? 说明理由. (提示: 可利用习题 1.4 第 6 题中的例子.)

11. 设 $f : G \to G'$ 是群同态. 证明:

(1) f 为单同态当且仅当对任意群 H 和群同态 $g_i : H \to G$ ($i = 1, 2$) 使得 $f \circ g_1 = f \circ g_2$, 都有 $g_1 = g_2$;

(2) f 为满同态当且仅当对任意群 H 和群同态 $h_i : G' \to H$ ($i = 1, 2$) 使得 $h_1 \circ f = h_2 \circ f$, 都有 $h_1 = h_2$.

1.6 群的直积

设 $G_1, \cdots, G_n$ 为群, 其笛卡儿积为

$$G \triangleq G_1 \times \cdots \times G_n = \{ (g_1, \cdots, g_n) \mid g_i \in G_i, 1 \leqslant i \leqslant n \}.$$

在 G 上有一个自然的乘法运算: 对任意 $(a_1, \cdots, a_n), (b_1, \cdots, b_n) \in G$, 定义

$$(a_1, \cdots, a_n)(b_1, \cdots, b_n) \triangleq (a_1 b_1, \cdots, a_n b_n).$$

此运算满足结合律, 且存在恒等元 $e_G = (e_1, \cdots, e_n)$, 其中 e_i 是 G_i 的恒等元. 对于任意元素 $(a_1, \cdots, a_n) \in G$, 其逆元为 $(a_1^{-1}, \cdots, a_n^{-1})$. 因此, G 构成一个群, 称为 $G_1, \cdots, G_n$ 的外直积 (external direct product).

对 $i = 1, 2, \cdots, n$, 定义映射 $j_i : G_i \to G$ 使对任意 $a \in G_i$, $j_i(a) \triangleq (e_1, \cdots, a, \cdots, e_n)$, 即 $j_i(a)$ 的第 i 个位置上的元素为 a, 其余位置为各群的恒等元, 则 j_i 为单同态. 定义第 i 个投影映射 $p_i : G \to G_i$ 使 $p_i(a_1, \cdots, a_n) = a_i$, 则 p_i 是满同态. 记 $H_i = j_i(G_i) < G$.

通过观察, 可以知道上述外直积结构有如下性质:

(1) 对 $1 \leqslant i \leqslant n$, $p_i \circ j_i = \mathrm{id}_{G_i}$.

(2) 对 $i_1 \neq i_2$, H_{i_1} 与 H_{i_2} 中元素可交换相乘. 事实上, 对 $x \in G_{i_1}$, $y \in G_{i_2}$, $j_{i_1}(x) j_{i_2}(y) = j_{i_2}(y) j_{i_1}(x) = (e_1, \cdots, x, \cdots, y, \cdots, e_n)$, 其中第 i_1 个位置上的元素为 x, 第 i_2 个位置上的元素为 y, 其余位置为各相应群的恒等元.

(3) 对 $1 \leqslant i \leqslant n$, $H_i \lhd G$. 事实上, 对任意 $g = (a_1, \cdots, a_n) \in G$ 及任意 $x_i \in H_i$,

$$g^{-1} j_i(x_i) g = (a_1^{-1} a_1, \cdots, a_i^{-1} x_i a_i, \cdots, a_n^{-1} a_n) = (e_1, \cdots, a_i^{-1} x_i a_i, \cdots, e_n) \in H_i.$$

(4) $G = H_1 H_2 \cdots H_n$. 对任意 $g = (a_1, \cdots, a_n) \in G$, $g = j_1(a_1) \cdots j_n(a_n) \in H_1 \cdots H_n$.

(5) 对 $1 \leqslant i \leqslant n$, $H_i \cap (H_1 \cdots \hat{H}_i \cdots H_n) = \{e_G\}$, 其中 $\hat{H}_i$ 表示乘积中不含 H_i 项.

(6) 群 G 中元素表示为 $H_1, H_2, \cdots, H_n$ 之积的表示法唯一, 即如果 $g = h_1 \cdots h_n = h_1' \cdots h_n'$, 其中对每个 i, $h_i, h_i' \in H_i$, 那么 $h_i = h_i'$. 事实上, 如果 h_i, h_i' 满足如上条件, 那么由 (2), $h_1'^{-1} h_1 = h_2' \cdots h_n' h_n^{-1} \cdots h_2^{-1} = h_2'' \cdots h_n'' \in H_1 \cap (H_2 \cdots H_n) =$

$\{e_G\}$, 其中 $h_i'' = h_i' h_i^{-1}$, $2 \leqslant i \leqslant n$. 故 $h_1 = h_1'$, 同样地, 对任意 $i = 2, \cdots, n$, 可证 $h_i = h_i'$.

定义 设 G 是群, 设对 $1 \leqslant i \leqslant n$, $H_i \lhd G$ 且 $H_i \cap (H_1 \cdots \hat{H_i} \cdots H_n) = \{e_G\}$. 若 $G = H_1 H_2 \cdots H_n$, 则称 G 为子群 $H_1, \cdots, H_n$ 的内直积 (internal direct product).

上述讨论已经表明, 若 G 是外直积结构, 则 G 必是内直积结构. 反之, 可以知道内直积结构必然同构于一个外直积, 我们有如下定理:

定理 6.1 设 $G, G_1, \cdots, G_n$ 是群, 则 $G \cong G_1 \times \cdots \times G_n$ (外直积) 的充分必要条件是对任意 $i = 1, \cdots, n$, 存在正规子群 $H_i \lhd G$, 使得 $H_i \cong G_i$ 且 G 是 $H_1, \cdots, H_n$ 的内直积.

证明 必要性已证, 只需证充分性. 作映射

$$\varphi = \prod_{i=1}^{n} H_i \to G, \quad \varphi(a_1, \cdots, a_n) \triangleq a_1 \cdots a_n \in G,$$

其中 $\prod_{i=1}^{n} H_i$ 为诸 H_i 的外直积. 由于 G 为 H_i 的内直积, 故 φ 是满射. 对任意 $i \neq j$, $a \in H_i, b \in H_j$, 由于 $H_i, H_j \lhd G$, 故 $aba^{-1}b^{-1} \in H_i \cap H_j \subset H_i \cap (H_1 \cdots \hat{H_i} \cdots H_n) = \{e\}$, 故 $ab = ba$, 即 H_i 和 H_j 中元素可交换. 对 $(a_1, \cdots, a_n), (b_1, \cdots, b_n) \in \prod H_i$,

$$\varphi((a_1, \cdots, a_n) \cdot (b_1, \cdots, b_n)) = \varphi(a_1 b_1, \cdots, a_n b_n) = a_1 b_1 \cdot a_2 b_2 \cdots a_n b_n$$

$$= a_1 \cdots a_n \cdot b_1 \cdots b_n = \varphi(a_1, \cdots, a_n) \varphi(b_1, \cdots, b_n),$$

故 φ 是群同态. 若 $\varphi(a_1, \cdots, a_n) = \varphi(b_1, \cdots, b_n)$, 即 $a_1 \cdots a_n = b_1 \cdots b_n$, 则 $b_1^{-1} a_1 = (b_2 \cdots b_n)(a_2 \cdots a_n)^{-1} = b_2 a_2^{-1} \cdots b_n a_n^{-1} \in H_1 \cap (H_2 \cdots H_n) = \{e\}$, 故 $a_1 = b_1$. 可依次证明对任意 $i = 2, \cdots, n$ 总有 $a_i = b_i$, 故 φ 是单同态. 因此, φ 是群同构. $\square$

如果 G 是一个加法群, 我们通常将直积叫做直和, 用记号 $\oplus$ 表示, 例如: $G = \bigoplus_{i=1}^{n} G_i$.

例 1 设 G 是群, $H_1, \cdots, H_n < G$, 则 G 是 $H_1, \cdots, H_n$ 的内直积的充分必要条件是对 $i \neq j$, H_i 和 H_j 乘法可交换, 且映射 $\varphi : \prod H_i \to G$ 是双射, 其中对任意 $(a_1, \cdots, a_n) \in \prod H_i$, $\varphi(a_1, \cdots, a_n) = a_1 a_2 \cdots a_n$.

证明 必要性由定理 6.1 的证明得到, 这里证充分性. 由 φ 是满射, $G = H_1 H_2 \cdots H_n$. 又由 H_i 和 H_j 乘法可交换知, $H_i \lhd G$. 还需要证明 $H_i \cap (H_1 \cdots \hat{H_i} \cdots H_n) = \{e\}$. 设 $a \in H_i \cap (H_1 \cdots \hat{H_i} \cdots H_n)$, $a = b_1 \cdots b_{i-1} b_{i+1} \cdots b_n$, $b_j \in H_j$. 则

$$\varphi(e, \cdots, a, \cdots, e) = \varphi(b_1, \cdots, b_{i-1}, e, b_{i+1}, \cdots, b_n),$$

由 φ 是单射, $a = e$. $\square$

例 2 只有两种不同构的四元群, 即 $\mathbb{Z}_4$ 和 $\mathbb{Z}_2 \oplus \mathbb{Z}_2$.

事实上, 设 $|G| = 4$, 取 $a \in G \setminus \{e\}$ 使得 $o(a)$ 最大. 我们已知道, $o(a) \mid 4$. 若 $o(a) = 4$, 则 $G = \langle a \rangle \cong \mathbb{Z}_4$. 若 $o(a) = 2$, 则令 $H = \langle a \rangle \lhd G$, 取 $b \in G \setminus H$, 则 $o(b) = 2$, 并记 $H' = \langle b \rangle$, $H' \lhd G$, $H \cap H' = \{e\}$. 又因 $|HH'| = \dfrac{|H||H'|}{|H \cap H'|} = 4$, 故 $G = HH'$. 所以 G 为 H, H' 的内直积. 特别地, 因 H, H' 为 Abel 群, G 也为 Abel 群, 故 $G \cong H \times H' \cong \mathbb{Z}_2 \oplus \mathbb{Z}_2$.

习题 1.6

1. 写出两个不同于例 1 的内直积的等价命题.

2. 有理数加法群 $\mathbb{Q}$ 与 $\mathbb{Q} \times \mathbb{Z}_2$ 是否同构? 说明理由.

3. 设 $n > 1$, 若 n 为奇数, 证明 $D_{2n} \cong D_n \times \mathbb{Z}_2$. 说明当 n 为偶数时上述结论不成立.

4. 设 G_1, G_2 是有限群, 使得 $\gcd(|G_1|, |G_2|) = 1$. 证明 $\mathrm{Aut}(G_1 \times G_2) \cong \mathrm{Aut}(G_1) \times \mathrm{Aut}(G_2)$.

5. 求解下列问题:

   (1) 给出一个满足以下条件的例子: $H < G_1 \times G_2$ 且 H 不能写成 H_1 ($H_1 < G_1$) 与 H_2 ($H_2 < G_2$) 的直积;

   (2) 设 G_1, G_2 是群. 证明: $G_1 \times G_2$ 的任意子群都形如 $H_1 \times H_2$ ($H_i < G_i$, $i = 1, 2$) 当且仅当对任意 $g_1 \in G_1$, $g_2 \in G_2$, g_1, g_2 均为有限阶且 $\gcd(o(g_1), o(g_2)) = 1$.

6. 设 G 是群, 且满足: 对任意 $x \in G$, $x^2 = e$.

   (1) 证明 G 是 Abel 群;

   (2) 如果 G 是有限群, 证明存在非负整数 n 使得 $G \cong \bigoplus_n \mathbb{Z}_2$ (即 n 个 $\mathbb{Z}_2$ 的直和).

7. 求解下列问题:

   (1) 设 $G = G_1 \times \cdots \times G_n$ 是群的直积, $p_i : G \to G_i$ 为到第 i 个分量的投影映射, $\phi_i : S \to G_i$ 是群同态, 其中 $i = 1, \cdots, n$, 证明存在唯一的群同态 $\phi : S \to G$, 使得对任意 $i = 1, \cdots, n$, 都有 $p_i \circ \phi = \phi_i$;

   (2) 设 $G = G_1 \times \cdots \times G_n$, $j_i : G_i \to G$ 为自然同态, $\psi_i : G_i \to S$ 是群同态, 其中 $i = 1, \cdots, n$. 举例说明未必存在唯一的群同态 $\psi : G \to S$, 使得对

任意 $i = 1, \cdots, n$, 都有 $\psi \circ j_i = \psi_i$.

8. 设 G_1, G_2 是群, $K < G_1 \times G_2$, 使得投影映射 $p_1 : K \to G_1$, $p_2 : K \to G_2$ 均为满同态.

   (1) 记 $N = \operatorname{Ker} p_1$, 证明 N 可视作 G_2 的一个正规子群;

   (2) 记 $H = G_2/N$, $f_2 : G_2 \to H$ 是自然投射. 试构造一个自然的满同态 $f_1 : G_1 \to H$, 使得 $f_1 \circ p_1 = f_2 \circ p_2$;

   (3) 定义
   $$G_1 \times_H G_2 \triangleq \{\, (g_1, g_2) \in G_1 \times G_2 \mid f_1(g_1) = f_2(g_2) \,\},$$

   称其为 G_1 与 G_2 在 H 上的纤维积 (fiber product). 证明: $K = G_1 \times_H G_2$.

*9. 设 $\{G_\alpha\}_{\alpha \in I}$ 是以 I 为指标集的一族群. 对正整数 n, 我们称 n-元组 $a = (x_1, x_2, \cdots, x_n)$ 为 $\{G_\alpha\}$ 上的一个长度为 n 的字, 其中 $x_i \in \coprod\limits_{\alpha \in I} G_\alpha$. 约定一个长度为 0 的空字, 记作 e.

   (1) 在 $\{G_\alpha\}$ 上字的全体构成的集合上构造一个等价关系 $\sim$ 如下:

      (a) 记 e_α 为 G_α 的恒等元, 则
      $$(x_1, \cdots, x_{i-1}, e_\alpha, x_{i+1}, \cdots, x_n) \sim (x_1, \cdots, x_{i-1}, x_{i+1}, \cdots, x_n);$$

      (b) 如果 x_i, x_{i+1} 同属于某个 G_α, 则
      $$(x_1, \cdots, x_i, x_{i+1}, \cdots, x_n) \sim (x_1, \cdots, x_i x_{i+1}, \cdots, x_n).$$

      记字 a 所在等价类为 $[a]$. 对字 $a = (x_1, \cdots, x_n)$, $b = (y_1, \cdots, y_m)$, 定义它们的乘积为
      $$ab = (x_1, \cdots, x_n, y_1, \cdots, y_m).$$

      记 $\{G_\alpha\}$ 上的字的等价类全体为 $*_{\alpha \in I} G_\alpha$. 证明可以定义 $*_{\alpha \in I} G_\alpha$ 上的乘法 $[a][b] = [ab]$ 使得其构成一个群, 称为 $\{G_\alpha\}_{\alpha \in I}$ 的自由积 (free product).

   (2) 设 $G = G_1 * \cdots * G_n$ 是群的自由积, $q_i : G_i \to G$ 将 x_i 映为 $[(x_i)]$, $\psi_i : G_i \to S$ 是群同态, 其中 $i = 1, \cdots, n$. 证明存在唯一的群同态 $\psi : G \to S$, 使得对任意 $i = 1, \cdots, n$, 都有 $\psi \circ q_i = \psi_i$.

*10. 设 S 为一个非空集合, 对于 $\alpha \in S$, 记
   $$G_\alpha = \{\cdots, \alpha^{-1}, e_\alpha = \alpha^0, \alpha = \alpha^1, \alpha^2, \cdots\}$$

为 α 生成的无限循环群. 称 $*_{\alpha \in S} G_\alpha$ 为 S 生成的自由群, 记为 $F(S)$. 设 R 为 $F(S)$ 的子集, N 为 $F(S)$ 的包含 R 的最小的正规子群, 令 $G = F(S)/N$, 称 G 为生成元集 S 在生成关系 R 下生成的群, 也记 $G = \langle S \,|\, R \rangle$. 若 $S = \{s_1, \cdots, s_n\}$, $R = \{r_1, \cdots, r_m\}$, 则可更详细地记

$$\langle S \,|\, R \rangle = \langle s_1, \cdots, s_n \,|\, r_1 = \cdots = r_m = e \rangle.$$

特别地, 在 $r_i = \alpha^{-i} \beta^j$ 时, 关系 $r_i = e$ 也可记为 $\alpha^i = \beta^j$.

(1) 确定群 $\langle r, s \,|\, r^n = s^2 = e, s^{-1} r s = r^{-1} \rangle$ 与 $\langle i, j \,|\, i^4 = e, i^2 = j^2, j^{-1} i j = i^{-1} \rangle$ 的结构;

(2) 写出 $\mathbb{Z} \times \mathbb{Z}$ 与 S_4 的一种可能的生成元与生成关系.

1.7 群在集合上的作用

群作用的定义

先观察两个例子:

(1) 设 $G = \mathrm{GL}_n(K)$, K 为一数域, $V = K^n$ (列向量空间), 则有映射

$$G \times V \to V,$$

$$(A, \alpha) \mapsto A \cdot \alpha \triangleq A\alpha,$$

这里 $A \in G$, $\alpha \in V$. 可知, 对任意 $A, B \in G$ 及任意 $\alpha \in V$, 我们有 $I_n \cdot \alpha = \alpha$, $(AB) \cdot \alpha = A \cdot (B \cdot \alpha)$.

(2) 考虑置换群 S_n. 设 $X = \{x_1, x_2, \cdots, x_n\}$, 则有自然映射

$$\theta : S_n \times X \to X,$$

$$(\sigma, x_i) \mapsto \sigma \cdot x_i = x_{\sigma(i)},$$

这里 $\sigma \in S_n$, $x_i \in X$. 对任意 $\sigma_1, \sigma_2 \in S_n$ 及 $x_i \in X$, θ 满足: $(1) \cdot x_i = x_i$, $(\sigma_1 \sigma_2) \cdot x_i = x_{\sigma_1 \sigma_2(i)} = \sigma_1 \cdot x_{\sigma_2(i)} = \sigma_1(\sigma_2 \cdot x_i)$.

一般地, 我们有如下定义:

定义　设 G 为群, X 为非空集合. 设有一个映射 $\sigma : G \times X \to X$, 若 σ 满足以下两个条件:

(1) 对任意 $x \in X$, $\sigma(e, x) = x$;

(2) 对任意 $g, h \in G$, $x \in X$, 总有 $\sigma(gh, x) = \sigma(g, \sigma(h, x))$,

则称 σ 是 G 在集合 X 上的一个作用. 为便于表示, 通常我们采用简写形式 $g \cdot x \triangleq \sigma(g, x)$.

例 1　(1) 设群 G 作用于集合 X. 如果对任意的 $g \in G$, $x \in X$, 都有 $g \cdot x = x$, 那么称此作用是平凡作用.

(2) 群 G 可以自然地左乘作用于自身:

$$G \times G \to G,$$

$$(g, x) \mapsto gx.$$

(3) 群 G 可以共轭地作用于自身, 即有映射

$$* : G \times G \to G,$$

$$(g, x) \mapsto g * x \triangleq gxg^{-1},$$

这里 $g, x \in G$. 这是一个群作用, 因为 $e * x = x$ 并且

$$(g_1 g_2) * x = (g_1 g_2) x (g_1 g_2)^{-1} = g_1 (g_2 x g_2^{-1}) g_1^{-1} = g_1 * (g_2 * x).$$

(4) 若 $H < G$, 则 G 有在集合 $G/H = \{ aH \mid a \in G \}$ 上的如下作用: $g \cdot aH = (ga)H$. 如果对任意 $a, a' \in G$, $aH = a'H$, 即 $a^{-1}a' \in H$, 那么 $(ga)^{-1}(ga') = a^{-1}g^{-1}ga' = a^{-1}a' \in H$, 故 $(ga)H = (ga')H$, 这是一个有意义的映射. 另一方面, 对任意 $g_1, g_2, a \in G$, 总有 $(g_1 g_2)aH = g_1(g_2 a)H$.

群作用的等价形式

群 G 在集合 X 上的作用也可等价地表述为 G 在集合 X 上的置换表示 (permutation representation), 即一个群同态 $\rho : G \to S_X$, 其中 S_X 是集合 X 的对称群. 此外, 读者还可参看定理 9.5 (1), 任何群 G 都可看作是变换群 S_G 的一个子群. 以下命题揭示了群作用与置换表示在本质上的一致性:

命题 7.1 设 G 是群, X 是集合.

(1) 若 $\sigma : G \times X \to X$ 是一个群作用, 则映射

$$\rho_\sigma : G \to S_X,$$

$$g \mapsto (x \mapsto g \cdot x)$$

是一个群同态, 且 $G = \operatorname{Ker} \rho_\sigma$ 当且仅当 σ 是平凡作用.

(2) 若 $\rho : G \to S_X$ 是群同态, 则

$$\widetilde{\rho} : G \times X \to X,$$

$$(g, x) \mapsto \rho(g)(x)$$

是一个群作用.

证明 对于 (1), 先验证 $\rho_\sigma(g) : X \to X, x \mapsto g \cdot x$ 为 X 上的置换, 即 $\rho_\sigma(g)$ 为双射. 对任意 $x, y \in X$, 若 $g \cdot x = g \cdot y$, 则有 $x = g^{-1} \cdot (g \cdot x) = g^{-1} \cdot (g \cdot y) = y$, 因此 $\rho_\sigma(g)$ 是单射. 又对任意 $y \in X$, $y = g \cdot (g^{-1} \cdot y)$, 故 $\rho_\sigma(g)$ 也是满射. 这说明了 $\rho_\sigma(g) \in S_X$ 是一个置换. 其次, 对于任意 $g, h \in G$, 我们有

$$\rho_\sigma(gh)(x) = (gh) \cdot x = g \cdot (h \cdot x) = \rho_\sigma(g) \circ \rho_\sigma(h)(x),$$

由此可知 ρ_σ 是一个群同态. 它的核为

$$\operatorname{Ker}\rho_\sigma = \{g \mid g \cdot x = x, \forall x \in X\},$$

因此 $\operatorname{Ker}\rho_\sigma = G$ 当且仅当 σ 的作用是平凡作用.

对于 (2), 按照定义容易验证 $\widetilde{\rho}$ 满足群作用定义中的两个条件, 即 $\widetilde{\rho}$ 是一个群作用. □

例 2　设 G 为群, $H < G$, $[G:H] = n$. 若 H 不含 G 的任何非平凡正规子群, 则 G 同构于 S_n 的某个子群.

证明　根据例 1 (4), 群 G 在集合 G/H 有一个自然的左乘作用. 由于 $|G/H| = [G:H] = n$, 故有诱导群同态

$$\rho\colon G \to S_n.$$

下证 $\operatorname{Ker}\rho = \{e\}$ 从而 ρ 是一个嵌入. 根据定义, 我们有

$$\operatorname{Ker}\rho = \{\, g \mid gaH = aH, \forall aH \in G/H \,\} < \{\, g \mid gH = H \,\} = H. \tag{1.2}$$

由于 $\operatorname{Ker}\rho$ 是 G 的一个正规子群, 根据题设 $\operatorname{Ker}\rho$ 只能是平凡子群 $\{e\}$. □

群作用的轨道和稳定子

定义　设群 G 作用于集合 X. 对任意 $x \in X$, 集合

$$Gx \triangleq \{\, g \cdot x \mid g \in G \,\} \subseteq X$$

称为经过 x 的轨道 (orbit); 集合

$$\operatorname{Stab}(x) \triangleq \{\, g \in G \mid g \cdot x = x \,\}$$

称为 x 的稳定子 (stabilizer). 只有一条轨道的作用称为是可迁的 (transitive).

例 3　(1) 非平凡 Abel 群 G 上的共轭作用不可迁, 且对任意 $x \in G$, $\operatorname{Stab}(x) = G$.

(2) S_n 可迁地作用于 $X = \{x_1, x_2, \cdots, x_n\}$.

(3) $\operatorname{GL}_n(K)$ 在 $V = K^n$ 上作用不可迁: 设 $0 \in V$ 是零向量, 由于对任意 $A \in \operatorname{GL}_n(K)$, $A \cdot 0 = 0$, 故 $\{0\}$ 是单点轨道.

关于群作用的轨道和稳定子, 首先有下列性质:

命题 7.2 设群 G 作用于集合 X. 对于任意 $x \in X$, 有

(1) $\mathrm{Stab}(x) < G$ 是一个子群;

(2) 轨道 Gx 与稳定子群 $\mathrm{Stab}(x)$ 的所有陪集全体 $G/\mathrm{Stab}(x)$ 有一一对应的关系. 特别地, 若 Gx 为有限集, 则 $|Gx| = [G : \mathrm{Stab}(x)]$.

证明 根据定义容易验证 $\mathrm{Stab}(x)$ 关于乘法和逆运算封闭, 因此 $\mathrm{Stab}(x) < G$. 下面我们定义映射

$$\theta : G/\mathrm{Stab}(x) \to Gx, \quad g\,\mathrm{Stab}(x) \mapsto g \cdot x.$$

简记 $H = \mathrm{Stab}(x)$. 若 $gH = g'H$, 则 $g'^{-1}g \in H$. 根据稳定子的定义, 我们有 $g'^{-1}g \cdot x = x$, 即 $gx = g'x$. 所以 $\theta(gH) = \theta(g'H)$. 这说明 θ 是一个映射.

如果 $\theta(gH) = \theta(g'H)$, 那么 $gx = g'x$. 由此可知 $g'^{-1}g(x) = x, g'^{-1}g \in H$, 即 $gH = g'H$, 故 θ 为单射. 对任意 $z \in Gx$, 存在 $g \in G$, $z = gx$, 则 $z = \theta(gH)$, 故 θ 是满射. $\qquad\square$

例 4 设 H 为有限群 G 的一个子群. 记 $X = \{\, gHg^{-1} \mid g \in G \,\}$ 是 H 的共轭子群的集合. G 共轭作用在 X 上:

$$G \times X \to X,$$
$$(g, T) \mapsto gTg^{-1}.$$

由定义可以验证这是一个可迁作用. $H \in X$, 且 $\mathrm{Stab}(H) = \{\, g \in G \mid gHg^{-1} = H \,\} = N_G(H)$. 因此, $|X| = [G : N_G(H)] = |G|/|N_G(H)|$.

定理 7.3 (群作用的轨道计算公式) 群 G 在集合 X 上的作用的所有轨道给出集合 X 的一个划分, 即 X 可以写成一些不相交轨道的并集. 若 X 为有限集, 设 $Gx_i \ (1 \leqslant i \leqslant n)$ 为该群作用下的全部不同轨道, 则有

$$|X| = \sum_{i=1}^{n} |Gx_i| = \sum_{i=1}^{n} [G : \mathrm{Stab}(x_i)].$$

证明 我们只需证明不同轨道之间互不相交即可, 即 $Gx \cap Gy \neq \varnothing$ 当且仅当 $Gx = Gy$. 假设 $Gx \cap Gy \neq \varnothing$, 根据轨道的定义, 存在元素 $g_1, g_2 \in G$ 使得 $g_1 \cdot x = g_2 \cdot y$. 则有

$$x = (g_1^{-1}g_2) \cdot y \in Gy,$$

表明 x 在 y 的轨道里. 同理可知 y 也在 x 的轨道里, 由此易得 $Gx = Gy$. $\qquad\square$

作为群作用结构的应用, 我们提供几个例子.

例 5 (共轭类方程)　考虑 G 在自身上的共轭作用

$$g \cdot a = gag^{-1}, \quad \forall g, a \in G.$$

对任意 $a \in G$, 其稳定子群为

$$\mathrm{Stab}(a) = \{\, g \in G \mid g \cdot a = gag^{-1} = a \,\}$$

$$= C_G(a),$$

并且我们有 $G = \mathrm{Stab}(a)$ 当且仅当 $a \in C(G)$. 若 G 为有限群, 我们可以通过共轭作用的轨道计算公式给出下面的共轭类方程

$$|G| = |C(G)| + \sum_{i=1}^{m} [G : \mathrm{Stab}(x_i)], \tag{1.3}$$

这里 $x_i \notin C(G)$ 在不同的共轭类中. 特别地, 设 G 是有限群, 对 $a \in G$, 记 $T_a = \{\, gag^{-1} \mid g \in G \,\}$ 是 a 所在的共轭类, 则 T_a 是上述共轭作用的一条轨道. 因此, 我们有

$$|T_a| = [G : \mathrm{Stab}(a)] = [G : C_G(a)].$$

例 6　设 p 为素数. 如果 $|G| = p^m$, $m > 0$, 那么通常称 G 为 p-群. 证明: 群 G 的中心 $C(G)$ 满足: $|C(G)| \neq 1$.

证明　考虑 G 在自身的共轭作用, 若 $x \notin C(G)$, 则 $\mathrm{Stab}(x)$ 是 G 的真子群, 从而 p 可以整除 $[G : \mathrm{Stab}(x)]$. 由共轭类方程 (1.3) 知, $p \mid |C(G)|$. □

例 7　p^2 阶群必是 Abel 群.

证明　设 $|G| = p^2$, 若 G 不是 Abel 群, 则由例 6 知 $|C(G)| = p$. 对任意 $a \in G \setminus C(G)$, 注意到 $a \in C_G(a)$, 故 $C(G) \subsetneq C_G(a) < G$. 这样 $|C_G(a)| = p^2$, 即 $C_G(a) = G$, 这与 a 的选取矛盾. □

例 8　设 $\gamma = (12 \cdots n) \in S_n$. 证明: γ 的共轭类集合 $T = \{\, \sigma \gamma \sigma^{-1} \mid \sigma \in S_n \,\}$ 满足 $|T| = (n-1)!$ 且 $C_{S_n}(\gamma) = \langle \gamma \rangle$.

证明　S_n 共轭地作用于自身, T 是 γ 所在的轨道. 因此 $|T| = [S_n : \mathrm{Stab}(\gamma)]$, 并且

$$\mathrm{Stab}(\gamma) = \{\, \sigma \in S_n \mid \sigma \gamma \sigma^{-1} = \gamma \,\}$$

$$= \{\, \sigma \in S_n \mid (\sigma(1)\sigma(2) \cdots \sigma(n)) = (12 \cdots n) \,\}$$

$$= \{\, \sigma \in S_n \mid \sigma = \gamma^m, 1 \leqslant m \leqslant n \,\}.$$

故 $C_{S_n}(\gamma) = \text{Stab}(\gamma) = \langle\gamma\rangle$, $|T| = \dfrac{n!}{n} = (n-1)!$. $\square$

习题 1.7

1. 求解下列群的共轭类的个数及每个共轭类中元素的个数. 对每个共轭类, 请写出一个代表元:

   (1) 二面体群 D_4;

   (2) 二面体群 D_5;

   (3) 交错群 A_4;

   (4) 交错群 A_5.

2. 设群 $\text{GL}_3(\mathbb{R})$ 按矩阵乘法作用于列向量空间 $\mathbb{R}^3$ (看成是集合) 上. 求解下列问题:

   (1) 证明列向量 $(1,0,0)^t$ 与 $(0,1,0)^t$ 处于同一轨道中;

   (2) 该群作用是否为可迁的? 说明理由;

   (3) 求稳定子群 $H = \text{Stab}((0,0,1)^t)$.

3. 设 R 是 $\mathbb{R}$ 上以 x_1, x_2, x_3, x_4 为未定元的四元多项式全体. S_4 自然地作用在 R 上: 对任意 $\sigma \in S_4$, $p(x_1, x_2, x_3, x_4) \in R$,

   $$\sigma \cdot p(x_1, x_2, x_3, x_4) = p\left(x_{\sigma(1)}, x_{\sigma(2)}, x_{\sigma(3)}, x_{\sigma(4)}\right).$$

   (1) 设 $q = x_1 x_2 - x_3 x_4 \in R$, 求 $\text{Stab}(q)$、$\text{Stab}(q^2)$ 并确定它们的结构;

   (2) 试给出一个 $r \in R$ 使得 $\text{Stab}(r) = A_4$.

4. 已知 G 是一个 n 阶群. 设 p 是 n 的最小素因子, H 是 G 的一个指数为 p 的子群. 求证: H 是 G 的正规子群.

5. 设群 G 作用于集合 X, 若对任意满足下列条件的元素 $g \in G$: $gx = x$ ($\forall x \in X$), 都有 $g = e$, 则称群 G 在 X 上的作用是忠实的 (faithful). 若对满足等式 $gx = x$ 的元素 $x \in X$ 和 $g \in G$, 总有 $g = e$, 则称群 G 在集合 X 上的作用是自由的 (free). 试判断以下群作用是否忠实, 是否自由:

   (1) 二面体群 D_4 共轭作用在自身上;

   (2) $\text{SO}_n(\mathbb{R})$ 作用在 $\mathbb{R}^n \setminus \{0\}$ 上 $(n \geqslant 2)$.

6. 将正八面体的每一个面染上给定的 8 种不同颜色, 要求每个面只染一种颜色, 且每个面的颜色互不相同. 请问在旋转同构的意义下, 共有多少种不同的染色方式?

7. 记 S^1 为 $\mathbb{C}$ 中的单位圆关于复数乘法构成的群, 记 S^3 为 $\mathbb{C}^2$ 中的单位球面. 考虑如下群作用:

$$S^1 \times S^3 \to S^3$$

$$(e^{i\theta}, (z_1, z_2)) \mapsto (e^{i\theta}z_1, e^{i\theta}z_2)$$

(1) 证明此作用是一个不可迁的自由作用;

(2) 证明此作用的轨道等价类集合与 $\mathbb{R}^3$ 中的单位球面 S^2 一一对应.

8. 记 U_n 为 n 阶酉矩阵全体关于矩阵乘法构成的群, S^{2n-1} 为 $\mathbb{C}^n$ 中的单位球面. 将 U_n 自然作用在 S^{2n-1} 上 $(n \geqslant 2)$.

(1) 证明此作用可迁;

(2) 固定 S^{2n-1} 上的一个点, 证明此点的稳定子群同构于 U_{n-1}.

*9. 记 n 阶实正交矩阵全体为

$$O_n(\mathbb{R}) \triangleq \{ M \in M_n(\mathbb{R}) \mid M^t M = I \},$$

它在矩阵乘法下构成一个群, 称为 n 阶正交群. 设

$$SO_n(\mathbb{R}) \triangleq \{ M \in O_n(\mathbb{R}) \mid \det M = 1 \},$$

它在矩阵乘法下同样构成一个群, 称为 n 阶特殊正交群.

(1) 证明: $SO_n(\mathbb{R}) \lhd O_n(\mathbb{R})$, 且 $[O_n(\mathbb{R}) : SO_n(\mathbb{R})] = 2$.

称 $\mathbb{R}^3$ 中的正 n 面体的自同构全体关于复合映射构成的群为正 n 面体对称群, 记作 E_n, 其中 $n = 4, 6, 8, 12, 20$; 将 E_n 视作正交群 $O_3(\mathbb{R})$ 的子群. 称 $E_n \cap SO_3(\mathbb{R})$ 为正 n 面体旋转群, 记作 F_n, 其中 $n = 4, 6, 8, 12, 20$.

(2) 对于 $n = 4, 6, 8, 12, 20$, 分别求出 E_n, F_n 的阶;

(3) 证明 $F_4 \cong A_4$;

(4) 证明 $F_6 \cong F_8 \cong S_4$;

(5) 证明 $F_{12} \cong F_{20} \cong A_5$.

1.8 Sylow 子群和 Sylow 定理

本节将介绍有限群论中一个基本定理 (即 Sylow 定理), 它以挪威数学家 Peter Ludwig Sylow 命名并在有限群的分类理论中发挥十分重要的作用.

Sylow p-子群的定义

对有限群 G 及 $H < G$, Lagrange 定理表明 $|H|$ 是 $|G|$ 的因子. 反之, 我们考虑如下问题: 若正整数 a 是 $|G|$ 的因子, 群 G 中是否一定存在阶为 a 的子群? 根据下面的例子可知, 在一般情形下, 阶为 a 的子群不一定存在.

例 1 设 $n \geqslant 5$, 考虑交错群 A_n, 我们有 $|A_n| = \frac{1}{2}n!$. 由于 A_n 是单群, A_n 中肯定没有阶为 $\frac{1}{4}n!$ 的子群.

我们引入如下概念:

定义 设 $|G| = p^r s$, 其中 p 是素数, $r > 0$, $s > 1$, $p \nmid s$. G 中的一个 p^r 阶子群称为 G 的一个 Sylow p-子群.

Sylow 定理

引理 8.1 设 $n = p^r s$, 其中 p 是素数, $r > 0$, $s > 1$, $p \nmid s$, 则 $\binom{n}{p^r} \equiv s \pmod{p}$.

证明 $\binom{n}{p^r}$ 是 $(1+x)^n$ 展开式中 x^{p^r} 之系数. 在整系数一元多项式全体上定义二元关系: $f(x)$ 与 $g(x)$ 为 p-等价 (简记为 $f(x) \overset{p}{\sim} g(x)$) 当且仅当 $f(x) - g(x)$ 的各项系数都被 p 整除. 容易验证, p-等价是一个等价关系. 注意到对 $m > 0$, 若 $f(x) \overset{p}{\sim} g(x)$, 则 $f(x)^m \overset{p}{\sim} g(x)^m$, 并且 $(1+x)^{p^r} \overset{p}{\sim} 1 + x^{p^r}$, 所以

$$(1+x)^n = ((1+x)^{p^r})^s \overset{p}{\sim} (1 + x^{p^r})^s.$$

比较 x^{p^r} 的系数即得. $\qquad\square$

在后文学习了有限域理论之后, 上述证明可理解为考察 $(1+x)^n$ 在有限域 $\mathbb{F}_p$ 中展开式之系数.

定义 设 G 为群, $H < G$, $a \in G$, 则从定义直接可知, $aHa^{-1} < G$, 我们称 aHa^{-1} 与 H 共轭.

定理 8.2　(Sylow 定理)　设 G 为有限群, $|G| = p^r s$, 其中 p 是素数, $r > 0, s > 1$, $p \nmid s$. 则

(1) G 中存在 Sylow p-子群.

(2) 设 m 是 G 中 Sylow p-子群的个数, 则 $m \equiv 1 \pmod{p}$.

(3) G 中任意两个 Sylow p-子群互相共轭.

(4) 设 P 是一个 Sylow p-子群, 则 $m = [G : N_G(P)]$ 且 $m \mid s$.

证明　(1) 设 $\Gamma = \{ A \mid A \subset G, |A| = p^r \}$, 则 $N = |\Gamma| = \binom{n}{p^r} \equiv s \pmod{p}$.

G 自然地作用于 Γ: 对任意 $g \in G$, $A \in \Gamma$, $gA \triangleq \{ ga \mid a \in A \} \in \Gamma$. 设此群作用共有 q 条轨道: $O_i = GA_i, 1 \leqslant i \leqslant q, A_i \in \Gamma$. 记 $H_i \triangleq \mathrm{Stab}(A_i)$, 则对任意 $h \in H_i$, $hA_i = A_i$, 所以 $H_i A_i = A_i$. 这说明 A_i 是子群 H_i 的一些右陪集之并. 特别地, $|H_i| \mid |A_i|$, $|H_i| = p^{d_i}$, $d_i \leqslant r$. $[G : H_i] = p^{r-d_i} s$. 由轨道计算公式,

$$N = \sum_{i=1}^q [G : H_i] = \sum_{i=1}^q p^{r-d_i} s,$$

但 $p \nmid N$, 故存在 i_0 使得 $d_{i_0} = r$, 即 $|H_{i_0}| = p^r$, H_{i_0} 即为 G 的一个 Sylow p-子群.

(2) 由 (1) 的证明, 经过重新排序, 不妨设 Γ 有两类轨道:

(i) $O_1, O_2, \cdots, O_m$, 满足 $d_i = r$, $|O_i| = s$, $1 \leqslant i \leqslant m$;

(ii) $O_{m+1}, \cdots, O_q$, 满足 $d_j < r$, $|O_j| = p^{r-d_j} s$, $j > m$.

故 $N \equiv ms \pmod{p}$. 又已证 $N \equiv s \pmod{p}$, $(m-1)s \equiv 0 \pmod{p}$, 故 $m \equiv 1 \pmod{p}$.

断言 A: 每条 (i) 类轨道中有且仅有 1 个 Sylow p-子群. 对 $j \leqslant m$, $O_j = GA_j$, 不妨设 A_j 中包含恒等元 e. 对任意 $h \in H_j = \mathrm{Stab}(A_j)$, $hA_j = A_j$, 所以 $h \in A_j$, $H_j \subset A_j$. 而 $|H_j| = |A_j| = p^r$, 故 $H_j = A_j$, 从而 A_j 是 Sylow p-子群. O_j 中其他元素都形如 gA_j, $g \notin A_j$, 它们不包含恒等元, 都不是 G 的子群. 所以 O_j 中元素有且仅有 1 个 Sylow p-子群.

断言 B: 每条 (ii) 类轨道中每个元素都不是 G 的子群. 固定 $j > m$, 对任意 $A \in O_j = GA_j$, 若 A 是子群, 则 $A \subset \mathrm{Stab}(A)$. 所以

$$|O_j| = [G : \mathrm{Stab}(A)] \leqslant [G : A] = s,$$

与 $|O_j| = p^{r-d_j} s$, $r > d_j$, 矛盾.

综上, G 中 Sylow p-子群的总数恰为 m.

(3) 设 P 是 G 的一个固定的 Sylow p-子群. 设 $\hat{\Gamma} = \{ gPg^{-1} \mid g \in G \}$ 为与 P 共轭的 Sylow p-子群全体. 由 1.7 节例 4, G 共轭地作用于 $\hat{\Gamma}$, 且该作用可迁,

$\mathrm{Stab}(P) = N_G(P)$, 故

$$|\hat{\Gamma}| = [G : \mathrm{Stab}(P)] = [G : N_G(P)].$$

又 $P \subset \mathrm{Stab}(P)$, $[G : \mathrm{Stab}(P)] \mid [G : P] = s$, 故 $|\hat{\Gamma}| \mid s$. 特别地, $p \nmid |\hat{\Gamma}|$.

现设 K 是 G 的任一 p-子群, 即 $|K| = p^t$, $0 < t \leqslant r$. K 可共轭地作用于 $\hat{\Gamma}$(此作用不一定是可迁的), 设 Ω 是 $\hat{\Gamma}$ 在 K 作用下的任一条轨道, $\Omega = K * B$, $B \in \hat{\Gamma}$, $\mathrm{Stab}(B) < K$. 如果 $\mathrm{Stab}(B) \subsetneqq K$, 则 $p \mid [K : \mathrm{Stab}(B)]$. 但 $p \nmid |\hat{\Gamma}|$, 由轨道计算公式, 存在某条轨道 $\Omega_0 = K * B_0$, $B_0 \in \hat{\Gamma}$, 使得 $\mathrm{Stab}(B_0) = K$, 即对任意 $k \in K$, $kB_0k^{-1} = B_0$, 故 $K \subset N_G(B_0)$. 又 $B_0 \triangleleft N_G(B_0)$, 由第二同构定理, $KB_0/B_0 \cong K/(K \cap B_0)$, 所以 $|KB_0/B_0|$ 为 p 的幂次, $|KB_0|$ 也为 p 的幂次. 而 $B_0 \subset KB_0$, $|B_0| = p^r$, 故 $B_0 = KB_0$. 特别地, $K \subset B_0$.

若取出的 K 是一 Sylow p-子群, 则 $K = B_0 \in \hat{\Gamma}$, 即 K 必与 P 共轭. 由此可知, $\hat{\Gamma}$ 恰为全体 Sylow p-子群组成的集合, 即任意两个 Sylow p-子群必互相共轭.

(4) 由 (2) 和 (3) 的证明得, $m = |\hat{\Gamma}| = [G : N_G(P)]$ 且 $m \mid s$. □

上述证明蕴含了这样的**结论**: G 的任一 p-子群都包含于某个 Sylow p-子群中; 如果 $m = 1$, 那么这个唯一的 Sylow p-子群恰为 G 的正规子群, 这样的群 G 一定不是单群.

Sylow 定理的应用举例

例 2(Cauchy 定理) 设 p 是素数, 如果群 G 的阶可以被 p 整除, 那么 G 中必有 p 阶元.

证明 取一个 Sylow p-子群 H 和一个非平凡元素 $h \in H$. 由 $o(h) \mid |H|$, 设 $o(h) = p^d$, 则 $h^{p^{d-1}}$ 为 p 阶元. □

如果群 G 的阶被素数 p 整除, 我们也常以 m_p 表示 G 的 Sylow p-子群的个数.

例 3 讨论 10 阶群中 Sylow 2-子群、Sylow 5-子群的个数.

解 $10 = 2 \cdot 5$, 由同余性条件, $m_2 = 1$ 或 5, $m_5 = 1$.

(1) 如果 $m_2 = 1$, G 有唯一的 Sylow 2-子群 H_2 和 Sylow 5-子群 H_5. 于是 $H_2 \cap H_5 = \{e\}$, $|H_2H_5| = \dfrac{|H_2||H_5|}{|H_2 \cap H_5|} = 10$, 故 $G = H_2 \cdot H_5$ 为内直积, 即 $G \cong \mathbb{Z}_2 \oplus \mathbb{Z}_5$.

(2) 如果 $m_2 = 5$, 这种情形是可能出现的. 比如, 二面体群 D_5 是非交换群, 是平面上正五边形的对称群. 沿正五边形的 5 条对称轴翻转给出了 5 个对合, 分别生

成了 D_5 的五个 Sylow 2-子群.

事实上, 可以证明 10 阶群只有两个同构类别: $\mathbb{Z}_2 \oplus \mathbb{Z}_5$ 和 D_5.　　　□

上述例子可以推出结论: 如果 $|G| = p^r s$ (p 是素数, $r > 0$, $s > 1$, $p \nmid s$) 且 $p > s$, 那么 $m_p = 1$, 即 G 有唯一的 Sylow p-子群 H_p, 且 H_p 为 G 的正规子群.

例 4　证明 $7225 = 5^2 \cdot 17^2$ 阶群必为 Abel 群.

证明　由同余性条件, $m_5 = m_{17} = 1$, G 分别有唯一的 Sylow 5-子群 H_5 和 Sylow 17-子群 H_{17}, 它们都是 Abel 群. 又 $H_5 \cap H_{17} = \{e\}$, $|H_5 H_{17}| = |G|$, G 为 H_5 和 H_{17} 的内直积, 故 G 为 Abel 群且 $G \cong H_5 \oplus H_{17}$.　　　□

例 5　设 G 为群, 证明 $|G/C(G)| \neq 77$.

证明　假设 $|G/C(G)| = 77$, 则 $m_7 = m_{11} = 1$. 类似地, $G/C(G) \cong \mathbb{Z}_7 \oplus \mathbb{Z}_{11} \cong \mathbb{Z}_{77}$. 设 $G/C(G) = \langle \bar{z} \rangle$, $z \in G$, 则对任意 $x, y \in G$, 设 $\bar{x} = \bar{z}^m$, $\bar{y} = \bar{z}^n$, 即 $x = z^m a$, $y = z^n b$, $a, b \in C(G)$, 这样 $xy = z^{m+n} ab = yx$, 这说明 G 是 Abel 群, 与 $G \neq C(G)$ 矛盾.　　　□

例 6　设 G 是有限群, 如果对 $|G|$ 的每个素因子 p, G 的 Sylow p-子群均唯一, 那么 G 是其所有 Sylow 子群之内直积.

证明　设 $H_1, \cdots, H_k$ 为 G 的全部 Sylow 子群, $H_i \lhd G$. 又 $|G| = |H_1||H_2| \cdots |H_k|$, 用归纳法易见 $G = H_1 \cdots H_k$ 且 $H_i \cap H_1 \cdots \hat{H}_i \cdots H_k = \{e\}$, 故 G 是 $H_1, \cdots, H_k$ 之内直积.　　　□

特别地, 有限 Abel 群满足上例条件. 因此, 每个有限 Abel 群都是其 Sylow 子群的内直和. 读者可以在第二章定理 9.4 中看到, 每个交换 Sylow 子群又可以分解为若干个循环群的内直和. 总之, 人们对有限 Abel 群有完整的分类结果 (参见第二章定理 9.5).

下面我们运用 Sylow 定理和群在集合上的作用来确定 6 阶群的结构.

例 7　设 G 是 6 阶群, 证明 G 同构于 $\mathbb{Z}_6$ 或 S_3.

证明　$6 = 2 \cdot 3$, 由 Sylow 定理, $m_3 = 1$, $m_2 = 1$ 或 3. 设 H_3 是 G 的 Sylow 3-子群, 则有 $H_3 \cong \mathbb{Z}_3$.

(1) $m_2 = 1$. 设 H_2 是 G 的 Sylow 2-子群, 则有 $H_2 \cong \mathbb{Z}_2$. 由于 $H_2 \cap H_3 = \{e\}$, $|H_2 H_3| = 6$, 故有 $G = H_2 \oplus H_3 \cong \mathbb{Z}_2 \oplus \mathbb{Z}_3 \cong \mathbb{Z}_6$.

(2) $m_2 = 3$. 设 P_1, P_2, P_3 是 G 的 Sylow 2-子群, 记 $T = \{P_1, P_2, P_3\}$. 由 Sylow 定理 (3), 考虑 G 在 T 上的共轭作用:

$$G \times T \to T,$$

$$(g, P_i) \mapsto g P_i g^{-1}, \ 1 \leqslant i \leqslant 3.$$

由命题 7.1, 我们有群同态

$$\rho : G \to S_T \cong S_3,$$

$$g \mapsto (P_i \mapsto g P_i g^{-1}, \ 1 \leqslant i \leqslant 3),$$

这里 $S_T \cong S_3$ 是因为 $|T| = 3$. 由 ρ 的定义,

$$g \in \mathrm{Ker}\, \rho \iff g P_i g^{-1} = P_i, 1 \leqslant i \leqslant 3 \iff \bigcap_{i=1}^{3} N_G(P_i),$$

因此 $\mathrm{Ker}\, \rho = \bigcap\limits_{i=1}^{3} N_G(P_i)$, 这里 $N_G(P_i)$ 是 P_i 的正规化子. 由 Sylow 定理, $3 = m_2 = [G : N_G(P_i)]$, 故 $|N_G(P_i)| = 2 = |P_i|$, $1 \leqslant i \leqslant 3$. 由于 $P_i \subseteq N_G(P_i)$, 我们有 $N_G(P_i) = P_i$, $1 \leqslant i \leqslant 3$. 由于每个 $|P_i| = 2$, 故 $P_i \cap P_j = \{e\}$, $i \neq j$. 因此, $\mathrm{Ker}\, \rho = \{e\}$, ρ 是单射. 又由于 $|G| = |S_3| = 6$, 我们有 ρ 也是满射, 故 ρ 给出同构 $G \cong S_3$. $\qquad\square$

习题 1.8

1. 证明 35 阶群为循环群.

2. 证明 40 阶群和 $3 \cdot 7^{1905}$ 阶群不是单群.

3. 讨论 14 阶群中 Sylow 2-子群、Sylow 7-子群的个数.

4. 计算 A_6 中 9 阶子群的个数.

5. 设 n 为正整数, p 为奇素数, 满足 $2^n > (p-1)!$. 证明阶为 $2^n p$ 的群不是单群.

6. 证明 24 阶群、36 阶群和 48 阶群不是单群.

7. 证明 56 阶群和 pqr 阶群 ($p < q < r$ 均为素数) 不是单群.

8. 设 G 是 715 阶群, P 是 G 的 Sylow 13-子群. 证明: $P < C(G)$.

9. 在有限群 G 中, H 为 G 的一个 Sylow p-子群. 设 $L < G$ 且 $p \mid |L|$. 证明: 存在 $g \in G$ 使得 $g H g^{-1} \cap L$ 是 L 的一个 Sylow p-子群.

10. 设 G 为 $p^2 q$ 阶群, 其中 p, q 为素数且 $p < q$. 证明 G 有正规的 Sylow q-子群, 或者 $G \cong A_4$.

*11. 设 G 是 60 阶单群, 证明 G 同构于 A_5. (提示: 可以假设 G 不同构于 A_5, 证明存在 G 的两个不同的 Sylow 2-子群 P, Q 满足 $|N_G(P \cap Q)| \geqslant 12$, 从

而导出矛盾.)

结合 1.7 节的例 6、1.8 节例 3 的结论、习题 1.8 中的第 2,6,7 题以及 1.9 节的例 2 中的结论, 可知阶最小的非素数阶循环群的单群一定是 60 阶群, 且同构于 A_5.

*12. 设 G 是 360 阶单群, 下面我们用反证法求 G 的 Sylow 3-子群的个数:

(1) 假设 G 有 40 个 Sylow 3-子群, 证明存在 G 的两个 Sylow 3-子群 $P \neq Q$, 使 $|P \cap Q| > 1$;

(2) 在 (1) 的假设下, 记 $H = P \cap Q$. 证明 $C_G(H)/H \cong A_4$, 以及 $C_G(H)$ 有正规的 Sylow 2-子群 K, 其中 $C_G(H) = \{\, g \in G \mid \forall h \in H, hg = gh \,\}$ 是 H 在 G 中的中心化子;

(3) 在 (1) 的假设下, 证明 $|N_G(K)| \geqslant 72$, 导出矛盾;

(4) 求 G 的 Sylow 3-子群的个数.

*1.9 可解群、半直积及群的进一步讨论

可解群

定义 设 G 是群, 如果真子群序列 $\{G_i\}$ 满足:

$$\{e\} = G_0 \lhd G_1 \lhd \cdots \lhd G_n = G,$$

那么称 $\{G_i\}_{i=0}^n$ 为 G 的一个长度为 n 的正规群列. 对任意 $i = 1, \cdots, n$, G_i/G_{i-1} 称为该群列的商因子. 进一步, 如果对任意 $i > 0$, G_i/G_{i-1} 是单群, 那么称 $\{G_i\}$ 为 G 的合成群列 (composition series).

例 1 (1) 设 $G = \mathbb{Z}_2 \oplus \mathbb{Z}_3$, 则 $\{0\} \lhd \mathbb{Z}_2 \lhd G$ 和 $\{0\} \lhd \mathbb{Z}_3 \lhd G$ 都是 G 的合成群列. 在这个例子中, 我们看到两个合成群列的商因子组均为 $\mathbb{Z}_2, \mathbb{Z}_3$.

(2) $\mathbb{Z}$ 的子群都形如 $m\mathbb{Z}$ $(m \geqslant 0)$, 除非 $m = 0$, 它们都同构于 $\mathbb{Z}$, 故 $\mathbb{Z}$ 无合成群列.

(3) 任意有限群 G 都有合成群列. 事实上, 依次取上一级群的极大正规子群即可.

定理 9.1 (Jordan-Hölder 定理) 设 G 为有限群, 且有两个不同的合成群列:

$$\{e\} = G_0 \lhd G_1 \lhd \cdots \lhd G_r = G,$$

$$\{e\} = H_0 \lhd H_1 \lhd \cdots \lhd H_s = G,$$

则 $r = s$, 且存在 $\sigma \in S_r$, 对任意 $i > 0$, 有 $G_i/G_{i-1} \cong H_{\sigma(i)}/H_{\sigma(i)-1}$.

证明 如果合成群列 $\{G_i\}, \{H_j\}$ 满足定理所述性质, 那么称这两个合成群列等价. 下面我们对 $|G|$ 作归纳. 当 $|G| = 1$ 时定理显然成立. 设 $|G| > 1$, 则 $r \geqslant 1$, $s \geqslant 1$.

若 $G_{r-1} = H_{s-1}$, 则 $G/G_{r-1} = G/H_{s-1}$, 对 G_{r-1} 用归纳假设即得. 可设 $G_{r-1} \neq H_{s-1}$. 因为它们都是 G 的极大正规子群, G_{r-1} 和 H_{s-1} 必然互不包含. 而 $G_{r-1}H_{s-1} \lhd G$, 故 $G_{r-1} \subsetneq G_{r-1}H_{s-1} = G$, $H_{s-1} \subsetneq G_{r-1}H_{s-1} = G$. 令 $K = G_{r-1} \cap H_{s-1}$, 由第二同构定理,

$$G/G_{r-1} \cong H_{s-1}/K, \quad G/H_{s-1} \cong G_{r-1}/K.$$

特别地, $|K| < |G|$. 取 K 的一个正规群列

$$\{e\} = K_0 \lhd K_1 \lhd \cdots \lhd K_m = K,$$

则 G 至少有下列 4 个正规群列:

(1) $\{e\} = G_0 \lhd G_1 \lhd \cdots \lhd G_{r-2} \lhd G_{r-1} \lhd G$,

(2) $\{e\} = K_0 \lhd K_1 \lhd \cdots \lhd K_m \lhd G_{r-1} \lhd G$,

(3) $\{e\} = H_0 \lhd H_1 \lhd \cdots \lhd H_{s-2} \lhd H_{s-1} \lhd G$,

(4) $\{e\} = K_0 \lhd K_1 \lhd \cdots \lhd K_m \lhd H_{s-1} \lhd G$,

对 G_{r-1} 和 H_{s-1} 运用归纳假设知: (1) 与 (2), (3) 与 (4) 等价. 又已证 (2) 与 (4) 等价, 故 (1) 与 (3) 等价, 即 $r = s$ 且商因子组相同. □

定义 设 G 是群, 如果 $\{G_i\}$ 是 G 的一个正规群列, 且其每个商因子均为 Abel 群, 那么称 G 为可解群 (solvable group), $\{G_i\}$ 为 G 的可解群列.

命题 9.2 有限可解群的合成群列的每个商因子都是素数阶循环群.

证明 设 G 是有限可解群, 取 G 的一组可解群列

$$\{e\} = N_0 \lhd N_1 \lhd \cdots \lhd N_t = G,$$

则对每个 $i \geqslant 1$, N_i/N_{i-1} 为 Abel 群. 构造 N_i/N_{i-1} 的合成群列 $\{L_{i,j}\}_{j=0}^{n_i}$:

$$\{e\} = L_{i,0} \lhd L_{i,1} \lhd \cdots \lhd L_{i,n_i} = N_i/N_{i-1}, \tag{1.4}$$

由子群对应定理, 上述合成群列诱导群列:

$$N_{i-1} = N_{i,0} \lhd N_{i,1} \lhd \cdots \lhd N_{i,n_i} = N_i, \tag{1.5}$$

其中, 对每个 $j \geqslant 0$, $N_{i,j}/N_{i,j-1} = L_{i,j}/L_{i,j-1}$. 以上群列组合为 $\{G\}$ 的一个合成群列, 且每个商因子既是单群也是 Abel 群. 根据 Sylow 定理和 Cauchy 定理 (见 1.8 节例 2), 有限 Abel 单群只能是素数阶循环群. □

推论 9.3 S_n 为可解群当且仅当 $n \leqslant 4$.

证明 显然, S_1 和 S_2 均为可解群. 在 S_3 中, 存在一个可解群列: $\{e\} \lhd A_3 \lhd S_3$. 对于 S_4, 存在可解群列:

$$\{e\} \lhd K \lhd A_4 \lhd S_4,$$

其中 $K = \{(1), (12)(34), (13)(24), (14)(23)\}$. 在此群列中, 每个商因子均为 Abel 群.

然而, 对于 $n \geqslant 5$, 尽管 $\{e\} \lhd A_n \lhd S_n$ 构成了一个合成群列, 但商因子 A_n 并非素数阶循环群. 因此, $S_n (n \geqslant 5)$ 不是可解群. $\square$

例 2 设 p, q 为素数, $p \neq q$, 则 $p^2 q$ 阶群为可解群.

证明 设 $|G| = p^2 q$. 若 $p > q$, 则 G 有唯一的 Sylow p-子群 H_p, $|H_p| = p^2$, H_p 是 Abel 群, 故 G 可解.

若 $p < q$, 设 G 有 m_q 个 Sylow q-子群, 则 $m_q = 1$ 或 p^2. 如果 $m_q = 1$, 与 $p > q$ 情形类似, 此时 G 是可解的. 若 $m_q = p^2$, 则对任意两个 Sylow q-子群 H_1, H_2, $H_1 \cap H_2 = \{e\}$. 这说明 G 中阶为 q 的元素共有 $(q-1)p^2$ 个. 再除去幺元, G 中阶能被 p 整除的元素有 $p^2 q - (q-1)p^2 - 1 = p^2 - 1$ 个. 而任一 Sylow p-子群中恰有 $p^2 - 1$ 个元素的阶是 p 的正整数幂次, 这意味着 G 只有一个 Sylow p-子群, 从而 G 是可解的. $\square$

群的半直积

定义 若 G 是群, $H < G$, $N \lhd G$, $G = NH$ 且 $N \cap H = \{e\}$, 则称 G 是 H, N 的半直积, 记作 $G = N \rtimes H$ 或 $H \ltimes N$.

例 3 $D_5 = H_5 \rtimes H_2$ 是其 Sylow 5-子群 H_5 和一个 Sylow 2-子群的半直积, 但非直积. 由于 D_5 是非交换的, D_5 一定不是直积结构. 当然, 直积结构一定是半直积.

命题 9.4 设 G 是群, $H < G$, $N \lhd G$. 若 $H \cap N = \{e\}$, 则

$$\theta : H \times N \to HN,$$

$$(x, y) \mapsto xy$$

是一一对应, 且 θ 是群同构当且仅当同态

$$f : H \to \operatorname{Aut}(N), \quad x \mapsto r_x, \ \forall x \in H, \ r_x(y) = xyx^{-1}, \forall y \in N$$

是平凡的, 即对任意 $x \in H$, $f(x) = \operatorname{id}_N$.

证明 θ 显然是满射. 如果对 $x_1, x_2 \in H$, $y_1, y_2 \in N$ 有 $x_1 y_1 = x_2 y_2$, 那么 $x_2^{-1} x_1 = y_2 y_1^{-1} \in H \cap N$, 从而 $x_1 = x_2, y_1 = y_2$, 即 θ 是单射. 其次, 容易验证 f 是群同态.

如果 θ 是群同构, 那么对任意 $x \in H, y \in N$,

$$y = \theta(1, y) = \theta\left((x, y)(x^{-1}, 1)\right) = \theta(x, y)\theta(x^{-1}, 1) = xyx^{-1}.$$

故 $r_x(y) = y$, $f(x) = \mathrm{id}_N$.

反之, 若 f 平凡, 则对任意 $x \in H, y \in N$ 有 $xy = yx$. 这样

$$\theta\left((x_1, y_1)(x_2, y_2)\right) = \theta(x_1 x_2, y_1 y_2)$$

$$= x_1 x_2 y_1 y_2 = x_1 y_1 x_2 y_2$$

$$= \theta(x_1, y_1)\theta(x_2, y_2).$$

故 θ 是群同构. $\qquad\qquad\square$

群的进一步讨论

回顾前文, 给定群 G, 其对称群定义为

$$S_G = \{\,\sigma \mid \sigma : G \to G \text{ 是一个双射}\,\},$$

事实上, G 总可以视为 S_G 的子群, 见下列定理:

定理 9.5   (1) 设 G 是群, 则存在单同态

$$\theta_L : G \to S_G, \quad a \mapsto a_L \ (\forall\, a \in G), \quad a_L(b) = ab \ (\forall\, b \in G).$$

(2) 如 $|G| = n < +\infty$, 则 G 同构于 S_n 的子群.

证明   (1) 易见 θ_L 是同态. 如果对 $a, a' \in G$, $a_L = a'_L$, 那么 $a_L(e) = a'_L(e)$, 即 $a = a'$, θ_L 是单同态.

(2) 如果 $|G| = n$, 那么 $S_G \cong S_n$. $\qquad\qquad\square$

定理 9.6   每个有限群都同构于一般线性群的一个子群.

证明   如果群 G 的阶为 n, 由定理 9.5, G 同构于 S_n 的子群, 只要对 S_n 证明即可.

设 K 是数域, V 是一个 K-线性空间, 有一组 K-基 $\alpha_1, \alpha_2, \cdots, \alpha_n$. 对任意 $\sigma \in S_n$, σ 给出 $\alpha_1, \alpha_2, \cdots, \alpha_n$ 的置换, 从而给出 V 上的线性自同构. 具体地, 对任意 $\sigma \in S_n$, 存在 $P_\sigma \in \mathrm{GL}_n(K)$, 使得

$$\sigma(\alpha_1, \alpha_2, \cdots, \alpha_n) = (\alpha_{\sigma(1)}, \alpha_{\sigma(2)}, \cdots, \alpha_{\sigma(n)}) = (\alpha_1, \alpha_2, \cdots, \alpha_n)P_\sigma.$$

对 $\sigma, \tau \in S_n$, 有

$$\tau\sigma\left(\alpha_1, \alpha_2, \cdots, \alpha_n\right) = \tau\left(\alpha_{\sigma(1)}, \alpha_{\sigma(2)}, \cdots, \alpha_{\sigma(n)}\right) = \tau\left((\alpha_1, \alpha_2, \cdots, \alpha_n)P_\sigma\right)$$

$$= \left(\alpha_{\tau(1)}, \alpha_{\tau(2)}, \cdots, \alpha_{\tau(n)}\right)P_\sigma = (\alpha_1, \alpha_2, \cdots, \alpha_n)P_\tau P_\sigma.$$

又 $\tau\sigma(\alpha_1, \alpha_2, \cdots, \alpha_n) = (\alpha_1, \alpha_2, \cdots, \alpha_n)P_{\tau\sigma}$, 故 $P_{\tau\sigma} = P_\tau P_\sigma$. 定义映射

$$\theta: S_n \to \mathrm{GL}_n(K), \quad \theta(\sigma) = P_\sigma, \ \forall\, \sigma \in S_n,$$

则 θ 为群单同态. □

本节最后, 我们介绍有限秩自由 Abel 群. 通常使用加法记号表示 Abel 群 G 中运算.

定义　设 G 是 Abel 群.

(1) 如果存在 G 中元素 $x_1, \cdots, x_n$ 使得 $G = \langle x_1, \cdots, x_n \rangle$, 即群 G 中任意元素 x 都可以表示成 $x_1, \cdots, x_n$ 的 $\mathbb{Z}$-线性组合:

$$x = m_1 x_1 + m_2 x_2 + \cdots + m_n x_n,$$

其中 $m_1, \cdots, m_n \in \mathbb{Z}$, 则称 G 是一个有限生成 Abel 群, $x_1, \cdots, x_n$ 为其生成元.

(2) 如果 $G = \langle x_1, \cdots, x_n \rangle$, 且群 G 中的任一元素可唯一地表示为 $x_1, \cdots, x_n$ 的线性组合, 那么称 G 是以 $x_1, \cdots, x_n$ 为基的自由 Abel 群, 且 $n = \mathrm{rank}(G)$ 称为 G 的秩.

可以证明 G 的秩不依赖于基的选取. 对有限秩自由 Abel 群, 我们有如下刻画:

定理 9.7　群 G 是秩 n 的自由 Abel 群当且仅当 $G \cong \mathbb{Z}^n = \underbrace{\mathbb{Z} \oplus \cdots \oplus \mathbb{Z}}_{n\text{个}}.$

证明　$\mathbb{Z}^n$ 是秩 n 的自由 Abel 群. 如果 G 是秩 n 的自由 Abel 群, 取 G 的一组基 $x_1, \cdots, x_n$, 定义映射

$$\theta: \mathbb{Z}^n \to G, \quad (m_1, \cdots, m_n) \mapsto m_1 x_1 + \cdots + m_n x_n.$$

易见 θ 是群同态. $G = \langle x_1, \cdots, x_n \rangle$ 表明 θ 是满射, G 中每个元素表示法唯一表明 θ 是单射, 故 $G \cong \mathbb{Z}^n$. □

习题 1.9

1. 请验证 (1.4) 式可导出合成群列 (1.5).

2. 证明有限 Abel 单群必是素数阶循环群.

3. 证明命题 9.4 中的映射 f 是群同态.

4. 验证 $GL_3(\mathbb{C})$ 中三阶可逆上三角形矩阵全体构成的子群是可解群.

5. 证明可解群的子群和商群还是可解群.

6. 设 G 是一个群, $N \lhd G$. 若 N 与 G/N 都是可解群, 证明 G 是可解群.

7. 设 G 是有限群.

   (1) 证明 G 包含唯一的最大可解正规子群;

   (2) 若任取 G 的子群 A, B, 均有 AB 是 G 的子群, 证明 G 是可解群.

8. 设 G, H 是群, $\alpha : G \to H$ 是群同态, 设存在群同态 $\beta : H \to G$ 满足 $\alpha \circ \beta = \mathrm{id}_H$, 证明: $G = \mathrm{Ker}\,\alpha \rtimes \mathrm{Im}\,\beta$.

9. 求解下列问题:

   (1) 给定群 N, H 及群同态 $f : H \to \mathrm{Aut}(N)$, $f(x) = f_x$. 在 $N \times H$ 上定义二元运算 $(x_1, y_1)(x_2, y_2) = (x_1 f_{y_1}(x_2), y_1 y_2)$, 证明 $N \times H$ 在此运算下构成一个群, 称为 N 与 H 关于 f 的外半直积, 记作 $N \rtimes_f H$;

   (2) 仿照 1.6 节关于内外直积结构的讨论, 说明外半直积结构和本节正文定义的半直积结构一致.

10. 设 G 是由两个元素 x, y 生成的群, 且 x, y 满足下列关系式:

$$x^8 = x^4 y^2 = xy^{-1}xy = e,$$

$e \in G$ 为恒等元. 证明 $|G| \leqslant 16$.

11. 1183 阶群是否一定是交换群? 说明理由.

12. 设群 $G = \langle x, y \mid x^5 = y^4 = e, yx = x^2 y \rangle$, 即由两个元素 x, y 在关系 $yx = x^2 y$ 下生成的群. 求解下列问题:

    (1) 证明 G 是其两个真子群的半直积;

    (2) 求出 G 的所有子群.

13. 设 G 为 105 阶群, 证明:

    (1) G 是可解群;

    *(2) G 有一个正规 Sylow 7-子群和一个正规 Sylow 5-子群.

*14. 设 p, q 为互异素数, 利用 Sylow 定理和群的半直积理论分类 pq 阶群.

第二章　环论初步

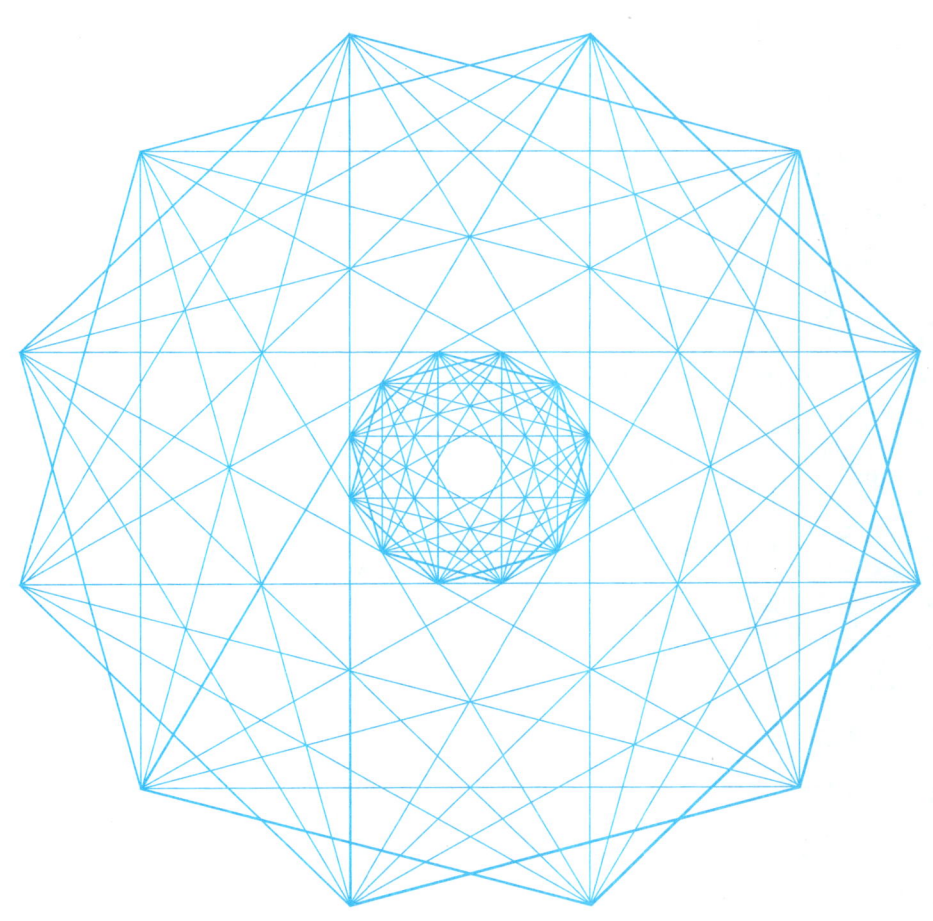

2.1 环的概念及基本性质

环与含幺环

定义 设 R 是一个非空集合且 R 上有两个二元运算 "+" 和 "·", 分别称为加法与乘法. 若下列性质成立:

(1) $(R,+)$ 是一个 Abel 群, 它的恒等元 (记为 0) 称为 R 的零元素;

(2) $(R,\cdot)$ 具有结合律;

(3) R 的加法与乘法满足分配律, 即对任意的 $a,b,c \in R$, 都有

$$a \cdot (b+c) = a \cdot b + a \cdot c, \quad (a+b) \cdot c = a \cdot c + b \cdot c,$$

则称 $(R,+,\cdot)$ 是一个环 (ring).

通常我们省略运算符号, 直接将环记为 R, 并且将用 $ab = a \cdot b$ 来表示两个元素的乘积.

定义 设 R 为环, 若对于任意元素 $a,b \in R$, 均有 $ab = ba$ 成立, 则称 R 为交换环; 反之, 则称之为非交换环. 若环 R 为有限集, 则称 R 为有限环; 反之, 则称之为无限环. 若环 R 中存在元素 u, 使得对于任意 $r \in R$, 均有 $ur = ru = r$ 成立, 则称 u 为 R 的幺元, 简记为 1, 此时 R 被称为含幺环. 根据第一章的结论, 幺元若存在, 则必然是唯一的.

本书将聚焦于对含幺环的探讨.

例 1 (零环) 设 $R = \{x\}$ 由一个元素 x 构成. 定义 $x+x = x$, $x \cdot x = x$, 则 R 构成一个含幺环, 称为零环. x 既是零元素也是幺元, 即 $x = 0 = 1$.

例 2 $\mathbb{Z}, \mathbb{Q}, \mathbb{R}, \mathbb{C}$ 在数的加法、乘法下构成含幺交换环.

例 3 (矩阵环) 设 R 是含幺环, n 是正整数. 定义

$$M_n(R) = \{\, A = (a_{ij}) \mid a_{ij} \in R, 1 \leqslant i, j \leqslant n \,\}.$$

与 n 阶复方阵的加法与乘法的定义相同, 对 $A, B \in M_n(R)$, $A = (a_{ij})$, $B = (b_{ij})$, 定义 $A + B = (a_{ij} + b_{ij})$, $A \times B = (c_{ij})$, 这里

$$c_{ij} = \sum_{k=1}^{n} a_{ik} b_{kj}.$$

可以验证 $M_n(R)$ 是含幺环, 称为 R 上的 n 阶矩阵环; 它的零元为 n 阶零方阵, 幺

元为 n 阶单位矩阵 $I_n = \begin{pmatrix} 1 & 0 & \cdots & 0 \\ 0 & 1 & \cdots & 0 \\ \vdots & \vdots & & \vdots \\ 0 & 0 & \cdots & 1 \end{pmatrix}$，这里 1 是 R 的幺元.

当 $n \geqslant 2$ 且 R 不是零环时，$M_n(R)$ 都是非交换环.

例 4　设 A 是一个加法 Abel 群，$R = \mathrm{End}(A) = \{ f : A \to A \text{ 是群同态} \}$. A 上的加法运算诱导了群同态的加法，即对 $f, g \in R$，可以定义群同态 $f + g$ 为

$$(f + g)(a) = f(a) + g(a), \quad \forall\, a \in A.$$

另一方面，群同态的复合给了 R 上另一个自然的二元运算 "$\circ$". 容易验证 R 在这两种运算下是一个含幺环，零元为零映射，幺元为恒等映射 id_A.

例 5　设 $C^0(\mathbb{R}) = \{ f : \mathbb{R} \to \mathbb{R} \mid f \text{ 是连续函数} \}$. 对 $f, g \in C^0(\mathbb{R})$，定义它们的和与乘积

$$(f + g)(a) = f(a) + g(a), \quad (fg)(a) = f(a)g(a), \quad \forall\, a \in \mathbb{R},$$

可以验证 $C^0(\mathbb{R})$ 在这两个运算下是一个含幺交换环，零元为零函数，幺元为恒等函数 $\mathrm{id}_{\mathbb{R}}$.

类似于群的直积概念，我们亦可以通过直积的方式来构造新的环.

例 6　设 $R_1, R_2, \cdots, R_n$ 为环. 定义 $R_1 \times R_2 \times \cdots \times R_n = \{ (r_1, r_2, \cdots, r_n) \mid r_i \in R_i, 1 \leqslant i \leqslant n \}$，对任意 $x = (x_1, x_2, \cdots, x_n)$, $y = (y_1, y_2, \cdots, y_n) \in R_1 \times R_2 \times \cdots \times R_n$，定义：

$$x + y = (x_1 + y_1, x_2 + y_2, \cdots, x_n + y_n), \quad x \cdot y = (x_1 \cdot y_1, x_2 \cdot y_2, \cdots, x_n \cdot y_n),$$

则可以验证 $R_1 \times R_2 \times \cdots \times R_n$ 在上述加法与乘法下构成一个环，称为 $R_1, R_2, \cdots, R_n$ 的直积.

易知 $R_1 \times R_2 \times \cdots \times R_n$ 的零元为 $(0_{R_1}, 0_{R_2}, \cdots, 0_{R_n})$，这里 0_{R_i} 是 R_i 的零元. 若每个 R_i 都是含幺环，则 $R_1 \times R_2 \times \cdots \times R_n$ 也是含幺环，其幺元为 $(1_{R_1}, 1_{R_2}, \cdots, 1_{R_n})$，这里 1_{R_i} 是 R_i 的幺元.

环的基本性质

若 R 是一个环，$n \in \mathbb{Z}$, $a \in R$. 我们记

$$na = \begin{cases} \underbrace{a + \cdots + a}_{n\text{个}}, & n > 0, \\ 0, & n = 0, \\ \underbrace{(-a) + \cdots + (-a)}_{-n\text{个}}, & n < 0. \end{cases}$$

我们有如下的运算性质.

命题 1.1 设 R 是一个环, 则

(1) 对任意 $a \in R$, $0a = a0 = 0$.

(2) 设 $a \in R$, 记 $-a$ 是 a 在加法下的逆元, 即 $a + (-a) = 0$, 则对任意 $a, b \in R$, 有 $(-a)b = a(-b) = -(ab)$, $(-a)(-b) = ab$. 若 R 有幺元 1, 则 $-a = (-1)a$.

(3) 设 $a_1, \cdots, a_m \in R$, $b_1, \cdots, b_n \in R$, 则有

$$\sum_{i=1}^{m} a_i \cdot \sum_{j=1}^{n} b_j = \sum_{i=1}^{m} \sum_{j=1}^{n} a_i b_j.$$

(4) 若 R 是交换环, 则对任意正整数 n, 有

$$(a+b)^n = \sum_{i=0}^{n} \binom{n}{i} a^i b^{n-i} = a^n + \binom{n}{n-1} a^{n-1}b + \cdots + \binom{n}{1} ab^{n-1} + b^n,$$

这里 $\binom{n}{i} = \dfrac{n!}{i!(n-i)!}$.

证明 所有结论都可按定义直接验证, 详细证明留给读者. □

子环

定义 设 R 是一个环, S 是 R 的一个非空子集. 若 S 满足下列条件:

(1) $(S, +)$ 是 $(R, +)$ 的子群;

(2) S 对乘法封闭, 即对任意 $a, b \in S$, $ab \in S$,

则称 S 是 R 的子环 (subring). 由定义知, S 在 R 的加法、乘法下构成一个环. 在含幺环 R 中 (记 1_R 为其幺元), 若子环 S 含 1_R, 则称 S 是 R 的含幺子环. 在本书中, 为了方便起见, 若 R 是含幺环, 我们通常默认 R 的子环即为含幺子环. 作为子结构, 子环可以类比于群的子群.

例 7 (1) 设 S 是整数环 $\mathbb{Z}$ 的子环, 由于它是加法子群, 故 $S = m\mathbb{Z}$, m 是非负整数. 特别地, $\mathbb{Z}$ 只有一个含幺子环, 即 $\mathbb{Z}$ 本身.

(2) $M_n(\mathbb{R})$ 是 $M_n(\mathbb{C})$ 的子环.

(3) $\mathbb{Z}[\mathrm{i}] = \{\, a + b\mathrm{i} \in \mathbb{C} \mid a, b \in \mathbb{Z} \,\}$ 是 $\mathbb{C}$ 的子环, 称为高斯整数环.

定义　设 R 是一个环. 定义 $Z(R) = \{\, a \in R \mid ab = ba, \forall b \in R \,\}$, 称 $Z(R)$ 为 R 的中心. 容易验证, R 的中心 $Z(R)$ 是 R 的一个交换的子环.

例 8　(1) R 是交换环等价于 $Z(R) = R$.

(2) 设 $R_1, \cdots, R_n$ 是环, 则 $Z(R_1 \times \cdots \times R_n) = Z(R_1) \times \cdots \times Z(R_n)$.

(3) $Z(M_n(\mathbb{C})) = \{\, \lambda \cdot I_n \mid \lambda \in \mathbb{C} \,\}$ (见本节习题).

定义　设 R 是一个环. 对 $a \in R$, 若存在正整数 n 使得 $a^n = 0$, 则称 a 为幂零元.

例 9　在矩阵环 $M_2(\mathbb{R})$ 中, $A = \begin{pmatrix} 0 & 1 \\ 0 & 0 \end{pmatrix}$ 是幂零元, 而 $B = \begin{pmatrix} 1 & 1 \\ 0 & 1 \end{pmatrix}$ 不是幂零元.

习题 2.1

1. 给出命题 1.1 的证明.

2. 设 S 是集合, $\mathcal{P}$ 为 S 的幂集 (S 的全体子集构成的集合). 对 $A, B \in \mathcal{P}$, 定义

$$A \triangle B = (A \cup B) \setminus (A \cap B)$$

为集合 A, B 的对称差. 验证 $(\mathcal{P}, \triangle, \cap)$ 是含幺交换环.

3. 设 R 是一个环且对任意 $a \in R$ 都有 $a^2 = a$. 证明:

(1) 对任意 $a \in R$, 有 $2a = a + a = 0$;

(2) R 是交换环.

4. 设 R 是一个含幺环. 如果对任意的 $a, b \in R$, 都有 $(a + b)^2 = a^2 + b^2$, 证明 R 是交换环.

5. 设 R 是一个含幺环, $a, b \in R$. 证明 $1 - ab$ 可逆当且仅当 $1 - ba$ 可逆.

6. 证明复数域上的 n 阶矩阵环的中心 $Z(M_n(\mathbb{C})) = \{\, \lambda \cdot I_n \mid \lambda \in \mathbb{C} \,\}$.

7. 设 R 为环, $n \in \mathbb{N}$, $M_n(R)$ 为 R 上 n 阶矩阵环. 若 $n \geqslant 2$, 证明 $M_n(R)$ 是交换环当且仅当对任意 $a, b \in R$, $ab = 0$.

8. 计算 $\mathbb{Z} \times \mathbb{Z}$ 中包含 $(2, 0)$ 的最小含幺子环.

9. 求解下列问题:

(1) 如果 R 是交换环, 且 $a, b \in R$ 是幂零元, 证明 $a + b$ 也是幂零元;

(2) 试举例说明: 在非交换环中, 两个非零的幂零元之和可以不是幂零的.

10. 设 R 是含幺环, $a \in R$. 若 $b \in R$ 使得 $ba = 1$, 则称 b 是 a 的左逆元.

    (1) 若 a 有唯一的左逆元 b, 证明 $ab = 1$;

    (2) 若 a 有两个不同的左逆元, 证明 a 有无穷多个左逆元.

11. 设 R 是含幺环, $a_1, \cdots, a_n \in R$. 记 $I = \{1, 2, \cdots, n\}$, S_n 是对称群. 证明:

$$(-1)^n \sum_{\sigma \in S_n} a_{\sigma(1)} \cdots a_{\sigma(n)} = \sum_{J \subset I} (-1)^{|J|} \Big(\sum_{j \in J} a_j \Big)^n.$$

2.2   整环、可除环和域

零因子和可逆元

定义   设 R 是一个环, $a \in R \setminus \{0\}$.

(1) 若存在非零元 $b \in R$ 使得 $ab = 0$ 或 $ba = 0$, 则称 a 是一个零因子. 否则, 称 a 不是零因子.

(2) 若 R 为含幺环, 且存在 $b \in R$, 使得 $ab = ba = 1$, 则我们称 a 是一个单位 (unit) 或可逆元. 此时, b 被称为 a 的逆元, 记为 a^{-1}.

对于不是零因子的非零元素, 我们可得到如下形式的乘法消去律:

命题 2.1   设 R 为环, $a \in R \setminus \{0\}$ 不是零因子, $b, c \in R$, 若 $ab = ac$ (或 $ba = ca$), 则必有 $b = c$.

证明   若 $ab = ac$, 则有 $a(b - c) = 0$. 由于 a 不是零因子, 故可得 $b - c = 0$, 即 $b = c$. 类似地, 若 $ba = ca$, 同理可证 $b = c$. □

此外, 含幺环中可逆元的全体可以组成乘法群结构.

命题 2.2   设 R 是一个含幺环. 记 $R^* = \{a \in R \mid a \text{ 是可逆元}\}$, 则 R^* 在 R 的乘法下构成一个群, 称为 R 的单位群或乘法群.

证明   根据定义知 R^* 是一个含幺半群, 且其中每个元素均可逆, 因而 R^* 是一个群. □

整环、可除环和域的定义

定义   设 R 是一个含幺环, 且不是零环.

(1) 若 R 没有零因子, 则称 R 为整环. 交换的整环称为整区 (integral domain).

(2) 若 R 的所有非零元都是可逆的, 即 $R^* = R \setminus \{0\}$, 则称 R 为可除环 (divisible ring) 或斜域 (skew field) 或体.

(3) 若 R 是交换的可除环, 则称 R 为域 (field).

(4) 若 R 的含幺子环 F 是域, 则称 F 是 R 的子域.

例 1   (1) $\mathbb{Q}, \mathbb{R}, \mathbb{C}$ 都是域, $\mathbb{Z}$ 不是可除环因为 $\mathbb{Z}^* = \{1, -1\}$.

(2) 矩阵环 $M_n(\mathbb{C})$ 在 $n \geqslant 2$ 时不是整环. 对 $0 < m < n$, 我们有

$$\begin{pmatrix} I_{n-m} & 0 \\ 0 & 0 \end{pmatrix} \begin{pmatrix} 0 & 0 \\ 0 & I_m \end{pmatrix} = \begin{pmatrix} 0 & 0 \\ 0 & 0 \end{pmatrix}.$$

(3) 两个及以上非零环的直积一定不是整环. 若 R_1, R_2 是非零环, 取 $a \in R_1 \setminus \{0\}, b \in R_2 \setminus \{0\}$, 则 $(a,0)(0,b) = (0,0)$.

例 2 设 R 是含幺交换环. $A = (a_{ij}) \in M_n(R)$, 我们可以用高等代数中的方法定义 A 的行列式:

$$\det(A) = \sum_{\sigma \in S_n} \mathrm{sgn}(\sigma) a_{1,\sigma(1)} a_{2,\sigma(2)} \cdots a_{n,\sigma(n)} \in R.$$

同样地, 记 $B = (A_{ij})$ 是 A 的伴随矩阵, 这里 A_{ij} 是 a_{ji} 的代数余子式. 做与高等代数中类似的讨论, 我们有

$$AB = BA = \det(A) I_n.$$

由此, 我们有

$$\mathrm{GL}_n(R) = M_n(R)^* = \{\, A \in M_n(R) \mid \det(A) \in R^* \,\}.$$

特别地, 若 $R = F$ 是域, 则 $\mathrm{GL}_n(F) = \{\, A \in M_n(F) \mid \det(A) \neq 0 \,\}$; 若 $R = \mathbb{Z}$ 是整数环, 则 $\mathrm{GL}_n(\mathbb{Z}) = \{\, A \in M_n(\mathbb{Z}) \mid \det(A) = \pm 1 \,\}$.

例 3 (四元数体 $\mathbb{H}$) 设 $\mathbb{H}$ 是一个 4 维实向量空间, $\{1, \mathrm{i}, \mathrm{j}, \mathrm{k}\}$ 是其一组基, 故

$$\mathbb{H} = \{\, a + b\mathrm{i} + c\mathrm{j} + d\mathrm{k} \mid a, b, c, d \in \mathbb{R} \,\}.$$

$\mathbb{H}$ 上已有加法 (即向量的加法). 定义 $\mathbb{H}$ 上的乘法如下:

$$(a_1 + b_1\mathrm{i} + c_1\mathrm{j} + d_1\mathrm{k})(a_2 + b_2\mathrm{i} + c_2\mathrm{j} + d_2\mathrm{k})$$

$$= (a_1 a_2 - b_1 b_2 - c_1 c_2 - d_1 d_2) + (a_1 b_2 + a_2 b_1 + c_1 d_2 - c_2 d_1)\mathrm{i} +$$

$$(a_1 c_2 + a_2 c_1 + b_2 d_1 - b_1 d_2)\mathrm{j} + (a_1 d_2 + a_2 d_1 + b_1 c_2 - b_2 c_1)\mathrm{k}.$$

特别地, 我们有

$$\mathrm{i}^2 = \mathrm{j}^2 = \mathrm{k}^2 = -1,$$

$$\mathrm{ij} = \mathrm{k}, \quad \mathrm{jk} = \mathrm{i}, \quad \mathrm{ki} = \mathrm{j},$$

$$ji = -k, \quad kj = -i, \quad ik = -j,$$

我们现在验证, $(\mathbb{H}, +, \cdot)$ 构成一个非交换的可除环. 首先可以看出, $\mathbb{H}$ 在这两种运算下是一个含幺环, 幺元是 1. 由于 $ij \neq ji$, 因此 $\mathbb{H}$ 是非交换的. 其次可以证明 $\mathbb{H}^* = \mathbb{H} \setminus \{0\}$. 对 $x = a + bi + cj + dk \in \mathbb{H}$, 定义 $\bar{x} = a - bi - cj - dk$. 由乘法定义, 直接计算得

$$x\bar{x} = \bar{x}x = a^2 + b^2 + c^2 + d^2 \geqslant 0,$$

从而 $x = 0$ 当且仅当 $x\bar{x} = 0$. 对任意 $x \in \mathbb{H} \setminus \{0\}$, 令 $y = \dfrac{1}{x\bar{x}} \cdot \bar{x}$, 则有 $yx = xy = 1$, 即 $x^{-1} = y$. 综上所述, $\mathbb{H}$ 是非交换的可除环.

命题 2.3   若 R 是一个有限整区, 则 R 是一个域.

证明   对于任意非零元 $a \in R$, 考虑集合 $\{a^n \mid n \in \mathbb{N}\} \subseteq R$. 由于 R 是有限集, 因此存在 $n_1 \neq n_2 \in \mathbb{N}$ 使得 $a^{n_1} = a^{n_2}$. 不妨设 $n_1 > n_2$, 则有 $a^{n_1} = a^{n_1 - n_2} a^{n_2} = a^{n_2}$, 故由乘法消去律 (命题 2.1), $a^{n_1 - n_2} = 1$, 这说明 a 是可逆元. $\square$

注   事实上, Wedderburn 证明了一个有限可除环一定是域, 具体的内容请见 2.10 节. 若 R 是有限整环, 由命题 2.3 的证明知 R 是有限可除环. 因此, 在环的元素个数有限的情况下, 整环、整区、可除环和域实际上没有任何区别.

习题 2.2

1. 设 A 是可除环, B 是 A 的有限非零子环. 证明 B 也是可除环.

2. 设 R 是有限含幺环, 证明 R 中元素或者是零因子, 或者是可逆元.

3. 设 $m \in \mathbb{N}$, 则 $\mathbb{Z}_m$ 在模 m 同余的加法、乘法运算下构成环. 在 Abel 群 $(\mathbb{Z}_2)^{\oplus 3}$ 上定义二元运算 "$\star$": 对 $a, b, c, x, y, z \in \mathbb{Z}_2$, 定义

$$(a, b, c) \star (x, y, z) = (ax + bz + cy, ay + bx + bz + cy + cz, az + by + cx + cz),$$

验证 $((\mathbb{Z}_2)^{\oplus 3}, +, \star)$ 是一个域.

4. 考虑高斯整数环 $\mathbb{Z}[i] = \{a + bi \mid a, b \in \mathbb{Z}\} \subset \mathbb{C}$. 对 $x = a + bi \in \mathbb{Z}[i]$, 定义 $N(x) = x\bar{x} = a^2 + b^2$. 证明:

(1) 对任意 $x, y \in \mathbb{Z}[i]$, $N(xy) = N(x)N(y)$;

(2) $x \in \mathbb{Z}[i]^*$ 当且仅当 $N(x) = 1$; $\mathbb{Z}[i]^* = \{1, -1, i, -i\}$.

5. 设 $A = \mathbb{Z}[\sqrt{2}] = \{a + b\sqrt{2} \mid a, b \in \mathbb{Z}\} \subset \mathbb{R}$. 对 $x = a + b\sqrt{2} \in \mathbb{Z}[\sqrt{2}]$, 定义 $N(x) = a^2 - 2b^2$. 证明:

(1) A 是实数域 $\mathbb{R}$ 的子环;

(2) $x \in \mathbb{Z}[\sqrt{2}]^*$ 当且仅当 $N(x) = \pm 1$;

(3) 单位群 $\mathbb{Z}[\sqrt{2}]^*$ 是无限群.

6. 设 $\mathbb{H} = \{\, a + b\mathrm{i} + c\mathrm{j} + d\mathrm{k} \mid a, b, c, d \in \mathbb{R} \,\}$ 是四元数体.

(1) 求 $\mathbb{H}$ 的中心;

(2) 求方程 $x^2 + 1 = 0$ 在 $\mathbb{H}$ 中的解集合; 说明它是有限集还是无限集.

7. 设 $\mathbb{H}$ 是四元数体. 对 $x = a + b\mathrm{i} + c\mathrm{j} + d\mathrm{k} \in \mathbb{H}$, 定义 $\bar{x} = a - b\mathrm{i} - c\mathrm{j} - d\mathrm{k}$, $|x| = \sqrt{a^2 + b^2 + c^2 + d^2}$. 证明:

(1) $x\bar{x} = \bar{x}x = |x|^2$;

(2) 对任意 $x \in \mathbb{H}$, $x \neq 0$, x 是乘法可逆元;

(3) 对 $x, y \in \mathbb{H}$, 有 $\overline{x + y} = \bar{x} + \bar{y}$, $\overline{xy} = \bar{y}\bar{x}$;

(4) 对 $x, y \in \mathbb{H}$, 有 $|xy| = |x||y|$;

(5) 设 $S = \{\, n \in \mathbb{N} \mid n$ 是 4 个整数的平方和 $\,\}$, 若 $x, y \in S$, 证明 $xy \in S$.

8. 设 $Q_8 = \{\pm 1, \pm \mathrm{i}, \pm \mathrm{j}, \pm \mathrm{k}\}$ 是四元数体 $\mathbb{H}$ 的乘法群的子集. 证明:

(1) Q_8 是其子群;

(2) 求 Q_8 的中心 $C(Q_8)$;

(3) 证明 Q_8 的每个子群都是正规子群, 但 Q_8 不是 Abel 群.

9. 设 D 是可除环, $a \in D$. 证明:

(1) 若 a 与任意形如 $xy - yx \ (x, y \in D)$ 的元素乘法可交换, 则 $a \in Z(D)$;

*(2) 若 a 与任意形如 $x^{-1}y^{-1}xy \ (x, y \in D^*)$ 的元素乘法可交换, 则 $a \in Z(D)$.

（提示: 在 D 中如下等式在两边有意义时成立:

$$b(b^{-1}aba^{-1} - c^{-1}aca^{-1}) = 1 - c^{-1}aca^{-1},$$

其中 $c = b - 1$.)

2.3   理想与商环

理想的定义

定义   设 R 是一个环, I 是 R 的一个非空子集. 若 I 满足下列条件:

(1) I 是 R 的一个加法子群;

(2) 对任意 $r \in R$ 和 $a \in I$, 有 $ra \in I$ 且 $ar \in I$,

则称 I 是 R 的一个 (双边) 理想 (ideal).

我们也可以相应地定义左理想和右理想, 但它们不是本教材重点关注的对象.

设 I 为环 R 的一个理想, 由于 I 构成 R 的一个加法子群, 因此可构建加法商群 $R/I = \{\bar{r} = r + I \mid r \in R\}$. 鉴于 $(R,+)$ 是 Abel 群, 加法商群 R/I 同样也是 Abel 群. 接下来, 我们探讨 R/I 是否可以定义一种 "自然的" 乘法运算, 从而使其构成一个环. 此处所指的 "自然乘法" 定义如下: 对于任意 $r + I$ 和 $s + I \in R/I$, 总有

$$(r + I) \cdot (s + I) = rs + I.$$

由于此乘法运算依赖于陪集代表元的选取, 因此需验证其合理性. 具体而言, 若 $r + I = \tilde{r} + I, s + I = \tilde{s} + I$, 则需证明

$$rs + I = \tilde{r}\tilde{s} + I,$$

即 $rs - \tilde{r}\tilde{s} \in I$. 根据既有假设, 我们知道 $r - \tilde{r} \in I, s - \tilde{s} \in I$. 这意味着存在 $a, b \in I$, 使得 $r = \tilde{r} + a, s = \tilde{s} + b$. 因此, $rs = (\tilde{r} + a)(\tilde{s} + b) = \tilde{r}\tilde{s} + \tilde{r}b + a\tilde{s} + ab$. 由于 I 是理想, 故 $\tilde{r}b, a\tilde{s}, ab$ 均属于 I. 因此, $rs - \tilde{r}\tilde{s} = \tilde{r}b + a\tilde{s} + ab \in I$. 这表明在 I 为理想的条件下, 我们可以在商群 R/I 上定义自然的乘法运算. 根据上述讨论, 可以总结如下:

命题 3.1   设 R 是环, I 是 R 的一个理想, 则加法商群 R/I 按上述乘法构成一个环, 称为 R 关于理想 I 的商环. R/I 的零元为 $\bar{0} = I$. 若 R 是含幺环, 1 是幺元, 则 R/I 也是含幺环, 幺元为 $\bar{1} = 1 + I$.

例 1   设 R 是环, 则 $\{0\}$ 与 R 是 R 的理想, 称为 R 的平凡理想.

若 $I = R$, 则 R/I 只有一个元素 R, 故 R/I 是零环.

若 $I = \{0\}$, 则对任意 $r \in R$, $\bar{r} = r + \{0\} = \{r\}$, 所以 $R/\{0\}$ 与 R 的环结构是一样的. 我们有 $R/\{0\} = \{\{r\} \mid r \in R\}$, $\{r\} + \{s\} = \{r + s\}$, $\{r\}\{s\} = \{rs\}$.

例 2 我们知道 $\mathbb{Z}$ 的加法子群是 $n\mathbb{Z} = \{nl \mid l \in \mathbb{Z}\}$, $n = 0, 1, 2, \cdots$. 由理想定义知 $n\mathbb{Z}$ $(n = 0, 1, 2, \cdots)$ 是 $\mathbb{Z}$ 的理想, 它们构成 $\mathbb{Z}$ 的全部理想. 由命题 3.1, 我们有商环 $\mathbb{Z}/n\mathbb{Z} = \{\bar{0}, \bar{1}, \bar{2}, \cdots, \overline{n-1}\}$, 我们称之为模 n 的剩余类环. 注意 $\mathbb{Z}$ 是无限环, 而对 $n \geqslant 1$, $\mathbb{Z}/n\mathbb{Z}$ 是有限环. 记号 $\bar{a} = \bar{b}$ 意味着 $a \equiv b \pmod{n}$. 一般地, 在商环 R/I 中, $\bar{a} = \bar{b}$ 也记为 $a \equiv b \pmod{I}$.

理想的性质

命题 3.2 设 R 是环, $\{I_\alpha\}_{\alpha \in \Lambda}$ 是 R 的理想, Λ 是非空指标集, 则 $\bigcap\limits_{\alpha \in \Lambda} I_\alpha$ 是 R 的理想.

证明 可由定义直接验证得到. □

命题 3.3 设 R 是含幺环, I 是 R 的一个理想, 则 $I = R$ 当且仅当幺元 $1 \in I$.

证明 若 $I = R$, 则有 $1 \in I$. 若 $1 \in I$, 由理想定义, 对任意 $r \in R$, $r = r1 \in I$, 所以 $R \subseteq I$, 故 $R = I$. □

定义 设 R 是环, S 是 R 的一个子集. 记 $\Lambda = \{I \mid I$ 是 R 的理想且包含 $S\}$, 定义 $(S) = \bigcap\limits_{I \in \Lambda} I$. 做如下定义:

(1) 根据命题 3.2, (S) 是理想, 而且是包含集合 S 的最小的理想, 称为由 S 生成的理想.

(2) 对 R 的一个理想 I, 若存在一个有限子集 $S = \{a_1, a_2, \cdots, a_n\}$, 使得 $I = (S)$, 则称 I 是有限生成的, 记为 $I = (a_1, a_2, \cdots, a_n)$.

(3) 若 $I = (a)$ 可由一个元素生成, 则称 I 为主理想 (principal ideal), 且称 a 为 I 的生成元.

例 3 若 $S = \varnothing$, 则 $(\varnothing) = \{0\}$. 若 S 含有 R 中的单位元, 即 $S \cap R^* \neq \varnothing$, 则 $(S) = R$. 我们已经知道, $\mathbb{Z}$ 的每个理想都是主理想, 它们形如 $n\mathbb{Z} = (n)$, $n = 0, 1, 2, \cdots$.

命题 3.4 设 R 是含幺环, S 是 R 的一个非空子集, 我们有

$$(S) = \left\{ \sum_{i=1}^{m} a_i s_i b_i \ \middle|\ a_i, b_i \in R, s_i \in S, 1 \leqslant i \leqslant m, m \in \mathbb{N} \right\}.$$

证明 记等式右侧的集合为 I. 设 J 是环 R 的一个理想, 并且满足 $J \supseteq S$. 根据理想的定义, 对于任意的 $a_i, b_i \in R$ 以及 $s_i \in S$, 均有 $a_i s_i b_i \in J$. 因此, 对于任意

的自然数 m, 都有 $\sum\limits_{i=1}^{m} a_i s_i b_i \in J$, 进而可推出 $J \supseteq I$.

另一方面, 根据 (S) 的定义, 可知 $(S) \supseteq I$. 经过直接验证, 我们可以确定 I 是一个包含 S 的理想, 因此 $I \supseteq (S)$. 综上所述, 我们得到 $I = (S)$.　　□

推论 3.5　设 R 是含幺交换环, S 是 R 的一个非空子集, 则有

$$(S) = \left\{ \sum_{i=1}^{m} a_i s_i \,\middle|\, a_i \in R, s_i \in S, 1 \leqslant i \leqslant m, m \in \mathbb{N} \right\}.$$

定义　设 R 是环, n 是一个正整数, $I_1, I_2, \cdots, I_n$ 是 R 的 n 个理想. 记 $S = \left\{ \prod\limits_{i=1}^{n} b_i = b_1 b_2 \cdots b_n \,\middle|\, b_i \in I_i, 1 \leqslant i \leqslant n \right\}$. 定义:

(1) $\sum\limits_{i=1}^{n} I_i = I_1 + I_2 + \cdots + I_n = \left\{ \sum\limits_{i=1}^{n} a_i \,\middle|\, a_i \in I_i, 1 \leqslant i \leqslant n \right\}$, 称为理想 $I_1, I_2, \cdots, I_n$ 的和.

(2) $\prod\limits_{i=1}^{n} I_i = I_1 I_2 \cdots I_n = \left\{ \sum\limits_{i=1}^{m} c_i \,\middle|\, c_i \in S, 1 \leqslant i \leqslant m, m \in \mathbb{N} \right\}$, 称为理想 $I_1, I_2, \cdots, I_n$ 的乘积.

不难验证, $\sum\limits_{i=1}^{n} I_i$ 和 $\prod\limits_{i=1}^{n} I_i$ 均为 R 的理想且它们满足如下性质:

$(1)'$ $\sum\limits_{i=1}^{n} I_i = \left(\bigcup\limits_{i=1}^{n} I_i \right)$,

$(2)'$ $\prod\limits_{i=1}^{n} I_i \subseteq \bigcap\limits_{i=1}^{n} I_i$.

例 4　由例 2 知, $\mathbb{Z}$ 的所有理想是 $n\mathbb{Z} = (n)$, $n = 0, 1, 2, \cdots$. 设 a, b 是正整数, 我们有

$$a\mathbb{Z} + b\mathbb{Z} = d\mathbb{Z},$$

$$(a\mathbb{Z})(b\mathbb{Z}) = (ab)\mathbb{Z},$$

$$a\mathbb{Z} \cap b\mathbb{Z} = c\mathbb{Z},$$

其中 $d = \gcd(a, b)$, 即 a, b 的最大公因子; $c = \mathrm{lcm}(a, b)$, 即 a, b 的最小公倍数.

商环的理想

设 I 是环 R 的一个理想, 下面讨论商环 R/I 中理想与 R 中理想的关系.

定理 3.6　(理想对应定理)　考虑商映射 $j : R \to R/I$, $j(r) = \bar{r} = r + I$, $\forall r \in R$.

(1) 设 T 是 R/I 的一个理想, 记 $j^{-1}(T) = \{ r \in R \mid j(r) \in T \}$, 则 $j^{-1}(T)$ 是包含 I 的理想; 设 J 是 R 的理想, 记 $J/I = \{ a + I \mid a \in J \} \subseteq R/I$, 则 J/I 是 R/I 的理想.

(2) 我们有如下一一对应关系:

$$\{T \mid T \text{ 为 } R/I \text{ 的理想}\} \longleftrightarrow \{J \mid J \text{ 是 } R \text{ 的理想且 } J \supseteq I\},$$

$$T \longmapsto j^{-1}(T),$$

$$J/I \longleftarrow J.$$

证明 (1) 对任意 $r \in I$, $j(r) = r+I = \bar{0} \in T$, 故 $r \in j^{-1}(T)$, 所以 $I \subseteq j^{-1}(T)$. 由理想的定义直接验证得 $j^{-1}(T)$ 是 R 的理想, J/I 是 R/I 的理想.

(2) 可以验证, 对任意 R/I 的理想 T, $j^{-1}(T)/I = T$. 同样可以验证, 对任意 R 的包含 I 的理想 J, $j^{-1}(J/I) = J$. 我们将证明细节留给读者. □

根据定理 3.6, 我们有:

例 5 设 n 是正整数, 则 $\{\mathbb{Z}/n\mathbb{Z}$ 的理想$\} = \{J/n\mathbb{Z} \mid J$ 是 $\mathbb{Z}$ 的理想且 $J \supseteq n\mathbb{Z}\}$. $J = m\mathbb{Z} \supseteq n\mathbb{Z}$ 等价于 $n \in J = m\mathbb{Z}$, 也等价于 $m \mid n$ 且 m 是正整数. 所以 $\mathbb{Z}/n\mathbb{Z}$ 的理想都形如 $\{m\mathbb{Z}/n\mathbb{Z} \mid m$ 是正整数, $m \mid n\}$.

设 p 是一个素数, 则 $\mathbb{Z}/p\mathbb{Z}$ 只有两个理想 $\{\bar{0}\}$, $\mathbb{Z}/p\mathbb{Z}$. 这是因为若 $m \mid p$ 且 m 是正整数, 则 $m = 1$ 或 p.

命题 3.7 设 R 是一个非零含幺交换环, 则下列命题等价:

(1) R 是一个域;

(2) R 只有 2 个理想 $\{0\}$ 与 R.

证明 设 R 是一个域, I 是 R 的一个非零理想, 则有 $0 \neq a \in I$. 因为 R 是域, 所以 a 有逆元 a^{-1}, 即 $1 = aa^{-1} \in I$, 故 $I = R$.

反之, 设 R 只有 2 个理想 $\{0\}$ 与 R. 对 $0 \neq a \in R$, 考虑由 a 生成的理想 $I = (a) = \{ra \mid r \in R\}$. 因为 $0 \neq a \in I$, 所以 $I = R$, $1 \in I$. 故存在 $b \in R$, 使得 $1 = ba$. 由于 R 是交换环, $ab = ba = 1$, 因此 $R^* = R \setminus \{0\}$, R 是域. □

读者可以思考一下, 如果命题 3.7 中的环 R 不是交换环, 是否还有类似结论? (答案是否定的!)

例 6 设 p 是一个素数, 则 $\mathbb{Z}/p\mathbb{Z}$ 是一个域. 这是命题 3.7 的直接推论.

素理想与极大理想

定义 设 R 是环, I 是 R 的一个理想, 若 I 满足下列条件:

(1) $I \neq R$;

(2) 设 J 是 R 的理想且 $J \supseteq I$, 则 $J = I$ 或 $J = R$,

则称 I 是 R 的一个极大理想 (maximal ideal).

命题 3.8 设 R 是一个含幺交换环, I 是 R 的理想, 则 I 是极大理想当且仅当商环 R/I 是域.

证明 设 I 是 R 的极大理想, 则 R/I 是含幺交换环且不是零环. 由定理 3.6, R/I 只有 $\{0\}$ 与 R/I 这两个理想. 由命题 3.7, R/I 是域.

反之, 设 R/I 是域, 则 R/I 不是零环, 故 $I \neq R$. 由命题 3.7 知, R/I 只有 $\{0\}$ 与 R/I 这两个理想. 由定理 3.6, 若理想 $J \supseteq I$, 则 $J = I$ 或 R, 所以 I 是极大理想. $\square$

例 7 对整数环 $\mathbb{Z}$, 主理想 $(n) = n\mathbb{Z}$ 是极大理想当且仅当 n 是素数.

定义 设 R 是环, P 是 R 的一个理想, 若 P 满足下列两个条件:

(1) $P \neq R$;

(2) 对任意 $a, b \in R$, $a \notin P$, $b \notin P$, 总有 $ab \notin P$,

则称 P 是一个素理想 (prime ideal).

命题 3.9 设 R 是含幺交换环, I 是 R 的理想, 则 I 是素理想当且仅当商环 R/I 是整区. 特别地, R 的每个极大理想都是素理想.

命题 3.9 可由定义直接验证, 详细证明留作练习.

与交换环的情形完全不同, 在一个非交换环中, 极大理想并不一定是素理想 (参见习题 2.3).

例 8 对整数环 $\mathbb{Z}$, 主理想 $(n) = n\mathbb{Z}$ 是素理想当且仅当 $n = 0$ 或者 n 是素数.

例 9 对剩余类环 $\mathbb{Z}/8\mathbb{Z}$, 主理想 $(\bar{2}) = \{\bar{2}, \bar{4}, \bar{6}, \bar{0}\}$ 是素理想; 因 $\bar{2} \cdot \bar{6} = \bar{0}$, $\mathbb{Z}/8\mathbb{Z}$ 不是整区, 因此零理想不是素理想.

习题 2.3

1. 给出命题 3.1 的证明.

2. 给出命题 3.9 的证明.

3. 设 $n \geqslant 2$ 是正整数, $R = M_n(\mathbb{C})$ 是 n 阶复矩阵环, I 是 R 的理想. 证明 $I = 0$ 或 $I = R$.

4. 设 R 为交换环, $I \subset R$ 是一个理想, 定义 $\sqrt{I} = \{r \in R \,|\, 存在正整数 n 使得 r^n \in I\}$. 验证 $\sqrt{I}$ 是一个理想.

5. 列举一个非交换环 R 中的极大理想 I, 但 I 不是 R 的素理想.

6. 设 A, B, C 是环 R 的理想.

    (1) 证明 $(AB)C = A(BC) = ABC$, $A(B + C) = AB + AC$, $(A + B)C =$

$AC + BC$;

(2) $A \cap (B + C) = (A \cap B) + (A \cap C)$ 是否成立? 说明理由.

7. 考虑实数域的子环 $A = \mathbb{Z}[\sqrt{2}] = \{a + b\sqrt{2} \mid a, b \in \mathbb{Z}\}$, $I = \{a + b\sqrt{2} \in A \mid 3 \mid a, 3 \mid b\}$ 是 A 的子集. 证明:

(1) I 是 A 的主理想;

(2) I 是 A 的极大理想.

8. 设 R 是环, 记 $\mathrm{Nil}(R) = \{a \in R \mid a$ 是幂零元 $\}$.

(1) 设 R 满足性质: 若 $a^2 = 0$, 则 $a = 0$, 证明 $\mathrm{Nil}(R) = \{0\}$;

(2) 设 R 是交换环, 证明 $\mathrm{Nil}(R)$ 是理想;

(3) 举例说明在非交换环中, $\mathrm{Nil}(R)$ 可以不是理想.

9. 设 R 是含幺环. $\{I_i\}_{i \in \Lambda}$ 是 R 的一族理想, Λ 是非空指标集. 如果对任意 $i, j \in \Lambda$, 总有 $I_i \subseteq I_j$ 或 $I_j \subseteq I_i$, 证明 $\bigcup_{i \in \Lambda} I_i$ 是 R 的理想.

2.4 环的同态与同构

环同态

定义 设 R_1, R_2 是环, 若映射 $f: R_1 \to R_2$ 满足下列条件: 对任意 $a, b \in R_1$,

(1) $f(a+b) = f(a) + f(b)$;

(2) $f(ab) = f(a)f(b)$;

(3) 当 R_1, R_2 均含幺元时, $f(1_{R_1}) = 1_{R_2}$ 或 0, 这里 1_{R_1}, 1_{R_2} 分别表示 R_1, R_2 的幺元,

则称 $f: R_1 \to R_2$ 为环同态. 若 f 既是环同态又是双射, 则称 $f: R_1 \to R_2$ 为环同构. 若存在环同构 $f: R_1 \to R_2$, 则称 R_1 与 R_2 是同构的, 记为 $R_1 \cong R_2$.

我们将同构的环视为是结构 "相同" 的. 按照上述定义, 若环同态 f 满足 $f(1) = 0$, 这个环同态实际上为零映射, 称为零同态. 当环 R_1, R_2 中有一个不含幺元时, 只要求环同态 $f: R_1 \to R_2$ 满足上述定义中的 (1) 和 (2), 但在本教材中, 我们主要关注含幺环之间的同态. 此外, 正如本节习题中提到: 映射 $f: R_1 \to R_2$ 为环同构当且仅当存在环同态 $g: R_2 \to R_1$ 使得 $g \circ f = \mathrm{id}_{R_1}$ 且 $f \circ g = \mathrm{id}_{R_2}$.

设 $f: R_1 \to R_2$ 是环同态, 根据定义, f 是相应的加法群同态, 故有 $f(0) = 0$, $f(-a) = -f(a), \forall a \in R$. 对任意有限多个元素 $a_1, a_2, \cdots, a_n \in R$, 我们有 $f(a_1 + a_2 + \cdots + a_n) = f(a_1) + f(a_2) + \cdots + f(a_n)$, $f(a_1 \cdot a_2 \cdots a_n) = f(a_1) \cdot f(a_2) \cdots f(a_n)$.

例 1 设 I 是环 R 的理想, 则商映射 $j: R \to R/I$ $(r \mapsto \bar{r} = r + I)$ 是满的环同态. 设 S 是 R 的子环, 则嵌入映射 $i: S \to R$ $(i(a) = a, \forall a \in S)$ 是单的环同态.

例 2 设 R 是含幺环且幺元是 1, 定义映射 $i: \mathbb{Z} \to R$ 如下: 对任意 $n \in \mathbb{Z}$,

$$i(n) = \begin{cases} \underbrace{1 + \cdots + 1}_{n\uparrow}, & n > 0, \\ 0, & n = 0, \\ \underbrace{(-1) + \cdots + (-1)}_{-n\uparrow}, & n < 0. \end{cases}$$

则 i 是环同态, 它是从 $\mathbb{Z}$ 到 R 唯一的非零环同态.

例 3 记 $\mathbb{C}[x]$ 为复数域 $\mathbb{C}$ 上的一元多项式环, 设 $a \in \mathbb{C}$, 定义映射 $e_a: \mathbb{C}[x] \to \mathbb{C}$

$(e_a(f) = f(a), \forall f(x) \in \mathbb{C}[x])$, 则 e_a 是环同态.

例 4 设 $I = \{0\}$ 是环 R 的零理想, 则商环 $R/I = \{\{r\} \mid r \in R\}$. 定义映射 $f : R \to R/I, f(r) = \{r\}, \forall r \in R$, 则 f 是环同构.

例 5 恒等映射 $\mathrm{id} : R \to R$ 是环同构. 若 $f : R_1 \to R_2, g : R_2 \to R_3$ 是环同态, 则 $g \circ f : R_1 \to R_3$ 也是环同态.

例 6 设 a 是整数且 $a \equiv 3 \pmod 4$, 则方程 $x^2 + y^2 = a$ 没有整数解. 事实上, 若它有整数解, 应用环同态 $\mathbb{Z} \to \mathbb{Z}/4\mathbb{Z}$, 我们有方程 $u^2 + v^2 = \bar{3}$ 在剩余类环 $\mathbb{Z}/4\mathbb{Z}$ 中有解. 直接计算我们有对 $u \in \mathbb{Z}/4\mathbb{Z}, u^2 = \bar{0}$ 或 $\bar{1}$, 故对任意 $u, v \in \mathbb{Z}/4\mathbb{Z}$, $u^2 + v^2 \neq \bar{3}$. 因此, 方程 $x^2 + y^2 = a$ 没有整数解.

定义 设 R_1, R_2 是环, $f : R_1 \to R_2$ 是环同态. 定义 $\mathrm{Ker} f = \{ a \in R_1 \mid f(a) = 0 \}$, 称为 f 的核. 定义 $\mathrm{Im} f = \{ f(a) \mid a \in R_1 \}$, 称为 f 的像.

命题 4.1 设 $f : R_1 \to R_2$ 是非零环同态, 则 $\mathrm{Ker} f$ 是 R_1 的理想; 若 R_1, R_2 均为含幺环, $\mathrm{Im} f$ 是 R_2 的子环.

证明 由定义直接验证即可. 但需注意到, 当 R_1 不含幺元但 R_2 含幺元时, 按照我们的定义, 因 $\mathrm{Im} f$ 不一定含 R_2 的幺元, 因而未必是 R_2 的含幺子环. □

环的同构定理

定理 4.2 (环同态基本定理) 设 R_1, R_2 是含幺环, $f : R_1 \to R_2$ 是环同态, 则有

(1) 若 f 是零同态, 则 $\mathrm{Ker} f = R_1, \mathrm{Im} f = \{0\}$;

(2) 若 f 是非零环同态, 则有自然环同构 $\tilde{f} : R_1/\mathrm{Ker} f \to \mathrm{Im} f$, 满足 $\tilde{f}(a + \mathrm{Ker} f) = f(a), \forall a \in R_1$.

证明 只需证明 (2). 由于 f 是非零环同态, $f(1_{R_1}) = 1_{R_2}$, $\mathrm{Im} f$ 是 R_2 的子环. 由于 f 是环同态, 故 f 是加法群同态. 由群同态基本定理, $\tilde{f}$ 是加法群同构, 即 $\tilde{f}$ 是双射, 且对任意 $\bar{a}, \bar{b} \in R_1/\mathrm{Ker} f$, 有 $\tilde{f}(\bar{a} + \bar{b}) = \tilde{f}(\bar{a}) + \tilde{f}(\bar{b})$. 又因为 $\tilde{f}(\bar{a} \cdot \bar{b}) = \tilde{f}(\overline{a \cdot b}) = f(a \cdot b) = f(a) \cdot f(b) = \tilde{f}(\bar{a}) \cdot \tilde{f}(\bar{b})$, 且 $\tilde{f}(\bar{1}) = f(1)$, 所以 $\tilde{f}$ 是环同构. □

例 7 在这个例子中我们将看到复数域 $\mathbb{C}$ 同构于 2 阶实矩阵环 $M_2(\mathbb{R})$ 的一个子环. 定义映射 $f : \mathbb{C} \to M_2(\mathbb{R})$ 如下: 对 $z = a + bi \in \mathbb{C}, a, b \in \mathbb{R}$,

$$f(z) = \begin{pmatrix} a & -b \\ b & a \end{pmatrix} \in M_2(\mathbb{R}).$$

由定义直接验证得, f 是单的环同态, 且 $\operatorname{Im} f = \left\{ \begin{pmatrix} a & -b \\ b & a \end{pmatrix} \middle| a,b \in \mathbb{R} \right\}$. 由定理

4.2, $\operatorname{Im} f$ 是 $M_2(\mathbb{R})$ 的子环, 且复数域 $\mathbb{C}$ 同构于 $\operatorname{Im} f$. 我们进一步可以观察到对 $z = a + bi \in \mathbb{C}$, 记 $\bar{z} = a - bi$, 则有

$$\det(f(z)) = a^2 + b^2 = |z|^2 = z \cdot \bar{z}.$$

定理 4.3   设 I, J 是含幺环 R 的两个理想, 且 $I \subseteq J$, 则 $J/I = \{a + I \mid a \in J\}$ 是商环 R/I 的理想, 且 $(R/I)/(J/I) \cong R/J$.

证明   由上一节知, J/I 是 R/I 的理想. 定义映射 $f : R/I \to R/J$, $f(r+I) = r + J$, $\forall r \in R$. 首先要验证 f 是有意义的映射. 事实上, 若 $r + I = \tilde{r} + I$, 则 $r - \tilde{r} \in I \subseteq J$, 自然地有 $r + J = \tilde{r} + J$.

可以直接验证 f 是满的环同态. 又因为 $\operatorname{Ker} f = \{r + I \mid r + J = J\} = \{r + I \mid r \in J\} = J/I$, 所以由定理 4.2, $(R/I)/(J/I) \cong R/J$.   □

例 8   设 m, n 是正整数且 $m \mid n$, $I = n\mathbb{Z}$, $J = m\mathbb{Z}$, 则有 $I \subseteq J$, 且有环同构 $(\mathbb{Z}/n\mathbb{Z})/(m\mathbb{Z}/n\mathbb{Z}) \cong \mathbb{Z}/m\mathbb{Z}$, 从而 $|m\mathbb{Z}/n\mathbb{Z}| = \dfrac{n}{m}$.

定理 4.4   设 R 是一个含幺环, S 是 R 的一个子环, I 是 R 的一个理想, 则有

(1) $S + I = \{a + b \mid a \in S, b \in I\}$ 是 R 的子环, I 是 $S + I$ 的理想, $S \cap I$ 是 S 的理想;

(2) 有自然的环同构 $f : (S+I)/I \cong S/(S \cap I)$, 满足: 对任意 $a \in S$, $b \in I$ 有 $f(a+b+I) = a + S \cap I$.

证明   (1) 可由定义直接验证.

(2) 定义对应 $g : S + I \to S/(S \cap I)$ 使 $g(a+b) = a + S \cap I$, $\forall a \in S, b \in I$. 首先需验证 g 是有意义的映射. 事实上, 若 $a + b = \tilde{a} + \tilde{b}$, 其中 $a, \tilde{a} \in S$, $b, \tilde{b} \in I$, 则 $a - \tilde{a} = b - \tilde{b} \in S \cap I$, 所以 $a + S \cap I = \tilde{a} + S \cap I$.

现直接验证知, g 是满的环同态.

最后, $\operatorname{Ker} g = \{a + b \mid a \in S, b \in I, a + S \cap I = S \cap I\} = \{a + b \mid a \in S, b \in I, a \in S \cap I\} = I$. 根据定理 4.2, 有自然的环同构 $\tilde{g} : (S+I)/I \to S/(S \cap I)$, 满足 $\tilde{g}(a+b+I) = a + S \cap I$.   □

环同构定理的应用

定理 4.5   (中国剩余定理)   设 $m_1, m_2, \cdots, m_t$ 是 t 个两两互素的整数, 则有自然的环同构

$$g : \mathbb{Z}/m_1 m_2 \cdots m_t \mathbb{Z} \to \mathbb{Z}/m_1\mathbb{Z} \times \mathbb{Z}/m_2\mathbb{Z} \times \cdots \times \mathbb{Z}/m_t\mathbb{Z}$$

满足 $g(a + m_1 m_2 \cdots m_t \mathbb{Z}) = (a + m_1\mathbb{Z}, a + m_2\mathbb{Z}, \cdots, a + m_t\mathbb{Z})$.

证明 对 t 用归纳法. 首先考察 $t = 2$ 的情况, 考虑映射

$$f : \mathbb{Z} \to \mathbb{Z}/m_1\mathbb{Z} \times \mathbb{Z}/m_2\mathbb{Z}$$

$$a \mapsto (a + m_1\mathbb{Z}, a + m_2\mathbb{Z}).$$

经过直接验证可知 f 是环同态. 该映射的核为

$$\mathrm{Ker}\, f = \{ a \in \mathbb{Z} \mid a \in m_1\mathbb{Z}, a \in m_2\mathbb{Z} \} = m_1\mathbb{Z} \cap m_2\mathbb{Z}.$$

因为 m_1, m_2 互素, 所以 $m_1\mathbb{Z} \cap m_2\mathbb{Z} = m_1 m_2 \mathbb{Z}$, $m_1\mathbb{Z} + m_2\mathbb{Z} = \mathbb{Z}$. 所以 $\mathrm{Ker}\, f = m_1 m_2 \mathbb{Z}$.

接下来需证明 f 是满射. 首先验证: 存在 $e_1, e_2 \in \mathbb{Z}$, 使得 $e_1 \equiv 1 \pmod{m_1}$, $e_1 \equiv 0 \pmod{m_2}$, 且 $e_2 \equiv 0 \pmod{m_1}$, $e_2 \equiv 1 \pmod{m_2}$. 事实上, 由 $m_1\mathbb{Z} + m_2\mathbb{Z} = \mathbb{Z}$ 得, 存在 $a \in m_1\mathbb{Z}, b \in m_2\mathbb{Z}$, 使得 $a + b = 1$. 取 $e_1 = b$ 且 $e_2 = a$ 即可. 现在, 对任意 $(x + m_1\mathbb{Z}, y + m_2\mathbb{Z}) \in \mathbb{Z}/m_1\mathbb{Z} \times \mathbb{Z}/m_2\mathbb{Z}$, 令 $a = xe_1 + ye_2$, 则有 $a + m_1\mathbb{Z} = xe_1 + ye_2 + m_1\mathbb{Z} = xe_1 + m_1\mathbb{Z} = (x + m_1\mathbb{Z})(e_1 + m_1\mathbb{Z}) = x + m_1\mathbb{Z}$. 同理可证 $a + m_2\mathbb{Z} = y + m_2\mathbb{Z}$, 所以 $f(a) = (x + m_1\mathbb{Z}, y + m_2\mathbb{Z})$, 即 f 是满射. 由同态基本定理, f 诱导出同构

$$\mathbb{Z}/m_1 m_2 \mathbb{Z} \cong \mathbb{Z}/m_1\mathbb{Z} \times \mathbb{Z}/m_2\mathbb{Z}.$$

假设命题对 t 成立, 考虑 $t + 1$ 的情况. 由归纳假设, $\mathbb{Z}/m_1 m_2 \cdots m_t \mathbb{Z} \cong \mathbb{Z}/m_1\mathbb{Z} \times \mathbb{Z}/m_2\mathbb{Z} \times \cdots \times \mathbb{Z}/m_t\mathbb{Z}$. 因为 $m_1, m_2, \cdots, m_{t+1}$ 两两互素, 所以 m_{t+1} 与 $m_1 m_2 \cdots m_t$ 互素. 由 $t = 2$ 的结论得,

$$\mathbb{Z}/m_1 m_2 \cdots m_t m_{t+1} \mathbb{Z} \cong \mathbb{Z}/m_1 m_2 \cdots m_t \mathbb{Z} \times \mathbb{Z}/m_{t+1}\mathbb{Z}$$

$$\cong \mathbb{Z}/m_1\mathbb{Z} \times \mathbb{Z}/m_2\mathbb{Z} \times \cdots \times \mathbb{Z}/m_{t+1}\mathbb{Z}. \qquad \square$$

推论 4.6 设 $n > 1$ 是正整数, $n = p_1^{e_1} p_2^{e_2} \cdots p_t^{e_t}$ 是 n 的素因子分解, 即 $p_1, p_2, \cdots, p_t$ 是两两不同的素数, $e_1, e_2, \cdots, e_t$ 是正整数. 则

(1) 有自然的环同构 $\mathbb{Z}/n\mathbb{Z} \cong \mathbb{Z}/p_1^{e_1}\mathbb{Z} \times \mathbb{Z}/p_2^{e_2}\mathbb{Z} \times \cdots \times \mathbb{Z}/p_t^{e_t}\mathbb{Z}$,

(2) 单位群 $(\mathbb{Z}/n\mathbb{Z})^* \cong (\mathbb{Z}/p_1^{e_1}\mathbb{Z})^* \times (\mathbb{Z}/p_2^{e_2}\mathbb{Z})^* \times \cdots \times (\mathbb{Z}/p_t^{e_t}\mathbb{Z})^*$.

证明 因为 $p_1^{e_1}, p_2^{e_2}, \cdots, p_t^{e_t}$ 两两互素, 定理 4.5 直接导出结论 (1). 结论 (2) 由下列性质和定理 4.5 得到:

(1) 若非零含幺环 R_1 与 R_2 是同构的, 则 $R_1^* \cong R_2^*$;

(2) 对环直积有 $(R_1 \times R_2 \times \cdots \times R_n)^* = R_1^* \times R_2^* \times \cdots \times R_n^*$.

由定义可以直接验证性质 (a) 与 (b), 细节留作习题. □

例 9　求最小的正整数 a, 满足 $a \equiv 2 \pmod{3}$, $a \equiv 3 \pmod{5}$, $a \equiv 2 \pmod{7}$.

解　我们有

$$
\begin{cases}
70 \equiv 1 \pmod{3}, \ 70 \equiv 0 \pmod{5}, \ 70 \equiv 0 \pmod{7}, \\
21 \equiv 0 \pmod{3}, \ 21 \equiv 1 \pmod{5}, \ 21 \equiv 0 \pmod{7}, \\
15 \equiv 0 \pmod{3}, \ 15 \equiv 0 \pmod{5}, \ 15 \equiv 1 \pmod{7},
\end{cases}
$$

所以 $2 \times 70 + 3 \times 21 + 2 \times 15 = 233$ 满足所求的同余式. 而 $233 \equiv 23 \pmod{105}$, 其中 $105 = 3 \times 5 \times 7$. 所以 $a = 23$. □

定理 4.5 可以自然地推广到含幺交换环, 也称为中国剩余定理. 首先, 我们把两个整数互素的概念推广到环的理想上.

定义　设 R 是含幺环, I, J 是 R 的理想. 若 $I + J = R$, 则称 I 与 J 是互素的.

由定义, 整数环 $\mathbb{Z}$ 的两个非平凡理想 $I = n\mathbb{Z}$, $J = m\mathbb{Z}$ 是互素的当且仅当 $\gcd(n, m) = 1$, 即 n 与 m 互素.

定理 4.7　(中国剩余定理 (环论版本))　设 R 为一个含幺交换环, 且 I_1, $I_2, \cdots, I_t$ 为 R 中两两互素的非平凡理想. 则有自然的环同构

$$
g: R/(I_1 I_2 \cdots I_t) \to R/I_1 \times R/I_2 \times \cdots \times R/I_t,
$$

其定义如下: 对于任意 $r \in R$, 有 $g(r + I_1 I_2 \cdots I_t) = (r + I_1, r + I_2, \cdots, r + I_t)$.

证明　类似于定理 4.5 的证明方法, 读者需要验证下列两点:

(1) 对 $i \neq j$, $I_i \cap I_j = I_i I_j$;

(2) 对 3 个不同指标 i, j, k, $I_i I_j$ 与 I_k 互素.

详细证明留作练习 (见本节习题). □

定理 4.5 是上述定理的一个特例. 本节最后, 我们给出环同态的下列性质:

命题 4.8　设 F 是一个域, R 是一个含幺环, $f: F \to R$ 是非零环同态, 则有

(1) f 是单射, R 的子环 $\mathrm{Im}\, f$ 同构于 F;

(2) 对任意 $0 \neq a \in F$, $f(a^{-1}) = f(a)^{-1}$, F^* 同构于 R^* 的子群 $f(F^*)$.

证明　(1) 我们已经知道, $\mathrm{Ker}\, f$ 是 F 的一个理想. 因为 F 是域, F 只有两个平凡理想: $\{0\}, F$. 因为 $f(1) = 1$, 所以 $\mathrm{Ker}\, f \neq F$, 故 $\mathrm{Ker}\, f = \{0\}$. 从而由同态基

本定理 $F \cong \operatorname{Im} f$.

(2) 因为 f 是非零环同态, $f(1) = 1$. 对任意 $0 \neq a \in F$, $1 = f(aa^{-1}) = f(a)f(a^{-1})$, 同理 $f(a^{-1})f(a) = 1$. 因此, $f(a)$ 是可逆元且 $f(a^{-1}) = f(a)^{-1}$. 故 f 限制在 $F^* = F \setminus \{0\}$ 上给出映射 $f_0 : F^* \to R^*$, $f_0(a) = f(a)$, $\forall a \in F^*$. 由 (1) f 是单的环同态, 所以 f_0 是单的乘法群同态. 由群同态基本定理我们有 $F^* \cong f(F^*)$. $\qquad\square$

习题 2.4

1. 设 R (不一定含幺元) 和 S 均为环, $f : R \to S$ 为环同态, 证明: $f : R \to S$ 为环同构当且仅当存在环同态 $g : S \to R$ 使得 $g \circ f = \operatorname{id}_R$ 且 $f \circ g = \operatorname{id}_S$.

2. 如果 R_1, R_2 为不一定含有幺元的环, 设 $f : R_1 \to R_2$ 是环同态. 证明定理 4.2 的结论仍然成立.

3. 设 R 是含幺交换环, I_1, I_2, I_3 是 R 的理想.

   (1) 如果 I_1 与 I_2 互素, 证明 $I_1 I_2 = I_1 \cap I_2$;

   (2) 如果 I_1 与 I_3 互素, I_2 也与 I_3 互素, 证明 $I_1 I_2$ 与 I_3 互素;

   (3) 证明定理 4.7.

4. 求解下列问题:

   (1) 设 R_1, R_2 是非零含幺环. 如果 R_1 与 R_2 同构, 证明它们的单位群 R_1^* 与 R_2^* 也同构;

   (2) 设 $R_1, R_2, \cdots, R_n$ 是非零含幺环. 对它们的直积证明:

$$(R_1 \times R_2 \times \cdots \times R_n)^* = R_1^* \times R_2^* \times \cdots \times R_n^*.$$

5. 求最小的正整数 a, 满足 $a \equiv 1 \pmod 4$, $a \equiv 4 \pmod 5$, $a \equiv 3 \pmod 6$.

6. 设 $n > 1$ 是正整数, 记 $\varphi(n)$ 是单位群 $(\mathbb{Z}/n\mathbb{Z})^*$ 的阶; 定义 $\varphi(1) = 1$.

   (1) 证明 $(\mathbb{Z}/n\mathbb{Z})^* = \{\,\bar{a} \mid \gcd(a, n) = 1, 1 \leqslant a \leqslant n\,\}$;

   (2) 设 p 是素数, r 是正整数, 证明 $\varphi(p^r) = p^r - p^{r-1}$;

   (3) 设 m, n 互素, 证明 $\varphi(mn) = \varphi(m)\varphi(n)$;

   (4) 设 $n = p_1^{e_1} p_2^{e_2} \cdots p_t^{e_t}$ 是 n 的素因子分解, 证明

$$\varphi(n) = n \prod_{i=1}^{t} (1 - p_i^{-1}).$$

7. 设 R, S 是含幺环, $f : R \to S$ 是一个非零环同态. 求解下列问题:

(1) 如果 I 是 S 的素理想, 那么 $f^{-1}(I)$ 是 R 的素理想;

(2) 如果 J 是 R 的素理想, $f(J)$ 是否是 S 的素理想? 请说明理由;

(3) 如果 I 是 S 的极大理想, $f^{-1}(I)$ 是否是 R 中的极大理想? 请说明理由;

(4) 如果 J 是 R 的极大理想, $f(J)$ 是否是 S 中的极大理想? 请说明理由.

8. 设交换群 $A = \mathbb{Z} \times \mathbb{Z}$, 定义

$$\mathrm{End}(A) \triangleq \{\, f : A \to A \text{ 是群同态} \,\}.$$

(1) 证明 $\mathrm{End}(A)$ 上存在自然的环结构, 并指出其加法与乘法运算, 求出 $\mathrm{End}(A)$ 的零元和乘法幺元;

(2) 证明 $\mathrm{End}(A)$ 同构于由整数二阶方阵组成的环.

9. 设 $f : R \to S$ 是环同态, I, J 分别是环 R, S 的理想, 且 $f(I) \subset J$. 定义

$$\bar{f} : R/I \to S/J, \qquad a + I \mapsto f(a) + J.$$

(1) 证明 $\bar{f}$ 是有意义的映射且为环同态;

(2) 证明 $\bar{f}$ 是环同构当且仅当 $f(R) + J = S$ 且 $f^{-1}(J) = I$.

10. 设 $R = \left\{ \begin{pmatrix} \alpha & \beta \\ -\bar{\beta} & \bar{\alpha} \end{pmatrix} \,\middle|\, \alpha, \beta \in \mathbb{C} \right\}$. 证明 R 是 $M_2(\mathbb{C})$ 的子环, 且环 R 同构于四元数体 $\mathbb{H}$.

11. 设 R 是含幺环, $M_n(R)$ 是 R 上 n 阶矩阵环. 若 I 是 R 的理想, 记 $M_n(I)$ 为各元素均属于 I 的 n 阶矩阵全体. 证明:

(1) $M_n(I)$ 是 $M_n(R)$ 的理想;

(2) $M_n(R)$ 的每个理想均形如 $M_n(J)$, J 是 R 的某个理想;

(3) 有环同构 $M_n(R)/M_n(I) \cong M_n(R/I)$.

12. 设 R 是环, 如果 $e \in R$ 满足 $e^2 = e$, 则称 e 是幂等元. 若幂等元 $e \in Z(R)$, 则称 e 为中心幂等元.

(1) 设 R 是含幺环, $e \notin \{0, 1\}$ 为 R 的中心幂等元. 证明 $1 - e$ 也是中心幂等元, 且主理想 $(e), (1-e)$ 均是含幺环, 使得 $R \cong (e) \times (1-e)$. (e) 是否为 R 的子环?

(2) 设 R 是含幺环, 证明下列条件等价:

(a) $R \cong R_1 \times R_2 \times \cdots \times R_n$, 其中 $R_1, R_2, \cdots, R_n$ 均为含幺环. (注意, R_i 的幺元不是 R 的幺元. 换言之, R_i 不是含幺子环.)

(b) R 有中心幂等元 $e_1, e_2, \cdots, e_n$ 满足 $e_i \notin \{0, 1\}$, $e_i e_j = 0 \, (1 \leqslant i, j \leqslant n, i \neq j)$, 且 $e_1 + e_2 + \cdots + e_n = 1$.

2.5 多项式环

环上的多项式

设 R 是一个环, 考虑集合

$$R[x] = \left\{ \sum_{i=0}^{n} a_i x^i \,\middle|\, a_i \in R, 0 \leqslant i \leqslant n, n \in \mathbb{Z}_{\geqslant 0} \right\},$$

其中 x 是一个未定元. 在 $R[x]$ 上可以自然地定义如下二元运算:

(1) 多项式加法:

$$\sum_{i=0}^{n} a_i x^i + \sum_{i=0}^{n} b_i x^i \triangleq \sum_{i=0}^{n} (a_i + b_i) x^i,$$

这里可以通过让 a_i 或 b_i 取 0 来定义不同次数多项式之间的加法.

(2) 多项式乘法:

$$\left(\sum_{i=0}^{n} a_i x^i \right) \left(\sum_{i=0}^{m} b_i x^i \right) \triangleq \sum_{k=0}^{n} \sum_{l=0}^{m} a_k b_l x^{k+l} = \sum_{i=0}^{n+m} c_i x^i,$$

这里 $c_i = \sum_{k+l=i} a_k b_l$.

命题 5.1 $R[x]$ 在上述运算下是一个环, 称为环 R 上的一元多项式环. 且其满足如下性质:

(1) 若 R 是含幺环, 幺元为 1, 则 $R[x]$ 也是含幺环, 幺元是 $f(x) = 1$.

(2) $R[x]$ 是交换环 $\Longleftrightarrow R$ 是交换环.

证明 由定义直接验证即可. $\square$

对任意 $a \in R$, $f(x) = a$ 被称为常多项式. $R[x]$ 中的所有的常多项式构成了一个子环, 其同构于 R. 因此我们可以自然地将 R 视为 $R[x]$ 的一个子环.

多项式环的性质

定义 设多项式 $f(x) = a_n x^n + a_{n-1} x^{n-1} + \cdots + a_1 x + a_0 \in R[x]$, a_n 称为 $f(x)$ 的首项系数. 若 $a_n = 1$, 则称 $f(x)$ 是首一多项式. 若 $f(x) \neq 0$, 则定义 $f(x)$ 的次数

$$\deg f \triangleq \max_{0 \leqslant m \leqslant n} \{ m \mid a_m \neq 0 \}.$$

根据定义, $\deg f = 0$ 等价于 f 是非零常多项式.

命题 5.2 设 R 是含幺环, $f(x) = a_n x^n + \cdots + a_1 x + a_0 \in R[x]$, 且 a_n 非零因子. 若 $0 \neq g \in R[x]$, 则有 $\deg(fg) = \deg(gf) = \deg f + \deg g$.

证明 设 $g(x) = b_m x^m + \cdots + b_1 x + b_0, b_m \neq 0$. 由多项式乘法的定义, $f \cdot g$ 的首项系数为 $a_n \cdot b_m$. 若 $a_n \cdot b_m = 0$, 则与 a_n 不是零因子矛盾! 所以 $a_n \cdot b_m \neq 0$, 故 $\deg(f \cdot g) = n + m$. 同理可证 $\deg(g \cdot f) = n + m$.   □

命题 5.3 设 R 是整区, $f, g \in R[x]$, $f \neq 0$, $g \neq 0$, $\deg f = n$, $\deg g = m$, 则有

(1) $\deg(fg) = n + m = \deg f + \deg g$, 从而 $R[x]$ 也是整区;

(2) 若 $f + g \neq 0$, 则 $\deg(f + g) \leqslant \max\{\deg f, \deg g\}$;

(3) $R[x]^* = R^*$.

证明 (1) 设 $f(x) = a_n x^n + \cdots + a_1 x + a_0, g(x) = b_m x^m + \cdots + b_1 x + b_0,$ $a_n \neq 0, b_m \neq 0$. 由乘法定义, $f \cdot g$ 的首项系数为 $a_n \cdot b_m$. 因为 R 是整区, 所以 $a_n \cdot b_m \neq 0$, 故 $\deg(f \cdot g) = n + m$, $f \cdot g \neq 0$. 从而 $R[x]$ 是整区.

(2) 作为练习.

(3) 设 $f(x) = a_n x^n + \cdots + a_1 x + a_0 \in R[x]^*, a_n \neq 0$, 则存在 $g(x) = b_m x^m + \cdots + b_1 x + b_0 \in R[x], b_m \neq 0$, 使得 $f \cdot g = g \cdot f = 1$. 由 (1) 知, $0 = \deg(1) = \deg f + \deg g = n + m$, 所以 $n = m = 0$. 所以 $f(x) = a_0, g(x) = b_0$, 且 $a_0 \cdot b_0 = b_0 \cdot a_0 = 1$, 故 $a_0 \in R^*$. 所以 $R[x]^* \subseteq R^*$.

设 $a \in R^*, u(x) = a$, 令 $v(x) = a^{-1}$, 则 $u \cdot v = v \cdot u = 1$, 故 $u \in R[x]^*$. 所以 $R^* \subseteq R[x]^*$. 综上, $R[x]^* = R^*$.   □

设 R 是含幺交换环, I 是 R 的理想, 记 $j : R \to R/I$ 是自然的商同态, $j(r) = \bar{r} = r + I$. 通过 "系数模 I", j 诱导出自然映射 $\tilde{j} : R[x] \to (R/I)[x]$ 如下: 设 $f(x) = a_n x^n + \cdots + a_1 x + a_0 \in R[x]$, 则 $\tilde{j}(f(x)) = j(a_n) x^n + \cdots + j(a_1) x + j(a_0)$.

命题 5.4 设 R 是含幺交换环, I 是 R 的理想, j 和 $\tilde{j}$ 的定义同上. 则:

(1) 映射 $\tilde{j} : R[x] \to (R/I)[x]$ 是满的环同态;

(2) 记 $I[x] = \{ f(x) = a_n x^n + \cdots + a_1 x + a_0 \in R[x] \mid a_i \in I, 0 \leqslant i \leqslant n \}$, 则 $\operatorname{Ker} \tilde{j} = I[x]$, 且 $\tilde{j}$ 诱导环同构

$$R[x]/I[x] \cong (R/I)[x];$$

(3) I 是 R 的素理想当且仅当 $I[x]$ 是 $R[x]$ 的素理想.

证明 用环同态定义、环同态基本定理 4.2 及命题 3.9 可以直接验证命题 5.4. 验证细节留作习题. □

多项式的带余除法

定理 5.5 （带余除法） 设 R 是含幺交换环, $0 \neq f(x) \in R[x]$, 设 $f(x) = a_n x^n + \cdots + a_1 x + a_0$, 且 $a_n \in R^*$, 则对任意多项式 $g(x) \in R[x]$, 存在唯一多项式 $q(x), r(x) \in R[x]$, 使得

$$g(x) = q(x)f(x) + r(x),$$

且 $r(x) = 0$ 或 $\deg r(x) < \deg f(x)$. 称 $q(x)$ 是商式, $r(x)$ 是余式.

证明 **存在性:** 若 $g = 0$, 则取 $q = r = 0$ 即可. 设 $g \neq 0$, 对 $m = \deg g$ 归纳, 首先考虑 $m = 0$ 的情况. 若 $n > 0$, 取 $q = 0$, $r = g$ 即可; 若 $n = 0$, 则 $f(x) = a_0 \in R^*$, 设 a_0^{-1} 是 a_0 在 R 中的乘法逆元, 取 $q(x) = a_0^{-1} \cdot g(x)$, $r(x) = 0$ 即可. 假设对次数小于 m 的多项式 g 命题成立. 设 $g(x) = b_m x^m + \cdots + b_1 x + b_0$. 若 $m < n$, 则取 $q = 0$, $r = g$ 即可. 若 $m \geqslant n$, 考虑 $g_1(x) = g(x) - a_n^{-1} b_m x^{m-n} \cdot f(x)$, 则 $g_1(x)$ 的 m 次项系数为 $b_m - a_n^{-1} b_m a_n = 0$, 所以 $g_1 = 0$ 或 $\deg g_1 < m$. 由归纳假设, 存在 $q_1, r \in R[x]$, 使得 $g_1 = q_1 \cdot f + r$, 且 $r = 0$ 或 $\deg r < \deg f$. 从而 $g(x) = g_1(x) + a_n^{-1} b_m x^{m-n} \cdot f(x) = (q_1(x) + a_n^{-1} b_m x^{m-n}) \cdot f(x) + r(x)$. 令 $q(x) = q_1(x) + a_n^{-1} b_m x^{m-n}$, 则 q, r 满足定理结论要求.

唯一性: 设 $g = q_1 \cdot f + r_1 = q_2 \cdot f + r_2$, 其中 $q_1, q_2, r_1, r_2 \in R[x]$, 且对 $i = 1, 2$ 有 $r_i = 0$ 或 $\deg r_i < n$. 从而 $(q_1 - q_2) \cdot f = r_2 - r_1$. 若 $q_1 - q_2 \neq 0$, 设 $m = \deg(q_1 - q_2)$, 由命题 5.2, $\deg((q_1 - q_2) \cdot f) = m + n$, 从而 $\deg(r_2 - r_1) = m + n \geqslant n$. 而 $r_2 - r_1 = 0$ 或 $\deg(r_2 - r_1) < n$, 矛盾. 故 $q_1 = q_2$, 从而 $r_1 = r_2$. □

定义 设 R 是含幺交换环, $g(x) \in R[x]$, $0 \neq f(x) \in R[x]$. 若存在 $q(x) \in R[x]$, 使得 $g(x) = q(x)f(x)$, 则称 $f(x)$ 整除 $g(x)$, 记作 $f(x) \mid g(x)$. 否则称 $f(x)$ 不整除 $g(x)$, 记作 $f(x) \nmid g(x)$.

由定理 5.5 知, 若 f 满足定理 5.5 的条件, 则 $f(x) \mid g(x)$ 等价于余式 $r(x) = 0$.

注意定理 5.5 中的条件 $a_n \in R^*$ 是不能缺少的. 例如, 考虑 $R = \mathbb{Z}$, $f(x) = 2x$, $g(x) = x^2 + 1$, 则不存在 $q(x), r(x) \in \mathbb{Z}[x], \deg r(x) < 2$ 使得 $x^2 + 1 = q(x) \cdot (2x) + r(x)$. 另一方面, 如果 R 是一个域, 我们有 $R^* = R \setminus \{0\}$, 故此时定理 5.5 对任意 $0 \neq f(x) \in R[x]$ 都成立. 下面我们用定理 5.5 来证明一个域上的一元多项式环的每个理想都是主理想.

定理 5.6　设 F 是一个域, I 是 $F[x]$ 的一个理想, 则 I 是主理想, 即存在 $f(x) \in I$, 使得 $I = (f(x))$.

证明　若 I 是零理想, 则 $I = (0)$. 设 $I \neq (0)$, 则 $I \setminus \{0\} \neq \varnothing$, 从而非空数集

$$S = \{\, \deg h(x) \mid h(x) \in I \setminus \{0\} \,\}$$

有最小值, 记为 m. 取 $f(x) \in I$ 使得 $\deg f(x) = m$. 现需证明 $I = (f(x))$. 由定义, $(f(x)) \subseteq I$; 需证 $I \subseteq (f(x))$. 对任意 $g(x) \in I$, 由定理 5.5, 我们有 $g(x) = q(x)f(x) + r(x)$, 其中 $q(x), r(x) \in F[x]$ 且 $r(x) = 0$ 或 $\deg r(x) < m$. 由于 I 是理想, 故 $r(x) = g(x) - q(x)f(x) \in I$. 若 $r(x) \neq 0$, 则有 $\deg r(x) < m$, 这与 m 是 S 的最小值矛盾! 所以 $r(x) = 0$, 故 $g \in (f(x))$. 所以 $I = (f(x))$ 是主理想. $\square$

现在我们来研究多元多项式环.

定义　设 R 是环, $x_1, x_2, \cdots, x_n$ 是未定元. 我们定义以 R 为系数的 n 元多项式环 $R[x_1, x_2, \cdots, x_n] \triangleq (R[x_1, x_2, \cdots, x_{n-1}])[x_n]$, 即以 $n-1$ 元多项式环 $R[x_1, x_2, \cdots, x_{n-1}]$ 为系数的一元多项式环.

例 1　假设 R 是含幺环, 由定义 $R[x_1, x_2] = R[x_1][x_2]$, $x_1 \cdot x_2 = x_2 \cdot x_1$. 设 $f(x_1, x_2) \in R[x_1, x_2]$, 则 $f(x_1, x_2) = a_n(x_1) \cdot x_2^n + \cdots + a_1(x_1) \cdot x_2 + a_0(x_1)$, 其中 $a_0(x_1), a_1(x_1), \cdots, a_n(x_1) \in R[x_1]$. 展开后, $f(x_1, x_2) = \sum\limits_{i=0}^{n_1} \sum\limits_{j=0}^{n} a_{i,j} x_1^i x_2^j$, $a_{i,j} \in R$.

一般地, 对 $f \in R[x_1, x_2, \cdots, x_n]$, 我们有

$$
\begin{aligned}
f(x_1, x_2, \cdots, x_n) &= \sum_{i=0}^{m_n} a_i(x_1, x_2, \cdots, x_{n-1}) \cdot x_n^i \\
&= \sum_{i_1=0}^{m_1} \sum_{i_2=0}^{m_2} \cdots \sum_{i_n=0}^{m_n} a_{i_1, i_2, \cdots, i_n} x_1^{i_1} x_2^{i_2} \cdots x_n^{i_n},
\end{aligned}
$$

且对任意 $1 \leqslant i, j \leqslant n$, $x_i \cdot x_j = x_j \cdot x_i$.

我们称形如 $c x_1^{i_1} x_2^{i_2} \cdots x_n^{i_n}$, $c \in R \setminus \{0\}$ 且 $i_1, i_2, \cdots, i_n$ 是非负整数的多项式为单项式, 这里 $x_i^0 = 1$, $i_1 + i_2 + \cdots + i_n$ 是其次数.

对任意 $0 \neq f \in R[x_1, x_2, \cdots, x_n]$, f 是有限多个单项式之和, 我们定义 f 的次数为出现在 f 中的单项式的最大次数, 记为 $\deg f$.

例 2　设 $f(x_1, x_2, x_3) = x_1^2 x_2 + x_2^3 + 2x_1 x_2 + 1 \in \mathbb{Z}[x_1, x_2, x_3]$, 则 $\deg f = 3$.

命题 5.7　设 R 是整区, 则多元多项式环 $R[x_1, x_2, \cdots, x_n]$ 也是整区.

证明　对 n 用归纳法. 当 $n = 1$ 时, 结论由命题 5.3 (1) 给出. 假设命题对 $n-1$ 个不定元成立, 由定义得 $R[x_1, x_2, \cdots, x_n] = (R[x_1, x_2, \cdots, x_{n-1}])[x_n]$, 又由

归纳假设知, $R[x_1, x_2, \cdots, x_{n-1}]$ 是整区, 因而再次由命题 5.3 得 $R[x_1, x_2, \cdots, x_n]$ 是整区. $\qquad\square$

一元多项式的零点

设 R 是一个交换环, $f(x) \in R[x]$ 是 R 上的一个一元多项式, $f(x) = a_n x^n + \cdots + a_1 x + a_0$. 对于任意 $u \in R$, 定义 $f(u) = a_n u^n + \cdots + a_1 u + a_0 \in R$, 这样每个 $f(x) \in R[x]$ 定义了一个 "函数" $f(x) : R \to R, u \mapsto f(u)$. 若 $f(u) = 0$, 则称 $u \in R$ 是 $f(x)$ 在 R 上的一个零点 (或根).

命题 5.8 设 R 是含幺交换环, $a \in R$, $f(x) \in R[x]$, 则 $(x - a) \mid f(x)$ 等价于 $f(a) = 0$, 即 a 是 $f(x)$ 的零点.

证明 我们定义映射 $e_a : R[x] \to R$, $e_a(h(x)) = h(a)$, $\forall h(x) \in R[x]$. 由于 R 是交换环, 可以验证 e_a 是环同态. 对 $x - a$ 做带余除法, 我们有 $f(x) = q(x)(x - a) + r(x)$, 其中 $q(x) \in R[x]$, $r(x) \in R[x]$ 是常多项式, 记 $r = r(x) \in R$. 应用环同态 e_a, 我们有 $f(a) = r$. 从而 $(x - a) \mid f(x)$ 等价于 $r = r(x) = 0$, 亦即等价于 $f(a) = 0$. $\qquad\square$

命题 5.9 设 F 是一个域, $0 \neq f(x) \in F[x]$, $n = \deg f$, 则 $f(x)$ 在 F 中至多有 n 个不同的零点.

证明 对 n 用归纳法. 当 $n = 0$ 时, 设 $f(x) = a_0$, $a_0 \in F \setminus \{0\}$, 则对任意 $u \in F$, $f(u) = a_0 \neq 0$, 故 $f(x)$ 在 F 上无零点. 假设命题对 $\deg f < n$ 时成立, 下面考虑 $\deg f = n$ 的情况. 若 $f(x)$ 在 F 上无零点, 则命题成立. 若 $f(x)$ 在 F 上有零点, 设 $u \in F$ 是 $f(x)$ 的一个零点, 由命题 5.8, 我们有 $(x - u) \mid f(x)$, 所以存在 $g(x) \in F[x]$ 使得 $f(x) = (x - u)g(x)$, 这里 $\deg g = n - 1$. 由归纳假设, $g(x)$ 在 F 上至多有 $n - 1$ 个不同的零点. 对于任意 $a \in F$, $f(a) = (a - u)g(a)$, 所以 a 是 $f(x)$ 的零点当且仅当 $a = u$ 或 a 是 $g(x)$ 的零点, 因此 $f(x)$ 在 F 中至多有 $1 + (n - 1) = n$ 个不同的零点. $\qquad\square$

推论 5.10 设 F 是一个无限域, $f(x) \in F[x]$, 满足对于任意 $u \in F$, 都有 $f(u) = 0$, 则 $f(x)$ 是零多项式.

证明 若 $f(x) \neq 0$, 设 $n = \deg f$, 则 $f(x)$ 在 F 上至多有 n 个不同的零点, 矛盾! $\qquad\square$

例 3 设 F 是一个有限域, $|F| = q$, 考虑非零多项式 $f(x) = x^q - x \in F[x]$. 下面我们证明对于任意 $a \in F$, 都有 $f(a) = 0$. 首先, $f(0) = 0$; 对于任意 $u \in F^* =$

$F \setminus \{0\}$, 由于 F^* 是一个 $q-1$ 阶 Abel 群, 故 $u^{q-1} = 1$, 即 $u^q = u$, u 是 $f(x)$ 的零点. 这个例子说明推论 5.10 对有限域是不成立的.

定义 设 F 是一个域, $0 \neq f(x) \in F[x]$, $a \in F$ 是 $f(x)$ 的零点, 若 $(x-a)^n \mid f(x)$ 且 $(x-a)^{n+1} \nmid f(x)$, 则称 a 是 $f(x)$ 的一个 n 重零点, n 称为零点 a 的重数.

多项式的不可约性

定义 设 R 是整区, $0 \neq f \in R[x]$ 且 $f \notin R[x]^*$. 如果 f 满足下列条件: 若 $f = f_1 \cdot f_2$, $f_1, f_2 \in R[x]$, 则有 $f_1 \in R[x]^*$ 或 $f_2 \in R[x]^*$, 那么我们称 f 为 R 上的不可约 (irreducible) 多项式; 否则, 称 f 为 R 上的可约 (reducible) 多项式.

例 4 设 F 是域.

(1) $F[x]$ 中的一次多项式都是不可约的.

(2) 设 $f \in F[x]$, $\deg f = 2$ 或 $\deg f = 3$, 则 f 是 F 上的不可约多项式当且仅当 f 在 F 上没有零点. 事实上, 若 f 有零点 $a \in F$, 由命题 5.8, $(x-a) \mid f$, 故 f 是可约的; 反之, 若 f 可约, 由于 $\deg f = 2$ 或 $\deg f = 3$, 一定有 $h \in F[x]$, $\deg h = 1$, 使得 $h \mid f$; 注意到 $F[x]$ 中的一次多项式在 F 上有零点, 故 f 在 F 上有零点.

例 5 考察 $\mathbb{Z}$ 上多项式 $f(x) = 5x^4 + 21x^3 + 36x^2 + 45x + 3$. 首先, 由命题 5.3, $\mathbb{Z}[x]^* = \mathbb{Z}^* = \{\pm 1\}$. 若 f 可约, 设 $f = f_1 f_2$, $f_1, f_2 \in \mathbb{Z}[x] \setminus \{\pm 1\}$. 由于 f 的系数的最大公因子是 1, 故 $\deg f_i$ 均大于 0. 记 $f_1(x) = a_n x^n + \cdots + a_1 x + a_0$, $f_2(x) = b_m x^m + \cdots + b_1 x + b_0$, $m, n > 0$ 且 $m + n = 4$. 由于 $a_0 b_0 = 3$, 不妨设 $a_0 = 3, b_0 = 1$. 则 $45 = 3b_1 + a_1$, 从而 $3 \mid a_1$, 同理可知 $a_2 \neq 0$ 时 $3 \mid a_2$, $a_3 \neq 0$ 时 $3 \mid a_3$. 无论 n 取 1, 2 或 3, 这都与 $a_n \mid 5$ 矛盾. 故 $f(x)$ 不可约.

命题 5.11 设 F 是域, $f \in F[x]$, 则主理想 $I = (f)$ 是 $F[x]$ 的极大理想当且仅当 f 是 F 上的不可约多项式.

证明 由定理 5.6, $F[x]$ 的每个理想都是主理想. 由定义, $(f) \subseteq (g)$ 对某个多项式 $g \in F[x]$ 成立当且仅当 $g \mid f$, 由此可推出命题结论.   □

推论 5.12 设 F 是域, $0 \neq f \in F[x]$, 则商环 $F[x]/(f)$ 是域当且仅当 f 是不可约多项式.

证明 由命题 3.8, $F[x]/(f)$ 是域等价于 (f) 是极大理想.   □

例 6 设 $f(x) = x^2 + 1$, 由于 $f(x)$ 在实数域上无零点, $f(x)$ 是 $\mathbb{R}[x]$ 中的不可约多项式. 因此, 主理想 $I = (f(x))$ 是极大理想, $\mathbb{R}[x]/I$ 是域. 由带余除法, 对任意 $h(x) \in \mathbb{R}[x]$, 存在唯一的 $a, b \in \mathbb{R}$ 使得 $\overline{h(x)} = h(x) + I = \overline{a + bx}$. 由此可以证明

$\mathbb{R}[x]/I$ 同构于复数域 $\mathbb{C}$, 留作练习.

例 7   设 $f(x) = x^2 + 3x + 1 \in \mathbb{Z}[x]$, $I = (2, f(x))$ 是由 2 与 $f(x)$ 生成的理想, 则 I 是 $\mathbb{Z}[x]$ 的一个极大理想. 事实上, 由命题 5.4, "系数模 2"映射 $\tilde{j} : \mathbb{Z}[x] \to (\mathbb{Z}/2\mathbb{Z})[x]$ 诱导出环同构 $\alpha : \mathbb{Z}[x]/(2) \to (\mathbb{Z}/2\mathbb{Z})[x]$, 这里 (2) 是由 2 生成的 $\mathbb{Z}[x]$ 的主理想. $(2) \subset I$, 由定理 4.3, 我们有环同构

$$\mathbb{Z}[x]/I \cong (\mathbb{Z}[x]/(2))/(I/(2)).$$

注意到在环同构 $\alpha : \mathbb{Z}[x]/(2) \to (\mathbb{Z}/2\mathbb{Z})[x]$ 下, 理想 $I/(2)$ 的像恰好等于 $(\mathbb{Z}/2\mathbb{Z})[x]$ 的主理想 $(\tilde{f}(x))$, 这里 $\tilde{f}(x) = \tilde{j}(f(x)) = x^2 + x + 1$. 因此

$$(\mathbb{Z}[x]/(2))/(I/(2)) \cong (\mathbb{Z}/2\mathbb{Z})[x]/(\tilde{f}(x)).$$

由于 $\tilde{f}(x)$ 在域 $\mathbb{Z}/2\mathbb{Z}$ 中没有零点, $\tilde{f}(x)$ 不可约, 由推论 5.12, $(\mathbb{Z}/2\mathbb{Z})[x]/(\tilde{f}(x))$ 是域, 故 $\mathbb{Z}[x]/I$ 是域, I 是极大理想.

习题 2.5

1. 验证命题 5.1.

2. 验证命题 5.4.

3. 求解下列问题:

   (1) 构造环 R 及多项式 $f(x) \in R[x]$, 使得 $f(x)$ 在 R 上的根的个数小于它的次数;

   (2) 构造一个 $\mathbb{Z}/4\mathbb{Z}$ 上的二次多项式 $f(x)$, 满足 $f(x)$ 在 $\mathbb{Z}/4\mathbb{Z}$ 上有 4 个根, 从而 $f(x)$ 的根的个数严格大于它的次数 (从而命题 5.9中 F 是域的条件不可缺少).

4. 求解下列问题:

   (1) 证明 $\mathbb{R}[x]/(x^2 + 1)$ 同构于复数域 $\mathbb{C}$;

   (2) 证明商环 $\mathbb{Z}[x]/(x^2 + 1)$ 同构于高斯整数环 $\mathbb{Z}[\mathrm{i}] = \{\, a + b\mathrm{i} \mid a, b \in \mathbb{Z} \,\}$.

5. 设 p 是素数, $\mathbb{Z}[x]$ 是整系数一元多项式环, $\mathbb{F}_p = \mathbb{Z}/p\mathbb{Z}$, $\mathbb{Z}[\mathrm{i}]$ 是高斯整数环. 证明下列环同构:

   (1) $\mathbb{Z}[\mathrm{i}]/(1 + \mathrm{i}) \cong \mathbb{Z}/2\mathbb{Z}$;

   (2) $\mathbb{Z}[x]/(p) \cong (\mathbb{Z}/p\mathbb{Z})[x]$;

   (3) $\mathbb{Z}[x]/(p, x) \cong \mathbb{F}_p$.

6. 设 $g(x) = x^6 + x^5 + 5x^4 - 6x^3 - 10x^2 - 5$, $f(x) = x^3 - x^2 + 4$. 分别在 $\mathbb{F}_3$, $\mathbb{F}_5$, $\mathbb{F}_7$ 上计算 $f(x)$ 除 $g(x)$ 的商式和余式.

7. 设 $f(x) = x^4 + 1$, 分别讨论 $f(x)$ 在 $\mathbb{Q}[x]$ 与 $\mathbb{R}[x]$ 中是否是不可约多项式, 说明理由.

8. 设环 $A = \mathbb{Z}[\sqrt{2}] = \{a + b\sqrt{2} \mid a, b \in \mathbb{Z}\}$.

   (1) 设 $I = (x^2) \subseteq A[x]$ 是由 x^2 生成的理想, 商环 $A[x]/I$ 是否是整区? 说明理由;

   (2) $A[x]$ 的理想 $J = (4, x)$ 是否为主理想? 说明理由.

9. 设 R, S 是含幺交换环, $R[x]$ 是以 R 为系数的一元多项式环. 给定非零环同态 $f : R \to S$ 与 $s \in S$, 证明存在唯一的环同态 $\widetilde{f} : R[x] \to S$ 使得 $\widetilde{f}(x) = s$, $\widetilde{f}(r) = f(r), \forall\, r \in R$.

10. 设 A, B 是含幺交换环. $\varphi : A \to B$ 是一个环同态. 定义映射 $\tilde{\varphi} : A[x] \to B[x]$ 如下: 设 $f(x) = a_0 + a_1 x + \cdots + a_n x^n \in A[x]$, 则 $\tilde{\varphi}(f(x)) = \varphi(a_0) + \varphi(a_1)x + \cdots + \varphi(a_n)x^n$. 证明:

    (1) $\tilde{\varphi}$ 是环同态;

    (2) 若 φ 是环同构, 则 $\tilde{\varphi}$ 也是环同构.

11. 求解下列问题:

    (1) 求 $\mathbb{C}[x]$ 与 $\mathbb{R}[x]$ 的所有极大理想;

    (2) 给出 $\mathbb{R}[x, y]$ 的一个极大理想 M, 使得 $\mathbb{R}[x, y]/M \not\cong \mathbb{R}$.

12. 设 F 是域, 证明 $F[x]$ 中存在无穷多个不可约的首一多项式.

13. 设 R 是含幺交换环, $R[x]$ 是 R 上的一元多项式环. 设 $f = a_n x^n + \cdots + a_1 x + a_0 \in R[x]$, $a_i \in R$, $0 \leqslant i \leqslant n$, $a_n \neq 0$. 证明:

    (1) f 是 $R[x]$ 中可逆元当且仅当 $a_0 \in R$ 为可逆元, 且 $a_1, \cdots, a_n$ 为 R 中幂零元;

    (2) f 是 $R[x]$ 中幂零元当且仅当 $a_0, a_1, \cdots, a_n$ 均为幂零元;

    (3) f 是 $R[x]$ 中零因子当且仅当存在 $a \in R \setminus \{0\}$ 使得 $af = 0$.

2.6 分式域、欧氏整区和 PID

本节我们介绍整区的分式域以及两类特殊的整区.

整区的分式域

通过观察从整数环 $\mathbb{Z}$ 到有理数域 $\mathbb{Q}$ 的形成过程, 我们可以从任一个抽象整区出发, 构造其分式域 (fractional field).

定义 设 R 是一个整区, 在集合 $R \times (R \setminus \{0\}) = \{(a,b) \mid a,b \in R, b \neq 0\}$ 上定义一个二元关系 "$\sim$" 如下: 对 $(a,b), (c,d) \in R \times (R \setminus \{0\})$, 若 $ad = bc$, 则定义 $(a,b) \sim (c,d)$.

容易验证上述二元关系 "$\sim$" 满足下列性质:

(1) $(a,b) \sim (a,b)$;

(2) 若 $(a,b) \sim (c,d)$, 则有 $(c,d) \sim (a,b)$;

(3) 若 $(a,b) \sim (c,d)$, $(c,d) \sim (e,f)$, 则有 $(a,b) \sim (e,f)$.

由此可知 "$\sim$" 定义了 $R \times (R \setminus \{0\})$ 上的一个等价关系.

定义 令

$$\mathrm{K}(R) \triangleq \left(R \times (R \setminus \{0\})\right) / \sim$$

为 $R \times (R \setminus \{0\})$ 关于 $\sim$ 的所有等价类的集合. 对任意 $(a,b) \in R \times R \setminus \{0\}$, 我们记 $\dfrac{a}{b} \in \mathrm{K}(R)$ 为其在 "$\sim$" 下的等价类.

命题 6.1 $\mathrm{K}(R)$ 在如下加法和乘法运算下是一个域:

$$\forall \frac{a}{b}, \frac{c}{d} \in \mathrm{K}(R), \quad \frac{a}{b} + \frac{c}{d} \triangleq \frac{ad + bc}{bd}, \quad \frac{a}{b} \cdot \frac{c}{d} \triangleq \frac{ac}{bd}.$$

其零元为 $\dfrac{0}{1}$, 幺元为 $\dfrac{1}{1}$. 称 $\mathrm{K}(R)$ 为 R 的分式域或商域.

证明 首先, 我们需要验证这些运算与等价类代表元的选取无关. 若 $(a,b) \sim (a',b')$, $(c,d) \sim (c',d')$, 我们有

$$\frac{a}{b} + \frac{c}{d} = \frac{ad + bc}{bd} = \frac{ab'dd' + bb'cd'}{bb'dd'} = \frac{a'd' + b'c'}{b'd'} = \frac{a'}{b'} + \frac{c'}{d'};$$

$$\frac{a}{b} \cdot \frac{c}{d} = \frac{ac}{bd} = \frac{acb'd'}{bb'dd'} = \frac{a'c'}{b'd'} = \frac{a'}{c'} \cdot \frac{b'}{d'}.$$

其次, 对任意 $\dfrac{a}{b} \in \mathrm{K}(R)$, 其加法逆元 $-\dfrac{a}{b} = \dfrac{a}{-b} = \dfrac{-a}{b}$; 对任意 $\dfrac{a}{b} \neq \dfrac{0}{1}$, 其乘法

逆元 $\left(\dfrac{a}{b}\right)^{-1} = \dfrac{b}{a}$.   □

例 1　下面是一些常见的分式域.

(1) $\mathrm{K}(\mathbb{Z}) = \mathbb{Q}$.

(2) 高斯整数环 $\mathbb{Z}[\mathrm{i}]$ 的分式域是 $\mathbb{Q}[\mathrm{i}] = \{\, u + v\mathrm{i} \mid u, v \in \mathbb{Q} \,\}$.

(3) 设 F 是域, 则 $\mathrm{K}(F[x]) = \left\{\, \dfrac{g}{f} \,\middle|\, f, g \in F[x], f \neq 0 \,\right\}$, 称为以 F 为系数的一元有理函数域. 由分式域的定义, $\dfrac{g_1}{f_1} = \dfrac{g_2}{f_2}$ 等价于 $g_1 \cdot f_2 = f_1 \cdot g_2$. 通常记 $F(x) = \mathrm{K}(F[x])$. 对一般的正整数 n, $F(x_1, x_2, \cdots, x_n) = \mathrm{K}(F[x_1, x_2, \cdots, x_n])$ 称为以 F 为系数的 n 元有理函数域.

域的特征

设 F 是域, 1_F 是幺元. 考虑由整数环 $\mathbb{Z}$ 到 F 的环同态

$$f: \mathbb{Z} \to F, \quad f(n) = n \cdot 1_F,$$

则 $\mathrm{Ker}\, f = \{\, n \in \mathbb{Z} \mid n \cdot 1_F = 0 \,\}$ 是一个理想, 故 $\mathrm{Ker}\, f = \{0\}$ 或 $m\mathbb{Z}$ (m 是正整数).

定义　若 $\mathrm{Ker}\, f = \{0\}$, 则称域 F 的特征为零, 记为 $\mathrm{char}\, F = 0$.

命题 6.2　设域 F 的特征为零, 则

(1) F 有一个最小的子域同构于有理数域 $\mathbb{Q}$; 特别地, F 一定是无限域;

(2) 设 $n \in \mathbb{Z}$, $a \in F$, 则 $na = 0$ 当且仅当 $n = 0$ 或者 $a = 0$.

证明　(1) 由于 $\mathrm{char}\, F = 0$, 环同态 $f: \mathbb{Z} \to F$ ($f(n) = n \cdot 1_F$) 是单射. 定义 $\tilde{f}: \mathbb{Q} \to F$: $\tilde{f}\left(\dfrac{a}{b}\right) = f(a) \cdot f(b)^{-1}$. 由 f 是单射, 直接验证 $\tilde{f}$ 与代表元的选取无关且是环同态. 由于 $\mathbb{Q}$ 是域, 由命题 4.8, $\tilde{f}$ 是单射, $\mathbb{Q} \cong \mathrm{Im}\, \tilde{f} = \tilde{f}(\mathbb{Q})$. 下面我们说明 $\tilde{f}(\mathbb{Q})$ 是最小子域, 即若 K 是 F 的子域, 则有 $\tilde{f}(\mathbb{Q}) \subset K$. 事实上, 由于 K 是子域, $0, 1_F \in K$, 因此对任意非零整数, $n \cdot 1_F \in K$, $(n \cdot 1_F)^{-1} \in K$, 故 $\tilde{f}(\mathbb{Q}) \subset K$.

(2) 若 $n = 0$ 或者 $a = 0$, 则显然有 $na = 0$. 下面设 $na = 0$, $n \neq 0$. 由于 $\mathrm{char}\, F = 0$, $n \cdot 1_F \neq 0$, 故 $n \cdot 1_F$ 是 F 的乘法可逆元. 由于 $na = (n \cdot 1_F) \cdot a$, 故 $a = (n \cdot 1_F)^{-1} \cdot (na) = 0$.   □

命题 6.3　如果 $\mathrm{Ker}\, f = m\mathbb{Z}$ ($m \geqslant 1$), 则 m 一定是一个素数.

证明　用反证法. 假设 $m = m_1 m_2$, $1 < m_1, m_2 < m$ 是正整数, 则 $m_1, m_2 \notin m\mathbb{Z}$, 且

$$0 = f(m) = f(m_1 m_2) = f(m_1) f(m_2).$$

因 F 是域, 故 F 是整区, 所以 $f(m_1) = 0$ 或 $f(m_2) = 0$, 进而 $m_1 \in m\mathbb{Z}$ 或 $m_2 \in \mathbb{Z}$, 矛盾! 故 m 是素数. $\square$

定义   若 $\operatorname{Ker} f = p\mathbb{Z}$, p 是素数, 则称域 F 的特征是 p, 记为 $\operatorname{char} F = p$.

类比特征零的情况, 我们有

命题 6.4   设域 F 的特征为 p, p 是素数, 则

(1) F 有一个最小的子域同构于 $\mathbb{Z}/p\mathbb{Z}$;

(2) 设 $n \in \mathbb{Z}$, $a \in F$, 则 $na = 0$ 当且仅当 $p \mid n$ 或者 $a = 0$.

证明   (1) F 的特征为 p, 故 $\operatorname{Ker} f = p\mathbb{Z}$. 由环同态基本定理, $\mathbb{Z}/p\mathbb{Z} \cong \operatorname{Im} f$. $\mathbb{Z}/p\mathbb{Z}$ 是域, 故 $\operatorname{Im} f$ 是 F 的子域. 设 K 是 F 的一个子域, 则 $0, 1_F \in K$, 故对任意非零整数, $n \cdot 1_F \in K$. 由定义, $\operatorname{Im} f \subset K$.

(2) 若 $a = 0$, 则 $na = 0$. 若 $p \mid n$, 设 $n = pm$, 则 $na = m(pa) = m((p \cdot 1_F) \cdot a) = m(0 \cdot a) = 0$. 下面设 $na = 0$, $p \nmid n$. 由带余除法, $n = pq + r$, $q \in \mathbb{Z}$, $0 < r < p$. 故 $r \notin p\mathbb{Z} = \operatorname{Ker} f$, $r \cdot 1_F$ 是 F 的乘法可逆元. 因此, $0 = na = (pq + r)a = ra = (r \cdot 1_F) \cdot a$, $a = (r \cdot 1_F)^{-1} \cdot (ra) = 0$. $\square$

综上所述, 对一个域 F, 其特征或者是零, 或者是一个素数 p. 由命题 6.2 知, 特征零的域一定是无限域; 有限域一定是特征 p 的.

例 2 $\mathbb{Q}, \mathbb{R}, \mathbb{C}, \mathbb{Q}(x)$ 均为特征零的域. 对素数 p, $\mathbb{F}_p = \mathbb{Z}/p\mathbb{Z}$, $\mathbb{F}_p(x)$ 是特征 p 的域. 这里注意 $\mathbb{F}_p(x)$ 是无限域.

下面的定理表明特征 p 与特征零的域的性质会有很大的不同:

定理 6.5   设 F 是域, p 为素数, $\operatorname{char} F = p$, 则对任意 $a, b \in F$ 及正整数 n 有

$$(a + b)^{p^n} = a^{p^n} + b^{p^n}.$$

证明   当 $n = 1$ 时,

$$(a + b)^p = a^p + \sum_{i=1}^{p-1} \binom{p}{i} a^i b^{p-i} + b^p.$$

对 $0 < i < p$,

$$\binom{p}{i} = \frac{p!}{i!(p-i)!} = \frac{p}{i} \cdot \frac{(p-1)!}{(i-1)!(p-i)!} = \frac{p}{i} \cdot \binom{p-1}{i},$$

故 $i \cdot \binom{p}{i} = p \cdot \binom{p-1}{i}$. 由 $0 < i < p$ 且 p 为素数, $p \mid \binom{p}{i}$, 故

$$\binom{p}{i} \cdot a^i b^{p-i} = \left(\binom{p}{i} \cdot 1 \right) a^i b^{p-i} = 0,$$

所以 $(a+b)^p = a^p + b^p$.

假设定理对 $n-1$ 成立, 则

$$(a+b)^{p^n} = \left((a+b)^{p^{n-1}}\right)^p = \left(a^{p^{n-1}} + b^{p^{n-1}}\right)^p = \left(a^{p^{n-1}}\right)^p + \left(b^{p^{n-1}}\right)^p = a^{p^n} + b^{p^n}.$$

$\square$

推论 6.6 设 F 是域, $\operatorname{char} F = p$ (p 为素数), $F[x]$ 是 F 上的一元多项式环. 对任意 $f(x), g(x) \in F[x]$ 及正整数 n, 都有

$$(f(x) + g(x))^{p^n} = (f(x))^{p^n} + (g(x))^{p^n}.$$

证明 与定理 6.5 的证明相同. $\square$

例 3 我们给出第一章引理 8.1 的另一个证明. 设 $n = p^r s$, 其中 p 是素数, $r > 0$, $s > 1$, $p \nmid s$, 则 $\binom{n}{p^r} \equiv s \pmod{p}$.

记 $\mathbb{F}_p = \mathbb{Z}/p\mathbb{Z}$, 考虑系数模 p 映射 $\alpha: \mathbb{Z}[x] \to \mathbb{F}_p[x]$: 对 $f(x) = a_n x^n + \cdots + a_1 x + a_0 \in \mathbb{Z}[x]$, 定义

$$\alpha(f(x)) = \overline{a_n} x^n + \cdots + \overline{a_1} x + \overline{a_0},$$

这里 $\overline{a_i}$ 表示模 p 的剩余类 $a_i + p\mathbb{Z}$, $0 \leqslant i \leqslant n$. 由命题 5.4, α 是环同态. 考虑整系数多项式 $f(x) = (1+x)^n = \sum_{i=0}^{n} \binom{n}{i} x^i$, 记 $\bar{f}(x) = \alpha(f(x))$. 由 α 是环同态与推论 6.6,

$$\bar{f}(x) = \sum_{i=0}^{n} \overline{\binom{n}{i}} x^i = (\bar{1} + x)^n = ((\bar{1} + x)^{p^r})^s = (\bar{1} + x^{p^r})^s = \sum_{j=0}^{s} \overline{\binom{s}{j}} (x^{p^r})^j.$$

比较 x^{p^r} 的系数, 我们有 $\binom{n}{p^r} \equiv s \pmod{p}$.

欧几里得整区

定义 设 R 是整区, 若存在一个函数 $\varphi: R \setminus \{0\} \to \mathbb{Z}_{\geqslant 0}$ 满足下列条件: 对任意 $a, b \in R$, $b \neq 0$, 存在 $q, r \in R$ 使得 $a = bq + r$ 且 $r = 0$ 或 $\varphi(r) < \varphi(b)$, 则称 (R, φ) 是欧几里得整区 (Euclidean domain) 或欧氏整区. 等式中 q 可以称为 a 除以 b 的商, r 可以称为其余数. 若函数 φ 在上下文中是清楚的, 我们将欧氏整区 (R, φ) 简记为 R.

直观地讲, 欧氏整区就是可以做带余除法的环. 下面是人们熟知的几个例子.

例 4 (1) 设 F 是域, 由于非零元素之间都可以做除法, 不存在非零余数. 因此, 如取常值函数 $\varphi: F \setminus \{0\} \to \mathbb{Z}_{\geqslant 0}$ 使得 $\varphi(a) = 1\ (\forall a)$, 则可知 F 是一个欧氏整区.

(2) 定义函数 $\varphi: \mathbb{Z} \setminus \{0\} \to \mathbb{Z}_{\geqslant 0}$, $\varphi(n) = |n|$. 可知 $\mathbb{Z}$ 是欧氏整区.

(3) 设 F 是域, $F[x]$ 为一元多项式环. 定义函数 $\varphi: F[x] \setminus \{0\} \to \mathbb{Z}_{\geqslant 0}$, $\varphi(f) = \deg f, \forall f \in F[x]$. 根据定理 5.5 可知, $F[x]$ 是欧氏整区.

例 5 考虑高斯整数环 $\mathbb{Z}[\mathrm{i}] = \{\, a + b\mathrm{i} \mid a, b \in \mathbb{Z} \,\} \subset \mathbb{C}$. 此时, 在复平面上的范数 $\|z\|^2 = z\bar{z}$ 诱导了一个函数:

$$\varphi: \mathbb{Z}[\mathrm{i}] \to \mathbb{Z}_{\geqslant 0}, \quad \varphi(a + b\mathrm{i}) = \|a + b\mathrm{i}\|^2 = a^2 + b^2, \ \forall a + b\mathrm{i} \in \mathbb{Z}[\mathrm{i}].$$

下面我们验证 $\mathbb{Z}[\mathrm{i}]$ 可以通过 φ 做带余除法, 即对任意非零元 $a + b\mathrm{i}, c + d\mathrm{i} \in \mathbb{Z}[\mathrm{i}]$, 存在 $q \in \mathbb{Z}[\mathrm{i}]$ 使得

$$\varphi(a + b\mathrm{i} - q(c + d\mathrm{i})) < \varphi(c + d\mathrm{i}).$$

注意到复平面上的范数保持乘法, 故 φ 是一个保持乘法的函数, 即 $\varphi(z_1 z_2) = \varphi(z_1)\varphi(z_2)$ 对任意 $z_1, z_2 \in \mathbb{Z}[\mathrm{i}]$ 成立. 通过两边同除 $\varphi(c + d\mathrm{i})$, 我们只需找到 $q \in \mathbb{Z}[\mathrm{i}]$ 使得 $\varphi\left(\dfrac{a + b\mathrm{i}}{c + d\mathrm{i}} - q\right) < 1$ 即可. 记 $\dfrac{a + b\mathrm{i}}{c + d\mathrm{i}} = u + v\mathrm{i}$, 这里 $u, v \in \mathbb{Q}$. 取 $q = m + n\mathrm{i} \in \mathbb{Z}[\mathrm{i}]$ 满足 $|m - u| \leqslant \dfrac{1}{2}, |n - v| \leqslant \dfrac{1}{2}$, 则

$$\varphi\left(\frac{a + b\mathrm{i}}{c + d\mathrm{i}} - q\right) = (m - u)^2 + (n - v)^2 \leqslant \frac{1}{4} + \frac{1}{4} < 1.$$

下面我们计算一个具体的例子. 设 $x = 2 + \mathrm{i}, y = 1 + \mathrm{i}, \dfrac{x}{y} = \dfrac{3}{2} - \dfrac{1}{2}\mathrm{i}$, 由上面的讨论, 我们有带余除法

$$x = 2y - \mathrm{i} = (1 - \mathrm{i})y + \mathrm{i}.$$

这里第一个等式表示商是 2, 余数是 $-\mathrm{i}$; 第二个等式表示商是 $1 - \mathrm{i}$, 余数是 i. 这个例子也说明, 对于一般的欧氏整区, 带余除法的商和余数不一定是唯一的.

欧氏整区具有下列重要性质:

定理 6.7 设 (R, φ) 是欧氏整区, 则 R 的每个理想都是主理想.

证明 设 I 是非零理想, $d = \min\{\varphi(a) \mid a \in I \setminus \{0\}\}$. 根据此构造, 存在非零元素 $b \in I$, 使得 $\varphi(b) = d$. 现证明 $I = (b)$. 由于 $b \in I$, $(b) \subseteq I$. 故只需证 $I \subseteq (b)$. 对于任意元素 $a \in I$, 根据带余除法的性质, 存在 $q \in R$ 使得 $a = qb + r$, 其中 r 为余数, 且满足 $r = 0$ 或 $\varphi(r) < \varphi(b)$. 注意到 $r = qb - a$, 由于 $a, b \in I$, 根据理想的性质, 我们得知 $r \in I$. 由于 $\varphi(b)$ 是集合中的最小值, 我们可以断定 $r = 0$. 从而得 $a = qb$, 即有 $a \in (b)$. $\qquad\square$

主理想整区

定义   设 R 是一个整区, 若 R 的每个理想都是主理想, 则称 R 为主理想整区 (principal ideal domain). 通常简记主理想整区为 PID.

根据定理 6.7, 每个欧氏整区都是主理想整区. 因此主理想整区的性质都对欧氏整区成立. 由例 4 与例 5, 我们知道一个域 F, 整数环 $\mathbb{Z}$, 域 F 上的一元多项式环 $F[x]$, 以及高斯整数环 $\mathbb{Z}[\mathrm{i}]$ 都是主理想整区.

命题 6.8   若 R 是一个主理想整区, 则 R 的所有非零素理想都是极大理想.

证明   设 $P = (a)$ 是 R 的一个非零素理想, $a \in R$, $a \neq 0$. 若 P 不是极大理想, 则存在理想 $M = (b)$ 满足 $M \neq R$, $M \neq P$ 且 $P \subset M$. 由于 $a \in M$, 故存在 $c \in R$ 使得 $a = bc$. 因为 (a) 是素理想, 根据素理想的定义, 必有 $b \in (a)$ 或者 $c \in (a)$. 若 $b \in (a)$, 表明 $P = (a)$ 包含 $(b) = M$, 矛盾! 若 $c \in (a)$, 则存在 $d \in R$ 使得 $c = da$. 由此可得等式

$$a = bc = bda.$$

由于 R 是整区且 $a \neq 0$, 故只能有 $bd = 1$. 此时, b 是一个可逆元, 故 $M = (b) = R$, 仍然矛盾!   □

下面给出一些不是主理想整区 (从而也不是欧氏整区) 的例子.

例 6   (1) 环 $\mathbb{Z}[\sqrt{-5}] = \{\, a + b\sqrt{-5} \mid a, b \in \mathbb{Z} \,\}$ 不是 PID, 因为理想 $(2, 1 + \sqrt{-5})$ 不是主理想.

(2) 整系数多项式环 $\mathbb{Z}[x]$ 不是 PID, 因为理想 $(2, x)$ 不是主理想.

更一般地, 以下命题表明无法通过多项式环构造出更多 PID 的例子.

命题 6.9   若 R 是一个整区, 则 $R[x]$ 是 PID 当且仅当 R 是一个域.

证明   根据定理 5.6, 我们只需证明必要性. 设 $R[x]$ 是 PID. 定义映射 $\beta : R[x] \to R$ 如下: 对 $f(x) = a_n x^n + \cdots + a_1 x + a_0 \in R[x]$, $\beta(f(x)) = a_0$. 由定义我们可以直接验证 β 是满的环同态, 且 $\mathrm{Ker}\,\beta = (x)$. 由环同态基本定理, $R[x]/(x)$ 同构于 R. 由于 R 是整区, 由命题 3.9, 主理想 (x) 是一个素理想. 由命题 6.8 知, (x) 也是一个极大理想. 由命题 3.8, $R[x]/(x)$ 是一个域, 因此 R 也是一个域.   □

习题 2.6

1. 设 R 为整区, F 是域. 记 $i : R \to \mathrm{K}(R)$, $i(a) = \dfrac{a}{1}$ $(\forall a \in R)$ 为自然嵌入, $f : R \to F$ 是单的环同态. 证明存在唯一的环同态 $\bar{f} : \mathrm{K}(R) \to F$ 使得

$\bar{f} \circ i = f$.

2. 设 A 是整区, m, n 是正整数, 且 $\gcd(m,n) = 1$. 设 $x, y \in R$ 满足 $x^m = y^m, x^n = y^n$. 问是否一定有 $x = y$? 说明理由.

3. 设 p 是素数, F 是一个特征为 p 的有限域. 定义映射 $f : F \to F : f(a) = a^p$, $\forall a \in F$. 证明 f 是域同构.

4. 设 R 是含幺交换环, 考虑由整数环 $\mathbb{Z}$ 到 R 的环同态 $f : \mathbb{Z} \to F, f(n) = n \cdot 1$. 如果 $\operatorname{Ker} f = m\mathbb{Z}$, m 是一个非负整数, 则称 m 是 R 的特征.

   (1) 设 R 是整区, 证明 R 的特征是素数或 0;

   (2) 设 R 是含幺交换环, 其特征是一个素数 p. 证明对任意 $a, b \in R$ 及正整数 n 有
   $$(a+b)^{p^n} = a^{p^n} + b^{p^n}.$$

5. 验证 $\mathbb{Z}[\sqrt{2}] = \{ a + b\sqrt{2} \mid a, b \in \mathbb{Z} \}$ 和 $\mathbb{Z}[\sqrt{-2}] = \{ a + b\sqrt{-2} \mid a, b \in \mathbb{Z} \}$ 均为欧氏整区.

6. 设 (R, φ) 是欧氏整区但不是域, 记 R_0 为 R 中非零且不可逆的元素全体, 设 $a \in R_0$ 使得 $\varphi(a) = \min\limits_{b \in R_0} \varphi(b)$. 证明: 商环 $R/(a) = \{ r + (a) \mid r \in R^* \cup \{0\} \}$, 特别地, $R/(a)$ 是域.

7. 设 R 是 PID, S 是含幺环, $f : R \to S$ 是满的环同态, 证明 S 的所有理想都是主理想. S 是否一定是 PID?

8. 给出本节例 6 的详细证明:

   (1) 在环 $\mathbb{Z}[\sqrt{-5}]$ 中, 理想 $(2, 1 + \sqrt{-5})$ 不是主理想;

   (2) 在环 $\mathbb{Z}[x]$ 中, 理想 $(2, x)$ 不是主理想.

9. 设 F 是域. 记
$$F[[x]] = \left\{ \sum_{n=0}^{\infty} a_n x^n \,\middle|\, a_n \in F \right\}$$

   为 F 上形式幂级数全体.

   (1) 对 $f = \sum\limits_{n=0}^{\infty} a_n x^n, g = \sum\limits_{n=0}^{\infty} b_n x^n \in F[[x]]$, 定义 $f + g = \sum\limits_{n=0}^{\infty} (a_n + b_n) x^n$, $fg = \sum\limits_{n=0}^{\infty} \left(\sum\limits_{i=0}^{n} a_i b_{n-i} \right) x^n$. 验证 $F[[x]]$ 在上述加法和乘法下构成一个含幺交换环;

   (2) 求 $F[[x]]$ 的单位全体;

   (3) 求 $F[[x]]$ 的理想全体, 其中哪些是素理想、极大理想? 证明 $F[[x]]$ 是 PID;

(4) 求分式域 $\mathrm{K}(F[[x]])$.

10. 设 $R = \mathbb{Z}\left[\dfrac{1+\sqrt{-19}}{2}\right] = \left\{ a + b\left(\dfrac{1+\sqrt{-19}}{2}\right) \;\middle|\; a, b \in \mathbb{Z} \right\} \subset \mathbb{C}$. 通过以下步骤证明 R 不是欧氏整区.

(1) 假设 R 是欧氏整区, 则存在函数 $\varphi : R \setminus \{0\} \to \mathbb{Z}_{\geqslant 0}$ 满足欧氏整区定义的条件. 记 R_0 为 R 中非零且不可逆的元素全体, 设 $a \in R_0$ 使得 $\varphi(a) = \min\limits_{b \in R_0} \varphi(b)$. 证明 $|R/(a)| \leqslant 3$;

(2) 验证 $f(x) = x^2 - x + 5 \in R[x]$ 在 R 中有根, 但 $\bar{f}(x) \in (R/(a))[x]$ 在 $R/(a)$ 中无根, 导出矛盾;

(3) 验证 $\mathbb{Z}\left[\dfrac{1+\sqrt{-43}}{2}\right], \mathbb{Z}\left[\dfrac{1+\sqrt{-67}}{2}\right], \mathbb{Z}\left[\dfrac{1+\sqrt{-163}}{2}\right]$ 均不是欧氏整区.

注　实际上, R 是一个 PID. 因而 R 提供了一个是 PID 但不是欧氏整区的例子. 读者可参阅 David S. Dummit 与 Richard M. Foote 所著的 *Abstract Algebra* 第 282 页的例子.

2.7 整区上的因式分解

整除性质与不可约元

定义 设 R 是整区, $a, b \in R$.

(1) 设 $a \neq 0$, 若存在 $c \in R$ 使得 $b = ac$, 则称 a 整除 b 或 a 是 b 的因子, 记为 $a \mid b$; 否则称 a 不整除 b, 记为 $a \nmid b$.

(2) 设 a, b 是非零元, 若 $a \mid b$ 且 $b \mid a$, 则称 a 与 b 相伴.

(3) 我们将 2.5 节中定义的不可约多项式的概念推广到整区上. 设 $a \neq 0$, 若 a 不是可逆元, 且 a 的所有非可逆元因子都与 a 相伴, 则称 a 是不可约元. 换言之, 对非零元 $a \notin R^*$, a 是不可约元当且仅当对任何分解式 $a = bc$, 总有 $b \in R^*$ 或 $c \in R^*$.

例 1 (1) 设 $R = \mathbb{Z}$, 则 $a \in \mathbb{Z}$ 是不可约元当且仅当 $a = p$ 或 $-p$, 其中 p 是素数.

(2) 设 R 是整区, $a \in R$ 是不可约元, 则对任意 $u \in R^*$, ua 也是不可约元.

(3) 设 $R = F[x]$, 其中 F 是一个域, 则 R 中每个一次多项式都是不可约元.

(4) $f(x) = 2x + 2 = 2(x + 1)$ 在 $\mathbb{Z}[x]$ 中不是不可约元, 但在 $\mathbb{Q}[x]$ 中是不可约元.

用理想的语言, $a \mid b$ 等价于 $(b) \subset (a)$; $a \in R^*$ 等价于 $(a) = R$; a 与 b 相伴等价于 $(b) = (a)$.

引理 7.1 设 R 是整区, 非零元 $a, b \in R$ 是相伴的当且仅当存在可逆元 $u \in R^*$ 使得 $b = ua$.

证明 首先设 a, b 相伴, 则存在元素 $u, v \in R$, 使得 $a = vb$ 和 $b = ua$. 由此, 我们可推导出 $b = u(vb)$. 进而得到 $(1 - uv)b = 0$. 由于 $b \neq 0$ 以及 R 是整区, 所以有 $1 - uv = 0$. 从而得出 $uv = 1$, $u \in R^*$ 为可逆元. 其次, 设存在可逆元 $u \in R^*$ 使得 $b = ua$, 则 $a = u^{-1}b$, 故 a, b 相伴. □

定义 设 R 是整区, $a_1, a_2, \cdots, a_n \in R$ 不全为 0, $c, d \in R$.

(1) 若对每个 $1 \leqslant i \leqslant n$, 都有 $d \mid a_i$, 则称 d 为 $a_1, a_2, \cdots, a_n$ 的一个公因子. 若 d 满足下列条件:

(a) d 是 $a_1, a_2, \cdots, a_n$ 的公因子;

(b) 对 $a_1, a_2, \cdots, a_n$ 的任一公因子 t, 都有 $t \mid d$,

则称 d 是 $a_1, a_2, \cdots, a_n$ 的一个最大公因子, 记为 $d = \gcd(a_1, a_2, \cdots, a_n)$.

若 d 是可逆元, 则称 $a_1, a_2, \cdots, a_n$ 互素 (coprime).

(2) 若对每个 $1 \leqslant i \leqslant n$, 都有 $a_i \mid c$, 则称 c 为 $a_1, a_2, \cdots, a_n$ 的一个公倍式.

若 c 满足下列条件:

(a) c 是 $a_1, a_2, \cdots, a_n$ 的一个公倍式;

(b) 对 $a_1, a_2, \cdots, a_n$ 的任一公倍式 t, 都有 $c \mid t$,

则称 c 为 $a_1, a_2, \cdots, a_n$ 的最小公倍式, 记为 $c = \mathrm{lcm}(a_1, a_2, \cdots, a_n)$.

根据定义, 容易验证最大公因子的下列性质:

引理 7.2   设 R 是整区, $a_1, a_2, \cdots, a_n \in R$ 不全为 0.

(1) 若 d 是 $a_1, a_2, \cdots, a_n$ 的一个最大公因子, 则对任意 $u \in R^*$, ud 也是 $a_1, a_2, \cdots, a_n$ 的一个最大公因子;

(2) 若 d_1, d_2 是 $a_1, a_2, \cdots, a_n$ 的最大公因子, 则 d_1 与 d_2 相伴;

(3) $\gcd(a_1, a_2, \cdots, a_n) = 1$ 当且仅当 $a_1, a_2, \cdots, a_n$ 的每个公因子都是 R 的可逆元;

(4) 设 d 是 $a_1, a_2, \cdots, a_n$ 的一个最大公因子, 则 $\gcd\left(\dfrac{a_1}{d}, \dfrac{a_2}{d}, \cdots, \dfrac{a_n}{d}\right) = 1$.

命题 7.3   设 R 是主理想整区, $a_1, a_2, \cdots, a_n \in R$ 不全为 0.

(1) $a_1, a_2, \cdots, a_n$ 的最大公因子与最小公倍式都存在;

(2) 设 d 是 $a_1, a_2, \cdots, a_n$ 的最大公因子, 则存在 $r_1, r_2, \cdots, r_n \in R$ 使得 $d = r_1 a_1 + r_2 a_2 + \cdots + r_n a_n$;

(3) $a_1, a_2, \cdots, a_n$ 互素当且仅当存在 $r_1, r_2, \cdots, r_n \in R$ 使得 $r_1 a_1 + r_2 a_2 + \cdots + r_n a_n = 1$.

证明   (1) 设 $I = (a_1, a_2, \cdots, a_n)$ 是由 $a_1, a_2, \cdots, a_n$ 生成的理想. R 是主理想整区, 故 I 是主理想, 即存在 $d \in R$ 使得 $I = (d) = (a_1, a_2, \cdots, a_n)$. 由 I 的定义, 直接验证 d 是 $a_1, a_2, \cdots, a_n$ 的最大公因子. 下面考虑主理想 (a_i) $(1 \leqslant i \leqslant n)$ 的交 $J = (a_1) \cap (a_2) \cap \cdots \cap (a_n)$. R 是主理想整区, 故存在 $c \in R$ 使得 $J = (c)$. 由 J 的定义, 直接验证 c 是 $a_1, a_2, \cdots, a_n$ 的最小公倍式.

(2) 由 (1), $d \in I = (a_1, a_2, \cdots, a_n) = \left\{ \sum\limits_{i=1}^{n} t_i a_i \,\middle|\, t_i \in R, 1 \leqslant i \leqslant n \right\}$, 故结论成立.

(3) 由定义, $a_1, a_2, \cdots, a_n$ 互素等价于 $\gcd(a_1, a_2, \cdots, a_n) = 1$. 由 (1), (2) 的证明, 命题成立. $\square$

我们注意到命题 7.3 有关最大公因子的证明是存在性的. 对欧氏整区, 例如整数环 $\mathbb{Z}$、域上的一元多项式环、高斯整数环等, 我们通常可用辗转相除的算法来计算最大公因子.

例 2 (辗转相除法)   设 (R, φ) 是欧氏整区, $a, b \in R \setminus \{0\}$, 不妨设 $\varphi(b) \leqslant \varphi(a)$. 由定义, 存在 $q, r_1 \in R$ 使得 $a = qb + r_1$, $r_1 = 0$ 或 $\varphi(r_1) < \varphi(b)$. 注意到此时由 a, b 生成的理想 (a, b) 等于由 b, r_1 生成的理想 (b, r_1), 由命题 7.3 的证明, $\gcd(a, b)$ 与 $\gcd(b, r_1)$ 相伴. 若 $r_1 = 0$, 则 $b \mid a$, $b = \gcd(a, b)$. 否则, 记 $r_0 = b$, 则存在 $q_1, r_2 \in R$ 使得 $b = r_0 = q_1 r_1 + r_2$, $r_2 = 0$ 或 $\varphi(r_2) < \varphi(r_1)$. 重复之前的论证, $\gcd(r_0, r_1)$ 与 $\gcd(r_1, r_2)$ 相伴. 由于每进行一次上面的操作, $\varphi(r_i)$ 的值是严格减小的, 经过有限步后, 我们有 $r_{n+1} = 0$, 即 $r_n \mid r_{n-1}$, $r_n = \gcd(a, b)$.

唯一分解整区

定义   设 R 是整区, 如果它满足下列条件:

(1) 对任意非零不可逆元 $a \in R$, 存在 R 中有限多个不可约元 $p_1, p_2, \cdots, p_n$, 使得

$$a = p_1 p_2 \cdots p_n;$$

(2) 若存在另一个分解 $a = q_1 q_2 \cdots q_m$, 这里 q_j 均为不可约元, 则有 $n = m$ 且存在一个置换 $\sigma \in S_n$, 使得对每个 $i = 1, 2, \cdots, n$, p_i 与 $q_{\sigma(i)}$ 相伴,

那么称 R 是唯一分解整区 (unique factorization domain), 简记为 UFD.

在 UFD 上, 我们有下列性质:

命题 7.4   设 R 是 UFD, $a, b, c \in R \setminus \{0\}$.

(1) $\gcd(a, b)$ 和 $\mathrm{lcm}(a, b)$ 都存在.

(2) 若 $\gcd(a, b) = 1$ 且 $a \mid bc$, 则 $a \mid c$.

(3) 设 a 是不可约元, 若 $a \mid bc$, 则 $a \mid b$ 或者 $a \mid c$.

(4) a 是不可约元当且仅当主理想 (a) 是素理想.

证明   (1) 若 a 是可逆元, 由于可逆元的因子还是可逆元, $\gcd(a, b) = 1$. 由于可逆元整除每个元素, $\mathrm{lcm}(a, b) = b$; 若 b 是可逆元, 同理有 $\gcd(a, b) = 1$, $\mathrm{lcm}(a, b) = a$. 下面考虑 a, b 都不是可逆元的情况. 根据 UFD 的定义, 存在不可约分解

$$a = u \prod_{i=1}^{n} p_i^{n_i}, \quad b = v \prod_{i=1}^{n} p_i^{m_i},$$

这里 $u, v \in R^*$, $n_i, m_i \in \mathbb{Z}_{\geqslant 0}$ (可以为 0), $p_1, p_2, \cdots, p_n$ 为两两不相伴的不可约元.

令 $k_i = \min\{n_i, m_i\}$, $\ell_i = \max\{n_i, m_i\}$, 并记 $d = \prod_{i=1}^{n} p_i^{k_i}$, $c = \prod_{i=1}^{n} p_i^{\ell_i}$, 则直接验证可知, $d = \gcd(a, b)$ 且 $c = \mathrm{lcm}(a, b)$.

(2) 根据唯一分解定义, 可设 $a = \prod_{i=1}^{n} p_i$ 为不可约元的乘积. 由于 $a \mid bc$, 因此 $p_i \mid bc$ 是 bc 的不可约因子. 又因为 $\gcd(a, b) = 1$, 故 p_i 均不是 b 的不可约因子. 通过 bc 的不可约分解可得 $\prod_{i=1}^{n} p_i \mid c$.

(3) 如果 b, c 中有一个是可逆元, 则命题成立. 设 $b = \prod_{i=1}^{m} p_i$, $c = \prod_{j=1}^{n} q_j$, 这里每个 p_i, q_j 都是不可约元. 由于 $a \mid bc$, 存在 $d \in R$ 使得 $bc = ad$. 由不可约分解的唯一性, 我们有 a 或者与某个 p_i 相伴, 或者与某个 q_j 相伴. 因此, $a \mid b$ 或者 $a \mid c$.

(4) 设 a 是不可约元, 若 $bc \in (a)$, 则 $a \mid bc$. 根据 (3) 可知, $a \mid b$ 或 $a \mid c$, 即 $b \in (a)$ 或 $c \in (a)$, 故 (a) 是素理想. 反之, 若 (a) 是素理想, 我们可令 $a = \prod_{i=1}^{m} p_i$ 为 a 的不可约分解. 若 $m > 1$, 我们有 $p_1\left(\prod_{i=2}^{m} p_i\right) \in (a)$ 但 $p_1 \notin (a)$, $\prod_{i=2}^{m} p_i \notin (a)$, 矛盾! 因此 $a = p_1$ 是不可约元. $\square$

注   命题 7.3 的 (2), (3) 对唯一分解整区不一定成立. 例如, 本节我们将会证明 $\mathbb{Z}[x]$ 是 UFD, 由上一节例 5 知, $\mathbb{Z}[x]$ 不是 PID. 读者可以验证在 $\mathbb{Z}[x]$ 中, 2 与 x 互素, 但不存在 $g(x), h(x) \in \mathbb{Z}[x]$ 使得 $2g(x) + xh(x) = 1$.

PID 必为 UFD

我们将证明所有的主理想整区都是 UFD, 为此需要做如下准备:

命题 7.5   设 R 是一个主理想整区, $p \in R$ 是不可约元当且仅当主理想 (p) 是极大理想. 若 p 是不可约元且 $p \mid ab$, 则 $p \mid a$ 或者 $p \mid b$.

证明   设 p 为不可约元, 则 $p \neq 0$, $p \notin R^*$, $(p) \neq R$. 设 $M = (m)$ 为包含 (p) 的一个理想, 则有 $p \in (m)$, 即 $m \mid p$. 由于 p 是不可约元, 我们有或者 $m \in R^*$, 或者 m 与 p 相伴. 因此, 或者 $M = R$, 或者 $M = (p)$. 这就证明了主理想 (p) 是一个极大理想.

反之, 设主理想 (p) 是极大理想. 对于 p 的任何非可逆元因子 a, 我们有 $(p) \subseteq (a)$. 由于 (p) 为极大理想, 则 $(a) = (p)$, 即 a 与 p 相伴. 因此 p 为不可约元.

设 p 是不可约元且 $p \mid ab$, $p \nmid a$, 则 p 与 a 互素. 由命题 7.3, 存在 $r_1, r_2 \in R$ 使得 $1 = r_1 p + r_2 a$. 因此 $b = 1 \cdot b = r_1 pb + r_2 ab$, 故 $p \mid b$. $\square$

定理 7.6   若 R 是主理想整区, 则 R 是唯一分解整区.

证明   (1) **分解的存在性**. 令

$$X = \left\{ a \in R \setminus \{0\} \mid a \text{ 不可逆且不能表示为有限多个不可约元的乘积} \right\}.$$

下证 X 是空集. 若 X 非空, 则存在 $a_1 \in X$, 即 a_1 不可逆且不能表示为有限多个不可约元的乘积. 特别地, a_1 不是不可约元. 因此 $a_1 = xy$, 其中 x 和 y 均为不可逆元. 如果 $x \notin X, y \notin X$, 由集合 X 的定义, $a_1 = xy \notin X$, 这与 $a_1 \in X$ 矛盾. 因此, x, y 中至少有一个也是 X 中的元素, 记作 a_2, 则有 $a_2 \in X$ 且 $(a_1) \subsetneqq (a_2)$. 重复上述步骤, (由选择公理) 我们可得到一个严格递增的理想序列

$$(a_1) \subsetneqq (a_2) \subsetneqq (a_3) \subsetneqq \cdots \subsetneqq (a_n) \subsetneqq \cdots,$$

其中每个 $a_i \in X$. 考虑由所有 (a_i) 组成的并集 $I = \bigcup_{i=1}^{\infty} (a_i)$, 容易验证 I 是 R 的理想. 由于 R 是主理想整区, 故存在某个元素 $b \in I$, 使得 $I = (b)$. 根据 I 的定义, 存在正整数 N, 使得 $b \in (a_N)$. 因此, $I = (b) = (a_N) = (a_{N+1}) = \cdots$, 即对任意的 $m \geqslant N$, 都有 $(a_m) = (b) = I$, 这与之前得到的严格递增理想序列相矛盾. 因此 $X = \varnothing$.

(2) **分解的唯一性**. 设 $a = p_1 p_2 \cdots p_r$, 其中 p_i 为不可约元. 若存在另一个不可约分解 $a = q_1 q_2 \cdots q_s$ (其中 q_j 均不可约), 我们要证明 $r = s$ 且 q_j 在相差一个 S_r 的置换的情形下与 p_i 相伴. 对 r 作归纳. 若 $r = 1$, 则 $a = p_1$ 为不可约元. 假设 $s \geqslant 2$, $a = p_1 = q_1 q_2 \cdots q_s$. 由于 p_1 是不可约元, 我们有或者 $q_1 \in R^*$ 或者 $q_2 \cdots q_s \in R^*$, 但这与每个 $q_j \notin R^*$ 矛盾. 因此 $s = 1$, $a = p_1 = q_1$, 命题成立.

现假设对 $r < n$ 的情形命题成立. 设 $a = p_1 p_2 \cdots p_n = q_1 q_2 \cdots q_s$. 首先, 由于 $p_1 \mid q_1 q_2 \cdots q_s$, 根据命题 7.5, 我们有 p_1 整除某个 q_j, 不妨设 $p_1 \mid q_1$. 这意味着存在 $v_1 \in R$ 使得 $q_1 = p_1 v_1$. 其次, 由于 p_1 与 q_1 都是不可约元, 故 $v_1 \in R^*$, 从而 p_1 与 q_1 相伴. 为简化讨论, 我们可以假设 $v_1 = 1$(或令 q_2 等于 $v_1 q_2$), 则有

$$a = p_1 p_2 \cdots p_n = p_1 q_2 \cdots q_s.$$

由整区的乘法消去律可得 $p_2 p_3 \cdots p_n = q_2 q_3 \cdots q_s$. 根据归纳假设, 我们有 $n - 1 = s - 1$, 即 $n = s$, 并且存在一个双射 $\sigma : \{2, 3, \cdots, n\} \to \{2, 3, \cdots, n\}$, 使得对于任意 $2 \leqslant i \leqslant n$, 都有 p_i 与 $q_{\sigma(i)}$ 相伴. 命题得证. $\square$

UFD 上的多项式环

给定唯一分解整区 R, 记 $F = \mathrm{K}(R)$ 为 R 的分式域, 我们有如下自然的嵌入:

$$R \hookrightarrow R[x] \hookrightarrow F[x].$$

定义　设 R 是 UFD, $f(x) = a_n x^n + \cdots + a_1 x + a_0 \in R[x]$ 为非零多项式. 若 $a_n, a_{n-1}, \cdots, a_0$ 互素, 则称 $f(x)$ 是一个本原 (primitive) 多项式.

例 3　(1) 首一多项式自然是本原的.

(2) 对于任意 $0 \neq f(x) = a_n x^n + \cdots + a_1 x + a_0 \in R[x]$, 记 $d = \gcd(a_n, \cdots, a_0) \in R$,

$$\tilde{f}(x) = \frac{a_n}{d} x^n + \cdots + \frac{a_1}{d} x + \frac{a_0}{d} \in R[x],$$

由定义可知, $\tilde{f}(x)$ 是本原的. 而且我们有 $f(x) = d\tilde{f}(x)$.

命题 7.7　(高斯引理) 设 R 是一个 UFD, 其分式域为 F, 令 $f(x) \in R[x]$.

(1) 若存在 $A(x), B(x) \in F[x]$ 使得 $f(x) = A(x)B(x)$, 那么存在非零元素 $r, s \in F$ 使得 $rA(x), sB(x) \in R[x]$ 且 $rs = 1$. 特别地, $f(x)$ 在 $R[x]$ 中可分解成两个多项式 $rA(x), sB(x)$ 的乘积.

(2) 若 $f(x)$ 是本原多项式, 则 $f(x)$ 在 $R[x]$ 中不可约当且仅当 $f(x)$ 在 $F[x]$ 中不可约.

证明　(1) 考虑多项式 $A(x)$ 和 $B(x)$ 系数的公共分母, 我们可以找到 $r', s' \in R$ 使得 $a'(x) = r'A(x)$ 和 $b'(x) = s'B(x)$ 都是 $R[x]$ 的元素. 如果乘积 $d = r's'$ 是 R 的可逆元, 取 $r = r'$, $s = s'd^{-1}$ 则命题成立. 若 d 不是一个单位, 我们可将 d 写成 R 中不可约元的积, 即 $d = p_1 p_2 \cdots p_n$, 其中 p_i 是 R 中的不可约元. 由于 p_1 在 R 中是不可约的, 根据命题 7.4, 主理想 $(p_1) = p_1 R$ 是 R 的素理想. 由命题 3.9, 商环 $R/p_1 R$ 是整区, 其上的多项式环 $(R/p_1 R)[x]$ 亦是整区. 由于

$$df(x) = a'(x)b'(x),$$

故 $\overline{a'(x)b'(x)}$ 在 $(R/p_1 R)[x]$ 为 $\bar{0}$, 其中上划线表示这些多项式在商环中的像. 由于 $(R/p_1 R)[x]$ 是整区, $\overline{a'(x)}$ 或 $\overline{b'(x)}$ 必须为 $\bar{0}$. 这意味着 $a'(x)$ 或 $b'(x)$ 的所有系数都被 p_1 整除. 因此在等式 $df(x) = a'(x)b'(x)$ 中我们可以消去因子 p_1 但仍然能保持这个分解式. 此时, 等式左侧的 d 已减少一个不可约因子. 因此, 通过对 d 的不可约因子个数做归纳, 我们最终可以假设 d 在 R 中可逆.

(2) 根据 (1), 若 $f(x)$ 在 $R[x]$ 中不可约, 则其在 $F[x]$ 中也不可约. 反之, 假设 $f(x)$ 在 $F[x]$ 中不可约. 若有多项式 $a(x), b(x) \in R[x]$ 使得 $f(x) = a(x)b(x)$, 由 $f(x)$(在 $F[x]$ 中) 的不可约性, $a(x)$ 或 $b(x)$ 为 $F[x]$ 中的可逆元. 由于 $F[x]$ 中的可逆元都是非零常值多项式, 因此有 $a(x) \in R$ 或 $b(x) \in R$. 不妨设 $0 \neq d = a(x) \in R$, 则 d 整除 $f(x)$ 的系数. 由于 $f(x)$ 是本原多项式, 故 $d \in R^* = (R[x])^*$. 此即证明了 $f(x)$ 在 $R[x]$ 中也不可约. □

定理 7.8 设 R 为一个整区, 则 R 是 UFD 当且仅当 $R[x]$ 是 UFD.

证明 充分性是显然的, 我们只需证明必要性. 假设 R 是 UFD, 我们证明 $R[x]$ 也是 UFD.

因式分解的**存在性**. 对于任意 $0 \neq f(x) \in R[x]$, 令 $d \in R$ 为 $f(x)$ 所有系数的最大公因子, 则 $g(x) = \dfrac{1}{d}f(x)$ 为 $R[x]$ 中的本原多项式. 由于 $F[x]$ 为 PID, 进而也是 UFD, 故存在 $F[x]$ 中的不可约多项式 $P_i(x) \in F[x]$ 使得

$$g(x) = \prod_{i=1}^{m} P_i(x).$$

由命题 7.7 (1), 存在 $r_i \in F$ 使得 $p_i(x) = r_i P_i(x) \in R[x]$ 且 $g(x) = \prod_{i=1}^{m} p_i(x)$. 由于 $g(x)$ 为本原多项式, 因此 $p_i(x)$ 也为本原多项式. 由命题 7.7 (2), $p_i(x)$ 为 $R[x]$ 中的不可约多项式. 由此可得 $f(x)$ 的不可约因式分解

$$f(x) = d \prod_{i=1}^{m} p_i(x) = \prod_{j=1}^{\ell} q_j \prod_{i=1}^{m} p_i(x),$$

这里 $d = \prod_{j=1}^{\ell} q_j$ 为 d 在 R 中的一个不可约分解.

因式分解的**唯一性**. 若 $f(x) \in R$ 是一个零次多项式, 则其因式分解的唯一性直接由 R 是 UFD 得到. 若 $f(x)$ 的次数大于 0, 不妨假设 $f(x)$ 为本原多项式 (否则可以除去其系数的最大公因子). 若 $f(x)$ 在 $R[x]$ 中有两个不可约分解

$$f(x) = \prod_{i=1}^{m} a_i(x) = \prod_{j=1}^{n} b_j(x),$$

则本原多项式 $a_i(x)$ 和 $b_j(x)$ 均非常值多项式, 从而在 $F[x]$ 亦为不可约元. 由 $F[x]$ 作为 UFD 的唯一性可知 $n = m$, 且 $a_i(x)$ 与 $b_i(x)$ 在 $F[x]$ 中相伴 (可相差一个 S_n 的置换). 这表明存在 $F[x]$ 中的可逆元 r_i 使得 $a_i(x) = r_i b_i(x)$. 由于 $F[x]$ 中可逆元的全体为 $F \setminus \{0\}$, 因此我们可以将 r_i 写成 $r_i = \dfrac{s_i}{t_i}$, 这里 $s_i, t_i \in R$ 且 $\gcd(s_i, t_i) = 1$. 在此情形下, 我们有等式 $t_i a_i(x) = s_i b_i(x)$. 由于 $\gcd(t_i, s_i) = 1$, 因此 t_i 可以整除 $b_i(x)$ 的所有系数. 但由于 $b_i(x)$ 为本原多项式, 故 t_i 只能为 R 中的可逆元. 同理可知 s_i 为 R 中可逆元. 由此推出 $r_i = \dfrac{s_i}{t_i}$ 为 R 中可逆元, 即 $a_i(x)$ 与 $b_i(x)$ 在 $R[x]$ 中也相伴.

综上可知, $R[x]$ 是唯一分解整区. □

推论 7.9 设 n 是正整数, R 是 UFD, 则 R 上的 n 元多项式环 $R[x_1, x_2, \cdots, x_n]$ 也是 UFD.

证明　对 n 使用归纳法即可.　　　　　　　　　　　　　　　□

例 4　(1) $\mathbb{Z}[x_1, x_2, \cdots, x_n]$ 是唯一分解整区.

(2) 设 F 为域, 则 $F[x_1, x_2, \cdots, x_n]$ 是唯一分解整区.

习题 2.7

1. 证明引理 7.2.

2. 在高斯整数环 $\mathbb{Z}[\mathrm{i}]$ 中, 求出所有的 $a \in \mathbb{Z}[\mathrm{i}]$ 使得 $(a) = (31 - 21\mathrm{i}, -5 + 9\mathrm{i})$.

3. 考虑复数域的子环 $\mathbb{Z}[\sqrt{-3}] = \{\, a + b\sqrt{-3} \mid a, b \in \mathbb{Z} \,\}$. 设 $x = a + b\sqrt{-3} \in \mathbb{Z}[\sqrt{-3}]$, 记 $N(x) = a^2 + 3b^2$.

　(1) 证明: 乘法群 $\mathbb{Z}[\sqrt{-3}]^* = \{\, x \in \mathbb{Z}[\sqrt{-3}] \mid N(x) = 1 \,\} = \{1, -1\}$;

　(2) 证明: $2, 1 + \sqrt{-3}, 1 - \sqrt{-3}$ 是 $\mathbb{Z}[\sqrt{-3}]$ 的两两不相伴的不可约元;

　(3) 证明: $\mathbb{Z}[\sqrt{-3}]$ 不是 UFD;

　(4) 设 $x = 4, y = 2(1 + \sqrt{-3})$, 证明 x, y 在 $\mathbb{Z}[\sqrt{-3}]$ 中没有最大公因子;

　(5) 设 $I = (2, 1 + \sqrt{-3})$, 证明 I 不是 $\mathbb{Z}[\sqrt{-3}]$ 的主理想.

4. 设 n 是一个无平方因子的正整数且 $n > 3$. 证明环 $\mathbb{Z}[\sqrt{-n}]$ 不是 UFD.

5. 设 R 是整区, $a, b \in R$ 是非零元.

　(1) 设 $d \in R$ 是 a, b 的一个最大公因子, $c \in R$ 是 a, b 的一个最小公倍式. 证明 ab 与 cd 相伴;

　(2) 如果 $\mathrm{lcm}(a, b)$ 存在, 证明 $\gcd(a, b)$ 也存在.

6. 设 $R = \mathbb{Z}[\sqrt{-5}] = \{\, a + b\sqrt{-5} \mid a, b \in \mathbb{Z} \,\}$, $x = 2, y = 1 + \sqrt{-5}$. 证明: 在 R 中, $\gcd(x, y)$ 存在, 但 $\mathrm{lcm}(x, y)$ 不存在.

7. (Eisenstein 判别法) 设 R 是 UFD, F 是 R 的分式域, $f(x) \in R[x]$ 是本原多项式, p 是 R 的一个不可约元. 记 $f(x) = a_n x^n + \cdots + a_1 x + a_0$, 若 $p \nmid a_n$, $p \mid a_i, 0 \leqslant i \leqslant n - 1, p^2 \nmid a_0$, 证明 $f(x)$ 是 $F[x]$ 中的不可约多项式.

8. 求解下列各题:

　(1) 设 A 是 UFD, $a_1, a_2, \cdots, a_n, b \in A \setminus \{0\}$, 若 $a_i \mid b, 1 \leqslant i \leqslant n$, 且 $\gcd(a_i, a_j) = 1, 1 \leqslant i \neq j \leqslant n$, 证明 $(a_1 a_2 \cdots a_n) \mid b$;

　(2) 设 F 是一个域, $0 \neq f(x) \in F[x]$, 设 $a_1, a_2, \cdots, a_m \in F$ 是 $f(x)$ 在 F 上的不同的零点, 设零点 a_i 的重数是 $n_i, 1 \leqslant i \leqslant m$, 则 $f(x)$ 在 $F[x]$ 中有分解

$$f(x) = (x - a_1)^{n_1} (x - a_2)^{n_2} \cdots (x - a_m)^{n_m} g(x),$$

这里 $g(x) \in F[x]$ 且 $g(a_i) \neq 0$, $1 \leqslant i \leqslant m$. 特别地, $n_1 + n_2 + \cdots + n_m \leqslant \deg f$.

9. 判断以下陈述是否成立, 给出证明或举出反例.

   (1) 如果 I 是 $\mathbb{Q}[X]$ 中的一个非零素理想, 那么 $\mathbb{Q}[X]/I$ 是唯一分解整环;

   (2) 如果 I 是 $\mathbb{Z}[X]$ 中的一个非零素理想, 那么 $\mathbb{Z}[X]/I$ 是唯一分解整环.

10. 若 R 是一个 UFD, 证明 R 是 PID 当且仅当对 R 中任意两个主理想 (a), (b), 其和 $(a) + (b)$ 也是主理想.

11. 设 R 是 PID, I 是 R 的非零理想. 证明 R/I 仅有有限多个理想.

12. 设 R 是整区, $p \in R \setminus \{0\}$. 若由 p 生成的主理想 (p) 是素理想, 则称 p 是一个素元.

    (1) 证明: p 是一个素元当且仅当对 $a, b \in R$, 若 $p \mid ab$, 则有 $p \mid a$ 或 $p \mid b$;

    (2) 证明: 素元一定是不可约元;

    (3) 问不可约元是否一定是素元? 说明理由.

13. 设 F 是域, $f(x, y, z) = xz - y^2 \in F[x, y, z]$, I 是由 f 生成的主理想.

    (1) 证明商环 $F[x, y, z]/I$ 是整区;

    (2) $F[x, y, z]/I$ 是否是 UFD? 说明理由.

*14. $I \subset \mathbb{Z}[x]$ 是一个素理想, 证明 I 的生成元至多只有两个. 进一步找出所有 $\mathbb{Z}[x]$ 的素理想.

*15. 找出高斯整数环 $\mathbb{Z}[\mathrm{i}]$ 的所有素理想, 并给出证明.

2.8　模

模与子模的定义

定义　设 R 是含幺环, $(M, +)$ 是一个 Abel 群, 若存在映射 $R \times M \to M$ $((r, m) \mapsto r \cdot m)$ 满足下列条件: 对于任意 $r, r_1, r_2 \in R$, $m, m_1, m_2 \in M$, 有

(1) $r \cdot (m_1 + m_2) = r \cdot m_1 + r \cdot m_2$;

(2) $(r_1 + r_2) \cdot m = r_1 \cdot m + r_2 \cdot m$;

(3) $(r_1 \cdot r_2) \cdot m = r_1 \cdot (r_2 \cdot m)$;

(4) $1 \cdot m = m$,

则称 M 是一个左 R-模 (module).

由定义, 我们可以验证对任意 $m \in M$ 及 $r \in R$, 有 $0 \cdot m = 0$ 和 $r \cdot 0 = 0$. 类似地, 我们也可以定义右 R-模及左右 R-双模. 除非特别指出, 本书中, 我们总是将左 R-模简称为 R-模.

例 1　(1) 如果 R 是含幺环, 那么由 R 上的乘法, R 自然地成为左 R-模、右 R-模、左右 R-双模.

(2) 每个 Abel 群 M 上都有唯一的一个 $\mathbb{Z}$-模结构. 首先, 设 M 是一个 $\mathbb{Z}$-模, 对任意 $x \in M$, $1 \cdot x = x$, 则对任意正整数 n, $n \cdot x = \underbrace{(1 + 1 + \cdots + 1)}_{n\,\text{个}} \cdot x = \underbrace{x + x + \cdots + x}_{n\,\text{个}}$. 由 $0 = 0 \cdot x = (1 + (-1)) \cdot x$, 可得 $(-1) \cdot x = -x$. 因此, 对于任意正整数 n, $(-n) \cdot x = \underbrace{((-1) + (-1) + \cdots + (-1))}_{n\,\text{个}} \cdot x = \underbrace{(-x) + (-x) + \cdots + (-x)}_{n\,\text{个}}$, 故对任意 $n \in \mathbb{Z}$, $x \in M$ 有

$$
n \cdot x = \begin{cases} \underbrace{x + x + \cdots + x}_{n\,\text{个}}, & n > 0, \\[2mm] 0, & n = 0, \\[2mm] \underbrace{(-x) + (-x) + \cdots + (-x)}_{-n\,\text{个}}, & n < 0. \end{cases}
$$

另一方面, 设 M 是一个 Abel 群 (加法群), 用上式定义映射 $\mathbb{Z} \times M \to M$ $((n, x) \mapsto n \cdot x)$, 则可以验证 M 是一个 $\mathbb{Z}$-模.

例 2　设 D 是一个可除环, 一个 D-模也称为一个 D-向量空间 (vector space). 设 M 是一个 D-模, $\lambda \in D$, $x \in M$, 若 $\lambda \cdot x = 0$, 则有 $\lambda = 0$ 或 $x = 0$. 事实上, 若 $\lambda \neq 0$, 由于 D 是可除环, λ 有乘法逆元 λ^{-1}, 所以 $x = \lambda^{-1} \cdot (\lambda \cdot x) = \lambda^{-1} \cdot 0 = 0$. 当 $D = k$ 是一个域时, 我们将专门讨论 k-向量空间的性质.

定义　设 M 是一个 R-模, $N \subset M$ 是一个非空子集, 若

(1) N 是 M 的加法子群;

(2) 对任意 $r \in R$ 和 $y \in N$, 都有 $r \cdot y \in N$,

则称 N 是 M 的一个子模 (submodule).

例 3　设 R 是含幺环.

(1) 若 M 是 R-模, 则 $\{0\}$ 和 M 是 M 的子模, 称为平凡子模.

(2) 若将 R 看作 R-模, 则子模相当于左理想.

(3) 设 M 是 Abel 群, 作为 $\mathbb{Z}$-模, M 的子模相当于子群.

设 N 是 M 的一个 R-子模, 考虑其加法商群 $M/N = \{x + N \mid x \in M\}$. 定义映射 $f : R \times M/N \to M/N$ 如下:

$$(r, x + N) \mapsto r \cdot (x + N) = r \cdot x + N, \ \forall r \in R, \ x + N \in M/N.$$

首先 f 与陪集代表元选取无关. 事实上, 设 $x + N = \tilde{x} + N$, 则存在 $u \in N$ 使得 $\tilde{x} = x + u$, 于是 $r \cdot \tilde{x} = r \cdot x + r \cdot u$, $r \cdot \tilde{x} - r \cdot x = r \cdot u$. 因为 N 是子模, 所以 $r \cdot u \in N$. 因而, $r \cdot x + N = r \cdot \tilde{x} + N$.

我们可以验证映射 f 满足 R-模定义中的条件, 故 M/N 在上述意义下构成一个 R-模, 称为 M 关于 N 的商模.

模同态

定义　设 M_1, M_2 都是 R-模, 若映射 $f : M_1 \to M_2$ 满足下列条件:

(1) f 是加法群同态, 即对任意 $x, y \in M$, $f(x + y) = f(x) + f(y)$;

(2) 对任意 $r \in R$, $x \in M$, 都有 $f(r \cdot x) = r \cdot f(x)$,

则称 f 是一个 R-模同态. 若 f 既是 R-模同态, 又是一个双射, 则称 f 是 R-模同构, 记为 $M_1 \stackrel{f}{\cong} M_2$.

例 4　设 M 是一个 R-模, N 是 M 的子模, 则包含映射 $i : N \hookrightarrow M$ 是单的 R-模同态, 商映射 $j : M \to M/N$, $j(x) = x + N, \forall x \in M$ 是满的 R-模同态. 恒等映射 $\mathrm{id}_M : M \to M$ 是 R-模同构.

定义　设 $f: M_1 \to M_2$ 是 R-模同态, 定义 f 的核 $\operatorname{Ker} f = \{\, a \in M_1 \mid f(a) = 0 \,\}$; f 的像 $\operatorname{Im} f = \{\, f(a) \mid a \in M_1 \,\}$.

命题 8.1　设 $f: M_1 \to M_2$ 是 R-模同态, 则

(1) $\operatorname{Ker} f$ 是 M_1 的子模;

(2) $\operatorname{Im} f$ 是 M_2 的子模;

(3) f 是单同态当且仅当 $\operatorname{Ker} f = \{0\}$;

(4) f 是满同态当且仅当 $\operatorname{Im} f = M_2$.

证明　由定义直接验证即可.　□

定理 8.2　(模同态基本定理)　设 $f: M \to T$ 是 R-模同态, 则 f 诱导出 R-模同构 $\tilde{f}: M/\operatorname{Ker} f \to \operatorname{Im} f$, 对任意 $x \in M$, $\tilde{f}(x + \operatorname{Ker} f) = f(x)$.

证明　与群 (或环) 同态基本定理的证明类似, 留作练习.　□

模的生成元及性质

定义　设 M 是一个 R-模, S 是 M 的一个子集, $T(S) = \{\, W \mid W$ 是 M 的子模且 $S \subseteq W \,\}$, 定义 $\langle S \rangle = \bigcap\limits_{W \in T(S)} W$, 称为由 S 生成的子模. 若 $S = \{s_1, s_2, \cdots, s_l\}$ 是有限集, 记 $\langle S \rangle = \langle s_1, s_2, \cdots, s_l \rangle$. 若存在有限子集 S, 使得 $M = \langle S \rangle$, 则称 M 是有限生成的. 若 $M = \langle s \rangle$ 是由一个元素 s 生成的, 则称 M 是循环模 (cyclic module).

与群、环的情形平行, 下面的结论描述了 $\langle S \rangle$ 中的元素.

命题 8.3　设 M 是 R-模, S 是 M 的一个非空子集, 则

$$\langle S \rangle = \left\{ \sum_{i=1}^{t} r_i \cdot m_i \,\middle|\, r_i \in R, m_i \in S, 1 \leqslant i \leqslant t, t \in \mathbb{N} \right\}.$$

特别地, 若 $S = \{m_1, m_2, \cdots, m_l\}$, 则

$$\langle m_1, m_2, \cdots, m_l \rangle = \left\{ \sum_{i=1}^{l} r_i \cdot m_i \,\middle|\, r_i \in R, 1 \leqslant i \leqslant \ell \right\}.$$

证明　由定义直接验证.　□

定义　设 M 是 R-模, $m_1, m_2, \cdots, m_t \in M$, 若存在不全为零的元素 $r_1, r_2, \cdots, r_t \in R$, 使得 $r_1 m_1 + r_2 m_2 + \cdots + r_t m_t = 0$, 则称 $m_1, m_2, \cdots, m_t$ 是 R-线性相关的. 否则, 称 $m_1, m_2, \cdots, m_t$ 是 R-线性无关的.

设 $S \subset M$ 是一个子集, 若 S 中任意有限多个两两不同的元素都是 R-线性无关的, 则称 S 是 R-线性无关的.

例 5   在 R-模 M 中, 设 $0 \neq m \in M$, 则 $\{m\}$ 是 R-线性无关的当且仅当对任意 $0 \neq r \in R$, 都有 $r \cdot m \neq 0$.

定义   设 M 是 R-模, $B \subset M$ 是一个子集. 若 B 和 M 满足下列条件:

(1) B 是 R-线性无关的;

(2) 由 B 生成的子模 $\langle B \rangle = M$,

则称 B 是 M 的一组基. 若 M 存在一组基, 则称 M 是一个自由 R-模.

例 6   (1) 零模 $\{0\}$ 可看作是以 $B = \varnothing$ 为基的自由 R-模.

(2) $R^n = \{ (x_1, x_2, \cdots, x_n) \mid x_i \in R, 1 \leqslant i \leqslant n \}$ 是 n 个 R 的直和, 对任意 $\lambda \in R$, $(x_1, x_2, \cdots, x_n) \in R^n$, 由 $\lambda \cdot (x_1, x_2, \cdots, x_n) = (\lambda x_1, \lambda x_2, \cdots, \lambda x_n)$ 定义了 R^n 的 R-模结构. 记 $e_i = (0, \cdots, 1, \cdots, 0)$(其中第 i 个位置为 1), $1 \leqslant i \leqslant n$, 则 $\{ e_i \mid 1 \leqslant i \leqslant n \}$ 构成 R^n 的一组基, 因此 R^n 是一个自由 R-模.

(3) 对 Abel 群 A 而言, A 是秩 n 的自由 Abel 群当且仅当 A 是具有由 n 个元素组成的基的自由 $\mathbb{Z}$-模.

(4) 设 $(A, +)$ 是一个有限 Abel 群, $|A| > 1$, 则作为 $\mathbb{Z}$-模, A 不是自由模. 事实上, 设 $N = |A|$, 由 Lagrange 定理, 对任意 $a \in A$, $N \cdot a = 0$, 因此, A 的任意非空子集都是 $\mathbb{Z}$-线性相关的, 故 A 没有基.

定理 8.4   设 M 是一个自由 R-模, B 是其一组基. 设 T 是任一 R-模, 对任意给定的映射 $f_0 : B \to T$, 存在唯一的 R-模同态 $f : M \to T$ 使得对任意 $b \in B$ 都有 $f(b) = f_0(b)$.

证明   **存在性**   由基的定义, 对任意 $0 \neq m \in M$, 存在唯一的 $b_1, b_2, \cdots, b_r \in B$, $\lambda_1, \lambda_2, \cdots, \lambda_r \in R \setminus \{0\}$ 使得 $m = \sum\limits_{i=1}^{r} \lambda_i b_i$. 定义 $f(m) = \sum\limits_{i=1}^{r} \lambda_i f_0(b_i)$, $f(0) = 0$, 则可以直接验证 f 是 R-模同态, 且对任意 $b \in B$, $f(b) = f_0(b)$.

唯一性   设 $f, g : M \to T$ 为 R-模同态且对任意 $b \in B$, $f(b) = g(b)$. 由 $\langle B \rangle = M$ 知, 对任意 $m \in M$, 存在 $b_1, b_2, \cdots, b_r \in B$, $\lambda_1, \lambda_2, \cdots, \lambda_r \in R$ 使得 $m = \sum\limits_{i=1}^{r} \lambda_i b_i$, 此时

$$f(m) = \sum_{i=1}^{r} \lambda_i f(b_i) = \sum_{i=1}^{r} \lambda_i g(b_i) = g(m),$$

即 $f = g$. $\square$

定理 8.4 表明: 一个自由模 M 到任意一个 R-模 T 的 R-模同态 f 是由 f 在 M 的一组基上的取值所唯一确定的.

主理想整区上的有限生成模的结构

设 R 是主理想整区, $M = \langle m \rangle$ 是循环模, 即由一个元素 m 生成. 定义映射 $f : R \to M$ 如下: 对 $r \in R$, $f(r) = rm$, 则 f 是 R-模同态, $\operatorname{Ker} f$ 是 R 的理想. R 是主理想整区, 故存在 $d \in \operatorname{Ker} f$ 使得 $\operatorname{Ker} f = (d)$. 由于 M 是由 m 生成的, f 是满同态. 由模同态基本定理 8.2, 我们有 R-模同构 $R/(d) \cong M$. 对于有限生成的 R-模, 我们可以证明它同构于有限多个循环模的直和. 具体地, 我们有

定理 8.5   设 R 是主理想整区, M 是有限生成 R-模, 则存在唯一的非负整数 n, 非平凡主理想 $(d_1), (d_2), \cdots, (d_l)$, 且 $d_1 \mid d_2 \mid \cdots \mid d_l$, 使得

$$M \cong R^n \oplus R/(d_1) \oplus R/(d_2) \oplus \cdots \oplus R/(d_l).$$

定理中的 n 称为 M 的秩 (rank). 对 $R = \mathbb{Z}$ 是整数环, M 是有限生成 Abel 群时, 我们将在 2.9 节中证明定理 8.5. 对一般的情况, 定理 8.5 的证明我们就省略了, 有兴趣的读者可以参考 Jacobson 的 *Basic Algebra I* 的第三章.

向量空间

定义   设 F 是一个域, 若 V 是一个 F-模, 则称 V 是域 F 上的向量空间 (vector space). 对 $\lambda \in F$, $v \in V$, 我们称 $\lambda \cdot v$ 是 λ 与向量 v 的数乘. V 的子模 W, 称为 V 的子空间 (subspace). 它的商模 V/W 称为 V 关于 W 的商空间 (quotient space).

设 V_1, V_2 是 F-向量空间, 若映射 $f : V_1 \to V_2$ 是一个 F-模同态, 则称 f 是一个 F-线性映射; 若 f 是一个 F-模同构, 则称 f 是一个 F-线性同构. 若存在 F-线性同构 $f : V_1 \to V_2$, 则称 V_1 与 V_2 是同构的.

若域 F 上的向量空间 V 有一个由 n 个元素 (也称为向量) 组成的基, 则我们称 V 是 F 上的一个 n 维向量空间, 维数记为 $\dim_F(V)$. 我们在高等代数课上证明了数域上的有限维向量空间的维数与基的选取无关, 在任意域上这个命题也是成立的:

定理 8.6   设 V 是一个 n 维 F-向量空间. 若 B_1, B_2 是 V 的两组基, 则 B_1, B_2 是有限集且 $|B_1| = |B_2| = n$.

证明   证明与数域上的向量空间情形类似, 读者可参阅高等代数教材中的相应内容. $\square$

对于有限维 F-向量空间, 其同构类是由维数唯一决定的. 具体地说, 我们有:

命题 8.7 设 V_1, V_2 是有限维 F-向量空间, 则 V_1 同构于 V_2 当且仅当 $\dim_F(V_1) = \dim_F(V_2)$.

证明 首先, 设 $f: V_1 \to V_2$ 是 F-线性同构, $n = \dim_F(V_1)$, $\{u_1, u_2, \cdots, u_n\}$ 是 V_1 的一组基. 记 $w_i = f(v_i)$, $1 \leqslant i \leqslant n$. 由 f 是同构, 直接验证 $\{w_1, w_2, \cdots, w_n\}$ 是 V_2 一组基. 故 $\dim_F(V_2) = n = \dim_F(V_1)$. 下面设 $\dim_F(V_1) = \dim_F(V_2) = n$. 设 $\{u_1, u_2, \cdots, u_n\}$ 是 V_1 的一组基, $\{v_1, v_2, \cdots, v_n\}$ 是 V_2 的一组基. 由定理 8.4, 我们有 F-线性映射 $f: V_1 \to V_2$ 使得 $f(u_i) = v_i$, $1 \leqslant i \leqslant n$. 直接验证 f 是双射, 故 f 是同构, $V_1 \cong V_2$. $\qquad\square$

例 7 设 V 是一个 n-维 F-向量空间, 则 $V \cong F^n$.

下面的命题给出了有限生成的 F-向量空间与有限维 F-向量空间的关系:

命题 8.8 设 F 是一个域, V 是一个 F-向量空间, 则 V 是有限维的当且仅当 V 是有限生成的.

证明 留作习题. $\qquad\square$

例 8 设 K 是一个有限域, 由命题 6.2 与命题 6.4, 其特征 $\operatorname{char} K = p$ 是一个素数且 K 有一个 (最小) 子域 $K_0 \cong \mathbb{F}_p = \mathbb{Z}/p\mathbb{Z}$. K 是有限集, 故作为 K_0-向量空间是有限生成的; 由命题 8.8, K 是有限维 K_0-向量空间, 设 $n = \dim_{K_0} K$, 则 $K \cong K_0^n \cong \mathbb{F}_p^n$, $|K| = |K_0|^n = p^n$. 综上, 任一个有限域的阶均为一个素数的幂次, 这个素数是其特征. 例如, 不存在含 6 个元素的域.

如果 F-向量空间 V 不是有限维的, V 也存在一组基 B 且基数 $|B|$ 是由向量空间 V 唯一确定的. 此时 B 是一个无限集, 读者可参阅 Nathan Jacobson 的教材 (*Lectures in Abstract Algebra, II, GTM 31*, 第 239—242 页). 本书主要讨论有限维向量空间的性质. 用之前的模的概念, 对域 F, 每个 F-模都是自由模.

设 V 是一个有限维 F-向量空间, W 是其子空间, 如何计算商空间 V/W 的维数? 我们有:

命题 8.9 设 F 是域, V 是 n 维 F-向量空间, W 是 V 的子空间.

(1) W 也是有限维 F-向量空间且 $m = \dim_F W \leqslant n$; 设 $T = \{w_1, w_2, \cdots, w_m\}$ 是 W 的一组基, 则可以将其扩展成 V 的一组基 $\{w_1, w_2, \cdots, w_m, u_{m+1}, \cdots, u_n\}$.

(2) 对 $v \in V$, 记 $\overline{v} = v + W \in V/W$, 则有 $\{\overline{u_{m+1}}, \cdots, \overline{u_n}\}$ 是商空间 V/W 的一组基; 故 V/W 是有限维的, 且 $\dim_F(V/W) = \dim_F V - \dim_F W$.

证明   (1) 与高等代数课中数域上的向量空间情形类似; (2) 由基的定义直接验证, 细节留做习题.   □

类似于群和环, 我们有向量空间的同态基本定理:

定理 8.10   (同态基本定理)   设 F 是域, $f: V_1 \to V_2$ 是 F-线性映射, 则 f 诱导出 F-线性同构 $\tilde{f}: V_1/\operatorname{Ker} f \to \operatorname{Im} f$, $\tilde{f}(v + \operatorname{Ker} f) = f(v), \forall v \in V_1$. 特别地, 若 V_1 是有限维的, 则有 $\dim_F V_1 = \dim_F(\operatorname{Ker} f) + \dim_F(\operatorname{Im} f)$.

证明   直接验证 $\tilde{f}$ 是同构. 由命题 8.7 与命题 8.9 (ii), 我们有

$$\dim_F(\operatorname{Im} f) = \dim_F(V_1/\operatorname{Ker} f) = \dim_F V_1 - \dim_F(\operatorname{Ker} f).$$ □

考虑域 F 上的齐次线性方程组

$$\begin{cases} a_{11}x_1 + a_{12}x_2 + \cdots + a_{1n}x_n = 0, \\ a_{21}x_1 + a_{22}x_2 + \cdots + a_{2n}x_n = 0, \\ \qquad \cdots\cdots\cdots\cdots \\ a_{m1}x_1 + a_{m2}x_2 + \cdots + a_{mn}x_n = 0, \end{cases} \tag{2.1}$$

这里 $a_{ij} \in F$, $x_1, x_2, \cdots, x_n$ 是未定元, 它有 n 个未定元, m 个方程. 我们在高等代数课程中已经学习过数域上齐次线性方程组的解法, 同样的方法可以直接推广到一般的域 F 上. 下面讨论一个特殊的情况, 我们在下一章研究 Galois 扩张中会用到, 见第三章引理 6.2.

命题 8.11   对域 F 上的齐次线性方程组 (2.1), 当未定元的个数大于方程的个数 (即 $n > m$) 时, 它在 F 中一定有非零解.

证明   记 $m \times n$ 矩阵 $A = (a_{ij})_{m \times n}$, 我们有映射 $f_A: F^n \to F^m$, 这里 F^n, F^m 分别表示 F 上的 n 维, m 维列向量空间,

$$f_A(x) = A \cdot x, \quad \forall x \in F^n,$$

这里 $\cdot$ 表示矩阵乘法. 由定义我们可以验证 f_A 是 F-线性映射, 且 $\operatorname{Ker} f_A$ 恰好是齐次线性方程组 (2.1) 的解空间. 由同态基本定理 8.10,

$$\dim_F(\operatorname{Ker} f_A) = \dim_F(F^n) - \dim_F(\operatorname{Im} f_A) \geqslant n - m > 0,$$

因此, 方程组 (2.1) 有非零解.   □

设 V 是一个 F-向量空间, 记 $\operatorname{End}_F(V) = \{f : V \to V$ 是 F-线性映射$\}$. 对 $f, g \in \operatorname{End}_F(V)$, 定义

$$(f + g)(v) = f(v) + g(v), \quad (f \circ g)(v) = f(g(v)),$$

则 $\operatorname{End}_F(V)$ 在 $(+, \circ)$ 下构成一个含幺环, 零元是零映射 $0 : V \to V$ $(0(v) = 0, \forall v \in V)$, 幺元为恒等映射 $1 = 1_V : V \to V$ $(1_V(x) = x, \forall x \in V)$. 对任意 $\lambda \in F$, $f \in \operatorname{End}_F(V)$, 定义 $(\lambda \cdot f)(v) = \lambda \cdot f(v)$ $(\forall v \in V)$, 则 $\lambda \cdot f \in \operatorname{End}_F(V)$. 故 $\operatorname{End}_F(V)$ 也是一个 F-向量空间, 且对于任意 $\lambda \in F, f, g \in V$, 我们有 $(\lambda \cdot f) \circ g = \lambda \cdot (f \circ g) = f \circ (\lambda \cdot g)$. 称 $\operatorname{End}_F(V)$ 是 V 在 F 上的自同态代数, 其乘法群

$$\operatorname{End}_F(V)^* = \{f \in \operatorname{End}_F(V) \mid f \text{ 是同构}\} = \operatorname{GL}(V)$$

称为 V 在 F 上的自同构群, 也称为 V 在 F 上的一般线性群.

设 $n = \dim_F V$, 取定 V 的一组基 $\{e_1, e_2, \cdots, e_n\}$, 对于任意 $f \in \operatorname{End}_F(V)$, 对每个 $1 \leqslant j \leqslant n$, 设 $f(e_j) = \sum\limits_{i=1}^{n} a_{ij} e_i$, $a_{ij} \in F$, 记 $A_f = (a_{ij})_{n \times n} \in M_n(F)$, 则映射

$$\alpha : \operatorname{End}_F(V) \to M_n(F),$$

$$f \mapsto A_f$$

给出了一个 F-向量空间同构并且 $\alpha(f \circ g) = \alpha(f)\alpha(g)$,

$$\alpha(\operatorname{GL}(V)) = \operatorname{GL}_n(F) = \{A \in M_n(F) \mid A \text{ 可逆}\}.$$

当 F 是有限域时, $M_n(F)$, $\operatorname{GL}_n(F)$ 都是有限群.

例 9　设 F 是有限域, $|F| = q$, 则 $|\operatorname{GL}_2(F)| = (q^2 - 1)(q^2 - q)$.

事实上, $A = \begin{pmatrix} a_{11} & a_{12} \\ a_{21} & a_{22} \end{pmatrix} \in \operatorname{GL}_2(F)$ 当且仅当 A 的两行 $r_1 = (a_{11}, a_{12}) \in F^2$, $r_2 = (a_{21}, a_{22}) \in F^2$ 是 F-线性无关的. 故 $r_1 \in F^2 \setminus \{0\}$ 有 $q^2 - 1$ 种可能, 取定 r_1 后, $r_2 \notin \langle r_1 \rangle$, $\langle r_1 \rangle$ 是由 r_1 生成的子空间, 故 r_2 有 $q^2 - q$ 种可能, 所以 $|\operatorname{GL}_2(F)| = (q^2 - 1)(q^2 - q)$.

设 V 是一个 n 维 F-向量空间, 定义 $\mathbb{P}(V) = \{V$ 的一维线性子空间$\}$, 称为 V 上的射影空间.

例 10　(1) 设 $F = \mathbb{R}, V = \mathbb{R}^2, \mathbb{P}(V) = \mathbb{S}^1$ (1 维圆环).

(2) 设 F 是有限域, $|F| = q$, 则 $\mathbb{P}(V)$ 是有限集, $|\mathbb{P}(V)| = \dfrac{q^n - 1}{q - 1} = 1 + q + q^2 + \cdots + q^{n-1}$. 事实上, 对于任意 $0 \neq v \in V$, $l_v = \langle v \rangle$ 是一维子空间.

对 $v_1 \neq v_2 \in V \setminus \{0\}$, $l_{v_1} = l_{v_2}$ 当且仅当存在 $\lambda \in F^*$, 使得 $v_2 = \lambda v_1$, 所以 $|\mathbb{P}(V)| = \dfrac{q^n - 1}{q - 1} = 1 + q + q^2 + \cdots + q^{n-1}$.

习题 2.8

1. 证明定理 8.2.

2. 设 R 是含幺环, M 是一个 R-模, $\{M_i\}_{i \in I}$ 是 M 的一族子模, 证明 $\bigcap\limits_{i \in I} M_i$ 是 M 的 R-子模.

3. 设 R 是含幺环, M 是一个 R-模, M_1, M_2 是 M 的子模.

   (1) 证明: 有 R-模同构 $(M_1 + M_2)/M_1 \cong M_2/(M_1 \cap M_2)$;

   (2) 设 T, N 是 M 的子模且 $T \subseteq N$. 证明: 有 R-模同构 $(M/T)/(N/T) \cong M/N$.

4. 证明命题 8.8.

5. 证明命题 8.9.

6. 设 $R = \mathbb{C}[t]$, S 是 R 的一个包含 $\mathbb{C}$ 但不等于 $\mathbb{C}$ 的子环, 证明 R 是一个有限生成 S-模.

7. 设 R 是含幺环, M 是 R 上的一个有限生成模, N 是 M 的子模. 请说明 M/N 和 N 是否也是有限生成的.

8. 设 R 是含幺环. 证明 M 是 R 上的一个有限生成模当且仅当存在一个正整数 r 与 R-模满同态 $R^r \to M$.

9. 设 R 为 PID, B 是一个 R-模, $p \in R$ 是不可约元. 记 $\mathrm{Ann}(B) = \{r \in R \mid ru = 0, \forall u \in B\}$. 如果存在 B 中非零元 b 使得 $pb = 0$, 证明 $\mathrm{Ann}(B) \subseteq (p)$.

10. 设 R 为含幺交换环, M 是一个 R-模. 令 $\mathrm{End}_R(M) \triangleq \{f : M \to M$ 为 R-模同态 $\}$ 为 M 的 R-模自同态全体构成的集合. 证明 $\mathrm{End}_R(M)$ 有一个自然的 R-模结构, 以及 $\mathrm{End}_R(R) \cong R$.

11. 设 R 是 PID. 证明有限生成自由 R-模的子模仍然是自由的.

12. 设 K 是域, $K[x]$ 是 K 上的一元多项式环. 设 $A = \{M \mid M$ 是 $K[x]$-模 $\}$, $B = \{(V, \alpha) \mid V$ 是 K-向量空间, $\alpha \in \mathrm{End}_K(V)\}$. 证明: A 与 B 之间有自然的双射.

13. 设 R 是含幺环, M 是 R-模. 若 M 满足: $M \neq 0$ 并且 $\{0\}$ 和 M 是 M 仅有的子模, 则称 M 是不可约 R-模 (或单 R-模). 求解下列各题:

    (1) M 是不可约的当且仅当对任意非零元 $s \in M$ 都有 $M = \langle s \rangle$;

(2) 确定所有不可约 $\mathbb{Z}$-模.

14. 设 D 是一个整区, F 是 D 的子环且是一个域. 如果 D 作为 F-向量空间是有限维的, 证明 D 是一个域.

15. 设 F 是域, V_1, V_2 是 F-向量空间, $f : V_1 \to V_2$ 是 F-线性映射, W 是 V_1 的子空间. 如果 $W \subset \operatorname{Ker} f$, 证明: 存在唯一的线性映射 $\tilde{f} : V_1/W \to V_2$ 使得 $f = \tilde{f} \circ j$, 这里 $j : V_1 \to V_1/W$ 是商映射.

*2.9　有限生成 Abel 群的结构

作为主理想整区上的有限生成模的一个特例, 本节我们讨论有限生成 Abel 群 ($\mathbb{Z}$-模) 的结构. 设 G 是有限生成 Abel 群, 定义 G 的扭子群或挠子群 (torsion subgroup) 如下:

$$\mathrm{Tor}(G) \triangleq \{ a \in G \mid o(a) < \infty \}.$$

运用第一章命题 1.2, 容易验证 $\mathrm{Tor}(G)$ 确实是 G 的子群, 其中的元素称为扭元素 (torsion element).

引理 9.1　设整数 $m_1, m_2, \cdots, m_n$ 不全为 0 且 $\gcd(m_1, m_2, \cdots, m_n) = 1$. 则存在矩阵 $M = (a_{ij}) \in M_n(\mathbb{Z})$ 满足 $|M| = \pm 1$, 且对 $1 \leqslant j \leqslant n$, 都有 $a_{1j} = m_j$.

证明　对 n 用归纳法. $n = 1$ 时结论自然成立. 假设 $n > 1$, 若 $m_2 = \cdots = m_n = 0$, 则 $M = m_1 I_n$ 满足要求. 若 $m_2, \cdots, m_n$ 不全为 0 且 $\gcd(m_2, \cdots, m_n) = d$, 记 $q_j = \dfrac{m_j}{d}$, $2 \leqslant j \leqslant n$. 由归纳假设, 存在 $n-1$ 阶矩阵 $N = (b_{ij})$ 满足 $|N| = \pm 1$, 且 $b_{1,j-1} = q_j$, $2 \leqslant j \leqslant n$. 由引理条件知, m_1 和 d 互素, 故存在整数 $s, t \in \mathbb{Z}$ 使得 $sm_1 + td = 1$. 一个满足要求的矩阵 M 的构造为

(1) $a_{1j} = m_j$, $1 \leqslant j \leqslant n$;

(2) $a_{21} = -t$, $a_{i1} = 0$, $2 < i \leqslant n$;

(3) $a_{2j} = sq_j$, $1 < j \leqslant n$;

(4) $a_{1+i, 1+j} = b_{ij}$, $1 < i, j \leqslant n - 1$.

按第一列展开计算 $|M|$, 得 $|M| = (sm_1 + td)|N| = |N| = \pm 1$.　□

命题 9.2　设 m, n 是正整数, 则 $\mathbb{Z}^n$ 同构于 $\mathbb{Z}^m$ 当且仅当 $n = m$.

证明　只需证明必要性. 设 $\mathbb{Z}^n$ 同构于 $\mathbb{Z}^m$, 则有群同态 $f : \mathbb{Z}^n \to \mathbb{Z}^m$, $g : \mathbb{Z}^m \to \mathbb{Z}^n$ 使得复合映射 $f \circ g$ 与 $g \circ f$ 均为恒等映射. 设 $\{u_1, u_2, \cdots, u_n\}$ 是 $\mathbb{Z}^n$ 的一组基, $\{v_1, v_2, \cdots, v_m\}$ 是 $\mathbb{Z}^m$ 的一组基. 记

$$f(u_j) = \sum_{i=1}^{m} a_{ij} v_i, \quad a_{ij} \in \mathbb{Z}, 1 \leqslant j \leqslant n;$$

$$g(v_j) = \sum_{i=1}^{n} b_{ij} u_i, \quad b_{ij} \in \mathbb{Z}, 1 \leqslant j \leqslant m;$$

$A = (a_{ij})$, $B = (b_{ij})$ 分别是 $m \times n$, $n \times m$ 整数矩阵. 由 $f \circ g$, $g \circ f$ 是恒等映射, 我们有 $A \cdot B = I_m$, $B \cdot A = I_n$, 这里 I_m, I_n 分别表示 m 阶, n 阶单位矩阵.

设 $C = (c_{ij})$ 是一个 s 阶整数方阵, 我们定义 C 的迹

$$\mathrm{tr}(C) = \sum_{i=1}^{s} c_{ii}.$$

由直接计算得,

$$\mathrm{tr}(A \cdot B) = \sum_{l=1}^{m} \sum_{k=1}^{n} a_{lk} b_{kl} = \mathrm{tr}(B \cdot A).$$

故有 $m = \mathrm{tr}(I_m) = \mathrm{tr}(A \cdot B) = \mathrm{tr}(B \cdot A) = \mathrm{tr}(I_n) = n.$ $\qquad\square$

命题 9.3 设 G 是有限生成 Abel 群, 则存在唯一的非负整数 n 满足下面的条件: 存在 G 的子群 $F \cong \mathbb{Z}^n$, 使得 G 有内直和分解

$$G = F \oplus \mathrm{Tor}(G),$$

其中 F 称为 G 的自由部分, n 称为 G 的秩. 特别地, $\mathrm{Tor}(G)$ 是有限 Abel 群.

证明 如果 G 是有限群, 我们可以设 $n = 0$ 且记 $\mathbb{Z}^0 = \{0\}$, 我们显然得出 $G = \mathrm{Tor}(G)$, 故命题成立. 以下设 G 为无限群. 在任一个 Abel 群中, 子群都是正规的, 因而总可研究商群 $H \triangleq G/\mathrm{Tor}(G)$, H 仍然是有限生成的 Abel 群. 设 $H = \langle g_1, g_2, \cdots, g_n \rangle$ 且生成元个数 n 最小. 我们有下列结论:

(1) H 的扭子群 $T(H)$ 平凡. 事实上, 任取 $a + \mathrm{Tor}(G) \in T(H)$, 则存在整数 $t \neq 0$ 使 $ta \in \mathrm{Tor}(G)$, 进而存在整数 $s \neq 0$ 使 $sta = 0$, 故 $a \in \mathrm{Tor}(G)$, 即 $T(H)$ 中任意元素平凡.

(2) 我们可以看出 $g_1, g_2, \cdots, g_n$ 是 H 的一组基, 从而 $H \cong \mathbb{Z}^n$. 假设存在不全为 0 的整数 $m_1, m_2, \cdots, m_n$ 使 $\sum\limits_{i=1}^{n} m_i g_i = 0$. 由 (1), 不妨设 $\gcd(m_1, m_2, \cdots, m_n) = 1$. 由引理 9.1, 存在矩阵 $M = (a_{ij}) \in M_n(\mathbb{Z})$, 使得 $|M| = \pm 1$, 且 $a_{1j} = m_j, 1 \leqslant j \leqslant n$. 由于 M 在 $M_n(\mathbb{Z})$ 中可逆, $(x_1, x_2, \cdots, x_n)^t = M \cdot (g_1, g_2, \cdots, g_n)^t$ 也是一组生成元. 但 $x_1 = 0$, 从而 $H = \langle x_2, \cdots, x_n \rangle$, 这与 n 的最小性矛盾.

(3) 对 $1 \leqslant i \leqslant n$, 取投影映射 $G \xrightarrow{p} H$ 下 g_i 的某个原像 y_i. 对任意 $x \in G$, 取 m_i 满足 $p(x) = \sum\limits_{i=1}^{n} m_i g_i$, 则 $t = x - \sum\limits_{i=1}^{n} m_i y_i \in \mathrm{Tor}(G)$ 为扭元素, 且 $x = t + \sum\limits_{i=1}^{n} m_i y_i$. 如果 x 有另一个表示 $x = t' + \sum\limits_{i=1}^{n} m_i' y_i$, 其中 $t' \in \mathrm{Tor}(G), m_i' \in \mathbb{Z}$, 则 $p\left(\sum\limits_{i=1}^{n} (m_i - m_i') y_i\right) = \sum\limits_{i=1}^{n} (m_i - m_i') g_i = 0$. 因此, 对每个 i, $m_i = m_i'$, 也即 x 的上述表示法唯一.

(4) 令 F 为 G 中由 $y_1, y_2, \cdots, y_n$ 生成的子群, 则 $F \cong \mathbb{Z}^n$ 为自由 Abel 群. 由 (3) 的结论, G 是 F 和 $\mathrm{Tor}(G)$ 的内直和.

最后, 我们需要证明 G 的分解的唯一性. 如果还有非负整数 m 满足: 存在 G 的子群 $F_1 \cong \mathbb{Z}^m$ 使得 G 有内直和分解 $G = F_1 \oplus \mathrm{Tor}(G)$, 则有

$$\mathbb{Z}^n \cong F \cong G/\mathrm{Tor}(G) \cong F_1 \cong \mathbb{Z}^m,$$

由命题 9.2, $n = m$. 当然, 有限个扭元素生成的 Abel 群必有限, 故 $\mathrm{Tor}(G) \cong G/F$ 为有限群. $\square$

命题 9.3 指出, 对有限生成 Abel 群的研究可转化为对有限 Abel 群的研究, 又由前文关于 Sylow 定理的讨论, 任何有限 Abel 群是其所有 Sylow 子群之内直积. 我们进而将研究重点放在有限 Abel p-群的研究上, 见下列定理.

定理 9.4   设 p 为一个素数, A 为有限 Abel p-群. 则存在正整数 t、正整数列 $l_1 \geqslant l_2 \geqslant \cdots \geqslant l_t$ 及内直和分解

$$A = \bigoplus_{i=1}^{t} A_i,$$

其中 $A_i \cong \mathbb{Z}_{p^{l_i}}$, 对 $1 \leqslant i \leqslant t$.

证明   对 $|A| = p^r$ 作归纳, $r = 1$ 时结论自然成立. 设 $r > 1$, 取 A 中阶数最大的元素 a_1, 设 $o(a_1) = p^{l_1}$, 记 $A_1 = \langle a_1 \rangle$. 当 A/A_1 为非平凡群时, 对 A/A_1 用归纳假设, 存在正整数 $l_2 \geqslant \cdots \geqslant l_t$ 及内直和分解

$$A/A_1 = \bigoplus_{i=2}^{t} B_i,$$

其中 $B_i \cong \mathbb{Z}_{p^{l_i}}$, 对 $2 \leqslant i \leqslant t$. 记投影映射为 $\theta : A \to A/A_1$. 我们有下列结论:

(1) 对任意的 $2 \leqslant i \leqslant t$, 存在 $a_i \in A$ 使 $o(a_i) = p^{l_i}$ 且 $\theta(a_i)$ 是 B_i 的一个生成元. 事实上, 任取 B_i 的一个生成元在 θ 下的原像 b_i 并设 $o(b_i) = p^k$, 则 $l_i \leqslant k \leqslant l_1$. 因 $p^{l_i} b_i \in A_1 = \langle a_1 \rangle$, 存在正整数 $u, 1 \leqslant u \leqslant p^{l_1}$, 使得 $p^{l_i} b_i = u a_1$. 设 $u = p^{\eta} s$, 这里 $0 \leqslant \eta \leqslant l_1$ 是非负整数, s 是正整数且 $p \nmid s$. 由第一章习题 1.1 中的第 9 题, 我们有

$$o(p^{l_i} b_i) = p^{k - l_i}, \quad o(u a_1) = p^{l_1 - \eta}.$$

因此, $p^{k - l_i} = p^{l_1 - \eta}$, $k - l_i = l_1 - \eta$, 即 $\eta = l_1 - k + l_i$. 令 $a_i = b_i - p^{l_1 - k} s a_1$, 则有 $\theta(a_i) = \theta(b_i)$, 故 $\theta(a_i)$ 生成 B_i, 且 $p^{l_i} a_i = u a_1 - p^{\eta} s a_1 = 0$, 这表明 $o(a_i) \leqslant p^{l_i}$. 而我们总有 $o(a_i) \geqslant p^{l_i}$, 所以 $o(a_i) = p^{l_i}$.

(2) 令 $A_i = \langle a_i \rangle$, $1 \leqslant i \leqslant t$, 则 $A_i \cong \mathbb{Z}_{p^{l_i}}$. 考虑群同态 $\bigoplus\limits_{i=1}^{t} A_i \to A$,

$(x_1, x_2, \cdots, x_t) \mapsto \sum\limits_{i=1}^{t} x_i$, 我们可证明这是群同构. 注意到 $|\bigoplus\limits_{i=1}^{t} A_i| = \prod\limits_{i=1}^{t} p^{l_i} = |A_1||A/A_1| = |A|$, 只需证这是满射即可. 对任意 $x \in A$, 由 $\theta(a_i)$ 是 B_i 的生成元, 可取 $x_2, \cdots, x_t$, $x_i \in A_i$ 使得 $\theta(x) = \sum\limits_{i=2}^{t} \theta(x_i)$, 从而 $x_1 = x - \sum\limits_{i=2}^{t} x_i \in A_1$. 此即, 存在 $x_i \in A_i$, 使得 $x = \sum\limits_{i=1}^{t} x_i$.

综上, 结论成立. $\qquad\qquad\qquad\qquad\qquad\qquad\qquad\qquad\qquad\qquad\qquad\square$

定理 9.5 (有限 Abel 群标准分解定理) 设 A 为非零有限 Abel 群, 则存在唯一的正整数组 $(m, d_1, d_2, \cdots, d_m)$ 使得 A 有内直和分解

$$A = \bigoplus_{i=1}^{m} A_i,$$

其中 $A_i \cong \mathbb{Z}_{d_i}$, $1 < d_m \mid d_{m-1} \mid \cdots \mid d_1$.

证明 由 A 是非零有限 Abel 群, A 是它的所有 Sylow 子群 B_i 的内直和 $(1 \leqslant i \leqslant k)$. 设 B_i 是 p_i-群, 取定理 9.4 中的分解

$$B_i = \bigoplus_{j=1}^{t_i} B_{ij},$$

其中 $B_{ij} \cong \mathbb{Z}_{p_i^{l_{ij}}}$, $l_{i1} \geqslant l_{i2} \geqslant \cdots$. 令 $m = \max\limits_{i}\{t_i\}$. 对 $1 \leqslant j \leqslant m$, 令 $A_j = \bigoplus\limits_{i=1}^{k} B_{ij}$ (这里约定当 $j > t_i$ 时 $B_{ij} = 0$). 则可验证, 这组取法满足定理要求, 且 $d_j = \prod\limits_{i=1}^{k} p_i^{l_{ij}}$.

设 $(m, d_1, d_2, \cdots, d_m)$ 和 $(n, c_1, c_2, \cdots, c_n)$ 均为满足定理要求的两个整数组. 并设对应这两个整数组, A 有两种内直和分解:

$$A = \bigoplus_{i=1}^{m} A_i = \bigoplus_{i=1}^{n} \tilde{A}_i.$$

则 c_1 和 d_1 均为 A 中元素的阶的最大值, 当然 $c_1 = d_1$. 分别取 A 关于 $A_1, \tilde{A}_1$ 的商, 运用归纳法即可得到这两个整数组的一致性. $\qquad\qquad\qquad\qquad\square$

小结 对于有限生成 Abel 群 G, 存在内直和分解

$$G = N \oplus \mathrm{Tor}(G),$$

其中 $N \cong \mathbb{Z}^n$ 为自由部分, 扭子群 $\mathrm{Tor}(G)$ 为有限 Abel 群且它有标准分解式

$$\mathrm{Tor}(G) = \bigoplus_{i=1}^{m} A_i,$$

其中 $A_i \cong \mathbb{Z}_{d_i}$, $1 < d_m \mid d_{m-1} \mid \cdots \mid d_1$, 并且数组 $(m, d_1, d_2, \cdots, d_m)$ 由 A 唯一确定.

例 1　确定所有 72 阶 Abel 群的结构.

解　即寻找所有的 $(m, d_1, d_2, \cdots, d_m)$ 使 $1 < d_m \mid d_{m-1} \mid \cdots \mid d_1$, $d_1 d_2 \cdots d_m = 72 = 2^3 3^2$. 枚举指数 3 和指数 2 的划分: $3 = 3 + 0 = 2 + 1 = 1 + 1 + 1$(三种), $2 = 2 + 0 = 1 + 1$(两种), 故 72 阶群 G 共有 $3 \times 2 = 6$ 种结构如下:

$$\mathbb{Z}_{72}, \ \mathbb{Z}_{24} \oplus \mathbb{Z}_3, \ \mathbb{Z}_{36} \oplus \mathbb{Z}_2, \ \mathbb{Z}_{12} \oplus \mathbb{Z}_6, \ \mathbb{Z}_{18} \oplus \mathbb{Z}_2^2, \ \mathbb{Z}_6^2 \oplus \mathbb{Z}_2. \qquad \square$$

例 2　设 p^n 是素数幂, 证明 $\mathbb{Z}_{p^n}$ 不可分解.

证明　在结构定理中, $\mathbb{Z}_{p^n}$ 对应 $m = 1$, $d_1 = p^n$ 的分解. 由分解唯一性, $\mathbb{Z}_{p^n}$ 不可再被分解为 $\bigoplus_{i=1}^{t} \mathbb{Z}_{p^{l_i}}$, $l_1 \geqslant l_2 \geqslant \cdots \geqslant l_t$. $\qquad \square$

例 3　设 $m > 1, n > 1$, 求 $\mathbb{Z}_m \oplus \mathbb{Z}_n$ 的标准分解式.

证明　设素因数分解 $m = p_1^{\alpha_1} p_2^{\alpha_2} \cdots p_k^{\alpha_k}$, $m = p_1^{\beta_1} p_2^{\beta_2} \cdots p_k^{\beta_k}$. 考虑最小公倍数 $d_1 = [m, n] = p_1^{\max\{\alpha_1, \beta_1\}} p_2^{\max\{\alpha_2, \beta_2\}} \cdots p_k^{\max\{\alpha_k, \beta_k\}}$, 最大公约数 $d_2 = (m, n) = p_1^{\min\{\alpha_1, \beta_1\}} p_2^{\min\{\alpha_2, \beta_2\}} \cdots p_k^{\min\{\alpha_k, \beta_k\}}$. 则 $\mathbb{Z}_m \oplus \mathbb{Z}_n = \mathbb{Z}_{[m, n]} \oplus \mathbb{Z}_{(m, n)}$ 是标准分解. $\qquad \square$

例 4　求 $\mathbb{Z}^2 / B$, $B = \langle (6, 30) \rangle$ 的结构.

证明　考虑 $u = (1, 5)$, $v = (0, 1)$, 则 $\{u, v\}$ 是 $\mathbb{Z}^2$ 的一组基. 故有自同构 $\mathbb{Z}^2 \cong \mathbb{Z}^2$ 将 u 映到 $(1, 0)$, v 映到 $(0, 1)$, 从而将 B 映到 $\langle (6, 0) \rangle$. 于是 $\mathbb{Z}^2 / B \cong \mathbb{Z}_6 \oplus \mathbb{Z}$. $\qquad \square$

例 5　设 $A = \{ (p, q) \in \mathbb{Q}^2 \mid \forall (x, y) \in \mathbb{Z}^2, 4px + 2py + 2qx + 4qy \in \mathbb{Z} \}$, 求商群 $A / \mathbb{Z}^2$ 的结构.

证明　条件式可用二次型写为: $\forall (x, y) \in \mathbb{Z}^2$,

$$(p, q) \begin{pmatrix} 4 & 2 \\ 2 & 4 \end{pmatrix} \begin{pmatrix} x \\ y \end{pmatrix} = (4p + 2q, 2p + 4q) \begin{pmatrix} x \\ y \end{pmatrix} \in \mathbb{Z}.$$

该二次型属于 A 的充分必要条件为 $(4p + 2q, 2p + 4q) \in \mathbb{Z}^2$. 求逆, 这等价于 $(p, q) = \left(\dfrac{2m - n}{6}, \dfrac{2n - m}{6} \right)$, $(m, n) \in \mathbb{Z}^2$. 故有同构 $A \cong \mathbb{Z}^2$, $(p, q) \mapsto (m, n)$ 将 $(1, 0)$ 映到 $(4, 2)$, 将 $(0, 1)$ 映到 $(2, 4)$. 那么 $A / \mathbb{Z}^2 \cong \mathbb{Z}^2 / B$, 其中 $B = \langle (4, 2), (2, 4) \rangle$.

考虑 $u = (1, 1)$, $v = (2, 1)$, 则 $\{u, v\}$ 是 $\mathbb{Z}^2$ 的一组基. 故有自同构 $\mathbb{Z}^2 \cong \mathbb{Z}^2$, 将 u 映到 $(1, 0)$, v 映到 $(0, 1)$, 从而将 B 映到 $\langle (0, 2), (6, -2) \rangle = 6\mathbb{Z} \oplus 2\mathbb{Z} \subset \mathbb{Z} \oplus \mathbb{Z}$. 于是 $A / \mathbb{Z}^2 \cong \mathbb{Z}_6 \oplus \mathbb{Z}_2$. $\qquad \square$

例 6　设 G 是 24 阶循环群. 求自同构群 $\mathrm{Aut}(G)$ 的结构.

证明　由第一章 1.6 节的例 3，我们知道 $\mathrm{Aut}(G) \cong \mathbb{Z}_{24}^*$. 由中国剩余定理 $\mathbb{Z}_{24} \cong \mathbb{Z}_8 \times \mathbb{Z}_3$, 所以 $\mathbb{Z}_{24}^* \cong \mathbb{Z}_8^* \times \mathbb{Z}_3^*$. 由于 $\mathbb{Z}_8^* \cong \{\bar{1}, \bar{3}, \bar{5}, \bar{7}\} \cong \mathbb{Z}_2 \oplus \mathbb{Z}_2$(所有非平凡元素都二阶), $\mathbb{Z}_3^* = \{\bar{1}, \bar{2}\} \cong \mathbb{Z}_2$, 得 $\mathrm{Aut}(G) \cong \mathbb{Z}_2 \oplus \mathbb{Z}_2 \oplus \mathbb{Z}_2$. □

习题 2.9

1. 设 G 是有限 Abel 群, $|G| = 100$. 求 G 的所有同构类.

2. 设 G 是有限 Abel 群, $|G| = n$. 设 m 是正整数且 $m \mid n$, 证明 G 有 m 阶子群.

3. 设 G 为有限 Abel 群, p 为 $|G|$ 的一个素因子. 证明 G 的 p 阶子群的个数与指数为 p 的子群的个数相同.

4. 找出群 $\mathbb{Z}/1905\mathbb{Z} \times \mathbb{Z}/2025\mathbb{Z}$ 中 25 阶元的个数.

5. 设 $(\mathbb{Q}, +)$ 是有理数加法群, 证明它不是有限生成 Abel 群.

6. 设 $(\mathbb{Q}^* = \mathbb{Q} \setminus \{0\}, \times)$ 是有理数乘法群. 问它是否是有限生成 Abel 群? 它是否是自由 Abel 群? 说明理由.

7. 设 F 是一个域, $F^* = F \setminus \{0\}$ 是其乘法群, G 是 F^* 的有限子群. 证明 G 是循环群. (提示: 定理 9.5 与命题 5.9)

8. 证明不存在 $\mathbb{Q}$ 上的 3 阶方阵 A 满足 $A^8 = I$ 但 $A^4 \neq I$. 这里 I 表示单位矩阵.

*2.10   环的进一步讨论

在本节中我们将讨论 Wedderburn 在 1905 年证明的一个漂亮的定理: 有限可除环一定是域. 这是一个有些出人意料的结果, 它说明在一定条件下, 有限性可以推出交换性.

分圆多项式

我们首先介绍分圆多项式及其基本性质. 设 n 是一个正整数, 令

$$\mu_n = \{ z \in \mathbb{C} \mid z^n = 1 \}$$

为 $f(x) = x^n - 1$ 在复数域 $\mathbb{C}$ 上的零点集, 则 μ_n 是 $\mathbb{C}^*$ 的一个 n 阶循环子群. 具体地, 我们有 $\mu_n = \{ \mathrm{e}^{\frac{2\pi \mathrm{i} l}{n}} \mid 1 \leqslant l \leqslant n \}$, 这里 $\mathrm{e}^{\frac{2\pi \mathrm{i} l}{n}} = \cos \dfrac{2\pi l}{n} + \mathrm{i} \sin \dfrac{2\pi l}{n}$. 记 $\zeta = \mathrm{e}^{\frac{2\pi \mathrm{i}}{n}}$, 则 ζ 是 μ_n 的一个生成元. 进一步, $\zeta^l (1 \leqslant l \leqslant n)$ 是 μ_n 的生成元 (即 $o(\zeta^l) = n$) 当且仅当 $\gcd(l, n) = 1$, 即 l 与 n 互素.

定义   称

$$\Phi_n(x) = \prod_{\substack{l=1 \\ \gcd(l,n)=1}}^{n} (x - \zeta^l)$$

为第 n 个分圆多项式.

例 1 $\Phi_1(x) = x - 1$, $\Phi_2(x) = x + 1$, $\Phi_3(x) = x^2 + x + 1$, $\Phi_4(x) = x^2 + 1$, $\Phi_5(x) = x^4 + x^3 + x^2 + x + 1$, $\Phi_6(x) = x^2 - x + 1$.

由定义, $\Phi_n(x)$ 是一个首一复系数多项式, 下面我们将证明 $\Phi_n(x)$ 是首一整系数多项式.

引理 10.1   设 $f(x) \in \mathbb{Z}[x]$, $\deg f \geqslant 1$, $g(x) \in \mathbb{Z}[x]$ 首一. 若存在 $h(x) \in \mathbb{C}[x]$ 使得 $f(x) = g(x)h(x)$, 则 $h(x) \in \mathbb{Z}[x]$.

证明   由于 $g(x)$ 首一, 在 $\mathbb{Z}[x]$ 中作带余除法, 存在唯一的 $q(x), r(x) \in \mathbb{Z}[x]$ 使得 $f(x) = q(x)g(x) + r(x)$, 且 $\deg r < \deg g$. 而 $\mathbb{Z}[x] \subseteq \mathbb{C}[x]$, 所以 $f(x) = q(x)g(x) + r(x)$ 也是 $\mathbb{C}[x]$ 中的带余除法. 在 $\mathbb{C}[x]$ 中, $f(x) = g(x)h(x)$, 由带余除法的唯一性, $q(x) = h(x)$, $r(x) = 0$, 所以 $h(x) \in \mathbb{Z}[x]$.   □

命题 10.2   (1) $\forall n \in \mathbb{N}$, $x^n - 1 = \prod_{0 < d \mid n} \Phi_d(x)$;
(2) $\Phi_n(x) \in \mathbb{Z}[x]$, $\forall n \in \mathbb{N}$.

证明 (1) $\mu_n = \{\, \mathrm{e}^{\frac{2\pi \mathrm{i}l}{n}} \mid 1 \leqslant l \leqslant n \,\}$ 是 n 阶循环群, 对于任意 $d \mid n$, μ_n 有且仅有一个 d 阶子群 $\mu_d = \{\, \mathrm{e}^{\frac{2\pi \mathrm{i}r}{d}} \mid 1 \leqslant r \leqslant d \,\}$, 故 μ_n 的所有 d 阶元都在 μ_d 中. 对于 $d \mid n$, 设 O_d 是 μ_n 中所有 d 阶元组成的子集, 则有 $O_d = \{\, a^s \mid 1 \leqslant s \leqslant d,\ \gcd(s, d) = 1 \,\}$, 这里 $a = \mathrm{e}^{\frac{2\pi \mathrm{i}}{d}}$. 由定义 $\mu_n = \bigcup\limits_{d \mid n} O_d$, 且若 $d_1 \neq d_2$, $O_{d_1} \bigcap O_{d_2} = \varnothing$.

因此有 $x^n - 1 = \prod\limits_{\lambda \in \mu_n} (x - \lambda) = \prod\limits_{d \mid n} \prod\limits_{\lambda \in O_d} (x - \lambda) = \prod\limits_{d \mid n} \Phi_d(x)$.

(2) 对 n 进行归纳. 当 $n = 1$ 时, $\Phi_1(x) = x - 1 \in \mathbb{Z}[x]$. 假设对 $m < n$, $\Phi_m(x) \in \mathbb{Z}[x]$, 下面考虑 $\Phi_n(x)$. 由 (1) 的结论, 我们有

$$f(x) = x^n - 1 = \prod_{d \mid n} \Phi_d(x) = \left(\prod_{d \mid n, d < n} \Phi_d(x) \right) \cdot \Phi_n(x).$$

记 $g(x) = \prod\limits_{d \mid n, d < n} \Phi_d(x)$, 由归纳假设, $g(x) \in \mathbb{Z}[x]$ 且首一, 由引理 10.1, $\Phi_n(x) \in \mathbb{Z}[x]$. $\qquad\square$

设 $m, n \in \mathbb{N}$ 且 $m \mid n$, 设 $q = \dfrac{n}{m}$, 则 $x^n - 1 = (x^m)^q - 1 = (x^m - 1)((x^m)^{q-1} + \cdots + x^m + 1)$, 即在 $\mathbb{Z}[x]$ 中, $(x^m - 1) \mid (x^n - 1)$, 记其商为 $\dfrac{x^n - 1}{x^m - 1} \in \mathbb{Z}[x]$. 反过来, 如果我们已知 $(x^m - 1) \mid (x^n - 1)$, 那么也能知道必有 $m \mid n$ (见本节习题).

命题 10.3 设正整数 $n \geqslant 2$, $m \mid n$, 且 $m < n$, 则在 $\mathbb{Z}[x]$ 中, $\Phi_n(x)$ 整除 $\dfrac{x^n - 1}{x^m - 1}$.

特别地, 对于任意正整数 $a \geqslant 2$, $\Phi_n(a) \mid \dfrac{a^n - 1}{a^m - 1}$.

证明 由命题 10.2, $x^n - 1 = \prod\limits_{d \mid n} \Phi_d(x)$, $x^m - 1 = \prod\limits_{t \mid m} \Phi_t(x)$. 由于 $m \mid n$, 故若 $t \mid m$, 则有 $t \mid n$, 所以

$$x^n - 1 = \left(\prod_{t \mid m} \Phi_t(x) \right) \left(\prod_{t \nmid m, t \mid n} \Phi_t(x) \right) = (x^m - 1) \Phi_n(x) \prod_{t \nmid m, t \mid n, t < n} \Phi_t(x),$$

于是有 $\dfrac{x^n - 1}{x^m - 1} = \Phi_n(x) \prod\limits_{t \nmid m, t \mid n, t < n} \Phi_t(x)$, 所以在 $\mathbb{Z}[x]$ 中 $\Phi_n(x) \mid \dfrac{x^n - 1}{x^m - 1}$. 将 $x = a \geqslant 2$ 代入上式, $\Phi_n(a) \mid \dfrac{a^n - 1}{a^m - 1}$. $\qquad\square$

Wedderburn 定理

作为本节的重点内容, 我们介绍很有趣的 Wedderburn 定理, 读者可由此感觉到, 环论与群论同样优美, 其趣味令人神往.

定理 10.4 (Wedderburn 定理) 设 D 是一个有限可除环, 则 D 是一个域.

证明　设 $k = Z(D) = \{\, a \in D \mid ab = ba, \forall b \in D \,\}$ 是 D 的中心, 则 k 是一个域. 事实上, 由定义, k 是 D 的一个交换子环, 对于任意 $0 \neq a \in Z(D)$, $ab = ba$, 所以 $ba^{-1} = a^{-1}b$, $a^{-1} \in Z(D)$, 故 k 是域. 由于 D 是有限的, k 是有限域. 设 $q = |k| \geqslant 2$, 由于 $k \subseteq D$, D 是一个 k-向量空间. 因为 D 是有限的, 所以 D 是有限维 k-向量空间, 设 $n = \dim_k D$. 若 $n = 1$, 则 $D = k$ 是域, 结论正确.

设 $n \geqslant 2$, 我们希望推出矛盾.

对于任意 $0 \neq a \in Z(D)$, 定义 $Z(a) = \{\, b \in D \mid ab = ba \,\}$, 即 D 中与 a 可交换的元素全体. 可直接验证得到: $Z(a)$ 是 D 的子环且 $k = Z(D) \subseteq Z(a)$, 故 $Z(a)$ 是 D 的一个 k-子空间, 设 $n_a = \dim_k Z(a)$, 则有 $|D| = q^n$, $|Z(a)| = q^{n_a}$.

设 $G = D^* = D \setminus \{0\}$ 是 D 的乘法群, 则 $|G| = q^n - 1$, G 的中心 $C(G) = Z(D) \setminus \{0\} = k^*$. 对于任意 $a \in D^*$, 其中心化子 $C_G(a) = Z(a) \setminus \{0\}$, 故 $|C_G(a)| = q^{n_a} - 1$. 考虑 G 上的共轭作用, 根据群作用的轨道计算公式, 我们有:

$$|G| = |C(G)| + \sum_{i=1}^{s} [G : C_G(a_i)],$$

这里 $a_i \notin C(G)$, $1 \leqslant i \leqslant s$, 即 $|C_G(a_i)| < |G|$. 由于 $n \geqslant 2$, $|G| > |C(G)|$, 满足上述条件的 a_i 必存在, 于是我们有等式

$$q^n - 1 = q - 1 + \sum_{i=1}^{s} \frac{q^n - 1}{q^{n_i} - 1},$$

这里 $n_i = n_{a_i}$, $1 \leqslant i \leqslant s$. 由于 $|C_G(a_i)| \mid |G|$, 我们有 $(q^{n_i} - 1) \mid (q^n - 1)$, 由此我们有 $n_i \mid n$ (见本节习题结论).

考虑分圆多项式 $\Phi_n(x)$. 由命题 10.2, $\Phi_n(q) \mid (q^n - 1)$; 又由命题 10.3, $\Phi_n(q) \mid \dfrac{q^n - 1}{q^{n_i} - 1}$, $1 \leqslant i \leqslant s$. 由 $q^n - 1 = q - 1 + \sum_{i=1}^{s} \dfrac{q^n - 1}{q^{n_i} - 1}$, 可得 $\Phi_n(q) \mid (q - 1)$.

另一方面, 对于任意 $1 \neq \lambda \in \mu_n$, 设 $\lambda = \mathrm{e}^{\frac{2\pi i l}{n}}$, $1 \leqslant l \leqslant n - 1$, 计算得 $|\lambda - q|^2 = q^2 - 2q \cos \dfrac{2\pi l}{n} + 1 > (q - 1)^2$, 于是 $|\lambda - q| > q - 1 \geqslant 2 - 1 = 1$, 所以

$$|\Phi_n(q)| = \prod_{\substack{l=1 \\ \gcd(l,n)=1}}^{n} |\mathrm{e}^{\frac{2\pi i l}{n}} - q| > q - 1,$$

这与 $|\Phi_n(q)| \mid (q - 1)$ 矛盾!

因此 $n = 1$, 即 $D = k = Z(D)$ 是域.　　　　$\square$

多元多项式的零点

本章的最后部分, 我们讨论域上多元多项式的零点. 设 F 是域, 考虑多项式

$$f(x_1,\cdots,x_n) = \sum_{i_1=0}^{m_1}\cdots\sum_{i_n=0}^{m_n} a_{i_1\cdots i_n} x_1^{i_1}\cdots x_n^{i_n} \in F[x_1,\cdots,x_n],$$

其中 $a_{i_1\cdots i_n} \in F$. 对 $(u_1,\cdots,u_n) \in F^n$, 定义

$$f(u_1,\cdots,u_n) = \sum_{i_1=0}^{m_1}\cdots\sum_{i_n=0}^{m_n} a_{i_1\cdots i_n} u_1^{i_1}\cdots u_n^{i_n} \in F,$$

这样 f 定义了一个函数 $f: F^n \to F$ $((u_1,\cdots,u_n) \mapsto f(u_1,\cdots,u_n))$. 同样地, 若 $f(u_1,\cdots,u_n) = 0$, 则称 $(u_1,\cdots,u_n) \in F^n$ 是 $f(x_1,\cdots,x_n)$ 的一个零点. 记

$$V(f) \triangleq \{\,(u_1,\cdots,u_n) \in F^n \mid f(u_1,\cdots,u_n) = 0\,\}$$

为 f 的零点集,

$$D(f) \triangleq F^n \setminus V(f) = \{\,(u_1,\cdots,u_n) \in F^n \mid f(u_1,\cdots,u_n) \neq 0\,\}$$

为 f 的非零点集. 我们看到, $F^n = V(f) \cup D(f)$, 且 $V(f) \cap D(f) = \varnothing$.

关于多元多项式的零点, 在交换代数和代数几何中有很详细的讨论, 这里我们抛砖引玉, 只是介绍两个比较特殊的结论供读者参考.

命题 10.5 设 F 是无限域, $0 \neq f(x_1,\cdots,x_n) \in F(x_1,\cdots,x_n)$, 则 $D(f)$ 是无限集.

证明 我们对 n 归纳证明. 当 $n = 1$ 时, 这是一元多项式带余除法的直接推论 (即一元多项式最多有有限个根). 假设命题对 $n-1$ 成立, 考虑 n 的情形. 若 $f \in F[x_1,\cdots,x_{n-1}]$, 则由归纳假设, 结论成立. 可设 $\deg f \geqslant 1$ 且 f 可以写成下列形式:

$$f(x_1,\cdots,x_n) = a_0(x_1,\cdots,x_{n-1})x_n^l+\cdots+a_{l-1}(x_1,\cdots,x_{n-1})x_n+a_l(x_1,\cdots,x_{n-1}),$$

这里 $l \geqslant 1$, $a_i(x_1,\cdots,x_{n-1}) \in F[x_1,\cdots,x_{n-1}]$, $0 \leqslant i \leqslant l$ 且 $a_0(x_1,\cdots,x_{n-1}) \neq 0$. 由归纳假设, $D(a_0) = \{(t_1,\cdots,t_{n-1}) \in F^{n-1} \mid a_0(t_1,\cdots,t_{n-1}) \neq 0\}$ 是无限集, 对每个 $(t_1,\cdots,t_{n-1}) \in D(a_0)$, $0 \neq f(t_1,\cdots,t_{n-1},x_n) \in F[x_n]$, 同样根据一元多项式的带余除法, 存在 $t_n \in F$ 使得 $f(t_1,\cdots,t_{n-1},t_n) \neq 0$. 事实上由于 F 是无限域, 这样的 t_n 有无限多个. 此时 $(t_1,\cdots,t_n) \in D(f)$, $D(f)$ 是无限集. $\qquad\square$

命题 10.6　设 $\mathbb{C}$ 是复数域, $f(x_1, x_2) \in \mathbb{C}[x_1, x_2]$ 且 $\deg f \geqslant 1$, 则 $f(x_1, x_2)$ 的零点集 $V(f)$ 是无限集.

证明　首先, 由代数学基本定理, 对任意次数大于或等于 1 的多项式 $g(x) \in \mathbb{C}[x]$, $g(x)$ 在 $\mathbb{C}$ 上有零点. 若 $f(x_1, x_2) \in \mathbb{C}[x_1]$, 则命题成立. 下面我们设 f 可以写成下列形式: $f(x_1, x_2) = a_0(x_1)x_2^l + \cdots + a_{l-1}(x_1)x_2 + a_l(x_1)$, 这里 $l \geqslant 1$, $a_i(x_1) \in \mathbb{C}[x_1]$, $0 \leqslant i \leqslant l$, 且 $a_0(x_1) \neq 0$. 由于 $D(a_0) = \{ u \in \mathbb{C} \mid a_0(u) \neq 0 \}$ 是无限集, 对每个 $u \in D(a_0)$, $f(u, x_2) = a_0(u)x_2^l + \cdots + a_{l-1}(u)x_2 + a_l(u) \in \mathbb{C}[x_2]$, 且 $\deg f(u, x_2) = l \geqslant 1$, 故由代数学基本定理知 $f(u, x_2)$ 在 $\mathbb{C}$ 上有零点 t_u, $(u, t_u) \in V(f)$. 由于 $D(a_0)$ 是无限集, 故 $V(f)$ 也是无限集.　　□

运用数学归纳法, 我们可以证明: 若 $f \in \mathbb{C}[x_1, \cdots, x_n]$, $n \geqslant 2$, $\deg f \geqslant 1$, 则 $V(f)$ 是无限集, 证明留作练习. 另一方面, 命题 10.6 对一般的无限域 F 不一定成立, 例如对实数域 $\mathbb{R}$, 考虑 $f(x_1, x_2) = x_1^2 + x_2^2$, 则 f 在 $\mathbb{R}^2$ 上只有一个零点 $(0, 0)$; 设 $g(x_1, x_2) = x_1^2 + x_2^2 + 1$, 则 g 在 $\mathbb{R}^2$ 上无零点; 设 $h(x_1, x_2) = x_1^2 + x_2^2 - 1$, 则 h 在 $\mathbb{R}^2$ 上有无限多个零点. 由命题 10.6, f, g, h 在复数域 $\mathbb{C}$ 上的零点集都是无限集. 如果读者继续探究产生这个现象的原因, 不难发现, $\mathbb{C}$ 上的代数学基本定理才是关键, 我们在第三章会讨论类似于复数域的域——代数闭域.

习题 2.10

1. 对正整数 $m, n > 1$, 证明: 如果 $(x^m - 1) \mid (x^n - 1)$, 那么 $m \mid n$.

2. 对正整数 $a, m, n > 1$, 证明: 如果 $(a^m - 1) \mid (a^n - 1)$, 那么 $m \mid n$.

3. 设 $\mathbb{C}$ 是复数域, $f(x_1, \cdots, x_n) \in \mathbb{C}[x_1, \cdots, x_n]$, $n \geqslant 2$, $\deg f \geqslant 1$, 证明 $f(x_1, \cdots, x_n)$ 的零点集 $V(f)$ 是无限集.

第三章　域论

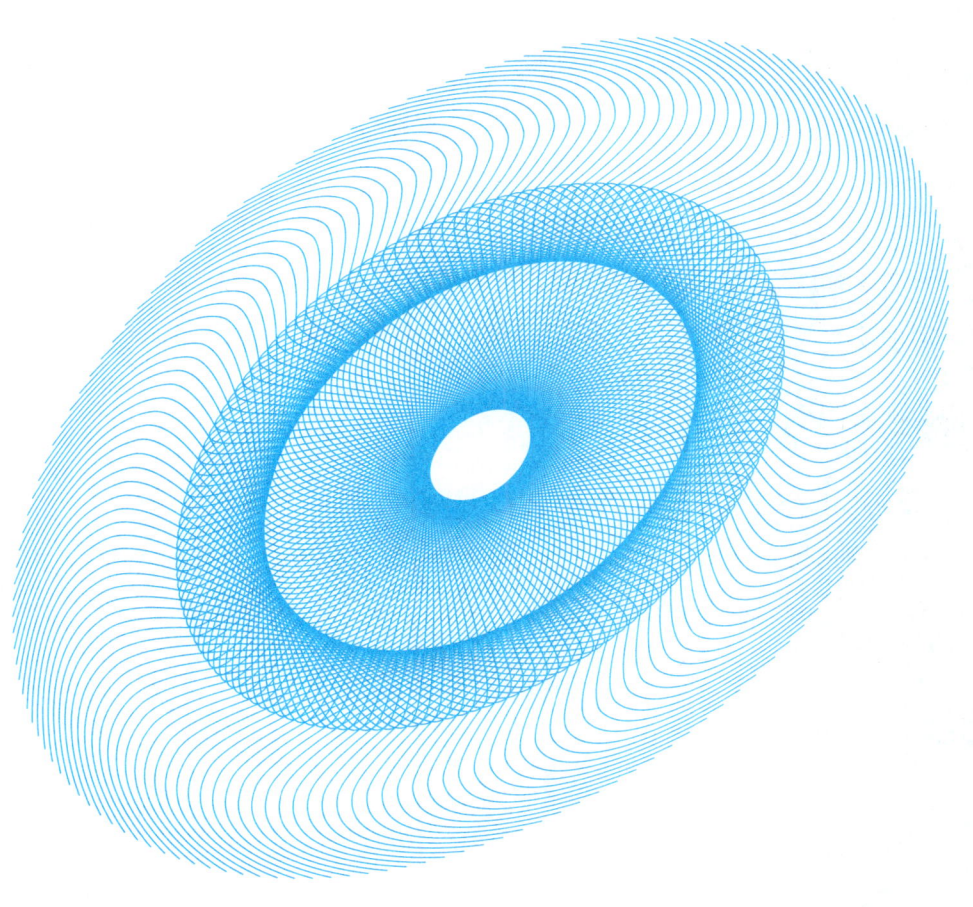

3.1 域扩张的定义

域的扩张

定义 当 F 是域 K 的子域时, 我们称 K 是 F 的扩域 (field extension), 并用 K/F 表示, 或者通过以下图形来表示:

域 F 有时也被称作扩域的基域 (base field). 在讨论域扩张时, 记号 "/" 不表示商运算. 如果存在三个域 $F \subset E \subset K$, 则称 E 是 F 和 K 的中间域 (intermediate field), 其图形表示为:

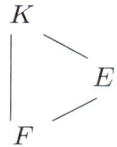

任意域 F 都包含一个由其乘法单位元 1_F 生成的子域, 这个子域被称为素域 (prime field). 素域要么与有理数域 $\mathbb{Q}$ 同构 (当 F 的特征为零时), 要么与有限域 $\mathbb{F}_p$ 同构 (当 F 的特征为某个素数 p 时). 因此, 在同构的意义下, 每个域 F 都可以看作是有理数域或某个有限域的扩域.

域扩张的次数

对于任意域扩张 K/F, K 上的乘法运算使得 K 成为 F 上的向量空间. 这意味着 K 中存在一组基, 使得 K 中的任意元素 x 都可以表示为这组基的 F-线性组合. 基于此, 我们可以定义域扩张次数的概念.

定义 对于域扩张 K/F, K 作为 F 上向量空间的维数被称为该域扩张的次数 (或相对次数、指数), 记作 $[K:F] = \dim_F K$. 如果 $[K:F]$ 是有限的, 则称该域扩张为有限域扩张; 否则, 称为无限域扩张.

定理 1.1 设有域扩张 $F \subseteq K \subseteq L$. 则

$$[L:F] = [L:K][K:F],$$

即扩张次数是可乘的. 特别地, L/F 是无限扩张当且仅当 L/K 或 K/F 是无限扩张.

$$\underbrace{F \subseteq \underbrace{K}_{[K:F]} \subseteq \underbrace{L}_{[L:K]}}_{[L:F]}$$

证明   首先假设 $[L:K]=m$ 和 $[K:F]=n$ 都是有限数. 设 $\alpha_1, \alpha_2, \cdots, \alpha_m$ 是 L 在 K 上的一组基, 且 $\beta_1, \beta_2, \cdots, \beta_n$ 是 K 在 F 上的一组基. 那么, L 的每个元素可写成如下线性组合:

$$a_1\alpha_1 + a_2\alpha_2 + \cdots + a_m\alpha_m,$$

其中 $a_1, a_2, \cdots, a_m$ 是 K 的元素, 它们也是 $\beta_1, \beta_2, \cdots, \beta_n$ 的 F-线性组合:

$$a_i = b_{i1}\beta_1 + b_{i2}\beta_2 + \cdots + b_{in}\beta_n, \quad i = 1, 2, \cdots, m,$$

其中 b_{ij} 是 F 的元素. 将这些表达式代入, 我们看到 L 的每个元素可以写成如下线性组合:

$$\sum_{\substack{i=1,\cdots,m \\ j=1,\cdots,n}} b_{ij}\alpha_i\beta_j,$$

其中系数取自 F, 因此, 作为 F-向量空间, L 可由 $\{\alpha_i\beta_j\}$ 线性张成. 根据假设, 可以验证元素 $\alpha_i\beta_j$ 在 F 上是线性无关的, 因此它们构成了 L 在 F 上的一组基, 从而 $[L:F] = mn = [L:K][K:F]$.

如果 $[K:F]$ 是无限的, 那么 L 在 F 上也自然是无限的. 类似地, 如果 $[L:K]$ 是无限的, 那么 L 中有无限多个元素于 K 上线性无关, 因此也于 F 上线性无关, 所以 $[L:F]$ 是无限的.

最后, 如果 $[L:K]$ 和 $[K:F]$ 都是有限的, 那么上面的证明表明 $[L:F]$ 也是有限的, 因此 $[L:F]$ 无限意味着至少其中一个 $[L:K]$ 和 $[K:F]$ 是无限的, 从而定理成立. $\square$

例 1   若域扩张 K/F 的次数 $[K:F]$ 是一个素数, 则 K/F 没有非平凡的中间域, 即 K/F 的中间域只有 K 和 F.

域扩张的生成元集

正如我们在考虑子群和理想的生成元时所做的那样, 我们也可以从引入新的生成元的角度来探讨域的扩张.

定义 设 F 是域 K 的一个子域, S 是 K 的一个子集. 我们定义 $F(S)$ 为所有包含 S 且位于 F 和 K 之间的中间域的交集, 即

$$F(S) = \bigcap_{\substack{F \subseteq E \subseteq K \\ S \subseteq E}} E.$$

可以明显看出, $F(S)$ 是一个中间域, 我们称之为由 S 生成的 F 的扩域, 而 S 中的元素则被称为域扩张 $F(S)/F$ 的生成元.

$F(S)$ 具有下列命题所述的 "最小性".

命题 1.2 设 K/F 为域扩张, $S \subset K$.

(1) $F(S)$ 是 F 和 K 之间且包含 S 的最小中间域.

(2) $F(S) = \left\{ \dfrac{f(a_1, \cdots, a_n)}{g(a_1, \cdots, a_n)} \;\middle|\; n \in \mathbb{N},\, a_i \in S\,(\forall i),\, f, g \in F[x_1, \cdots, x_n], \right.$ $\left. g(a_1, \cdots, a_n) \neq 0 \right\}.$

证明 首先, 根据定义, 我们可以直接证明 $\bigcap\limits_{\substack{K/E/F \\ S \subseteq E}} E$ 不仅是 K/F 的中间域, 而且是包含 S 的最小中间域. 其次, 通过逐条验证, 我们可以确认 (2) 中等式右边的集合在域的所有运算下封闭, 并落在每个包含 S 的子域里. 因此, 它就是包含 S 的最小中间域. $\square$

对于一个域扩张 K/F, 如果在 K 中存在一个有限集 $S = \{\alpha_1, \alpha_2, \cdots, \alpha_k\}$ 使得 $K = F(S)$ (也记为 $K = F(\alpha_1, \alpha_2, \cdots, \alpha_k)$), 则称域扩张 K/F 是有限生成的. 特别地, 我们称 $F(\alpha)$ 是域 F 上的一个单扩张, 元素 α 被称为该域扩张的本原元素 (primitive).

例如, 复数域 $\mathbb{C}$ 就是 $\mathbb{R}$ 关于虚根 i 的单扩张. (实际上, 后文中会提及: 任何特征零的域上的有限扩张都是单扩张.)

域扩张的合成

定义 设 K_1 和 K_2 是域扩张 K/F 的两个中间域, 它们的合成域即为 $F(S)$, 其中 $S = K_1 \cup K_2$, 该合成域也记为 $K_1 K_2$, 它是包含 K_1 和 K_2 的最小中间域.

根据定义, $K_1 K_2$ 即为由 K_1 和 K_2 在 K 中所生成的子域. 下列引理将揭示, 有限生成的域扩张都可以由一系列单扩张的合成获得.

引理 1.3 设 K/F 为域扩张, $F(\alpha, \beta)/F$ 为中间域, 则 $F(\alpha, \beta) = F(\alpha)F(\beta) = F(\alpha)(\beta)$, 即由 α 和 β 生成的域扩张等于两个单扩张的合成.

证明 域 $F(\alpha, \beta)$ 包含 F 和 α, 因此包含域 $F(\alpha)$. 由于它还包含 β, 我们根据域

$(F(\alpha))(\beta)$ 的极小性质得到包含关系 $(F(\alpha))(\beta) \subseteq F(\alpha, \beta)$. 由于域 $(F(\alpha))(\beta)$ 包含 F, α 和 β, 根据 $F(\alpha, \beta)$ 的极小性质, 我们得到反向包含关系 $F(\alpha, \beta) \subseteq (F(\alpha))(\beta)$, 按定义它们都等于合成域 $F(\alpha)F(\beta)$.   □

例 2   两个域 $\mathbb{Q}(\sqrt{2})$ 和 $\mathbb{Q}(\sqrt[3]{2})$ 的合成域是域 $\mathbb{Q}(\sqrt[6]{2})$. 首先, $\mathbb{Q}(\sqrt[6]{2})$ 包含了这两个子域 $\left((\sqrt[6]{2})^3 = \sqrt{2} \text{ 和 } (\sqrt[6]{2})^2 = \sqrt[3]{2}\right)$; 其次包含 $\sqrt{2}$ 和 $\sqrt[3]{2}$ 的任何域都包含它们的商 $\dfrac{\sqrt{2}}{\sqrt[3]{2}} = \sqrt[6]{2}$.

我们提供一个非常有用的结论, 它有助于计算合成域的扩张次数.

命题 1.4   设 L/F 是域扩张, K_1 和 K_2 是两个中间域, 且 K_1/F 和 K_2/F 均为有限扩域, 则

$$[K_1K_2 : F] \leqslant [K_1 : F][K_2 : F],$$

且等式成立当且仅当 K_2 (或 K_1) 的一组 F-基在 K_1 (或 K_2) 上保持线性无关性.

证明   设 $\alpha_1, \alpha_2, \cdots, \alpha_n$ 是 K_1 的一组 F-基, 又设 $\beta_1, \beta_2, \cdots, \beta_m$ 是 K_2 的一组 F-基 (因此 $[K_1 : F] = n$, $[K_2 : F] = m$). 根据定义,

$$K_1K_2 = F(\alpha_1, \alpha_2, \cdots, \alpha_n, \beta_1, \beta_2, \cdots, \beta_m).$$

由于 $\alpha_1, \alpha_2, \cdots, \alpha_n$ 是 K_1 的 F-基, 因此, 关于 $\alpha_1, \alpha_2, \cdots, \alpha_n$ 的任一个多项式表达式都可以用 $\alpha_1, \alpha_2, \cdots, \alpha_n$ 的 F-线性组合来表示; 同理, $\{\beta_j\}$ 也有类似性质. 由此易知, 集合

$$A \triangleq \left\{ \sum_{\substack{i=1,2,\cdots,n \\ j=1,2,\cdots,m}} a_{ij}\alpha_i\beta_j \,\Big|\, a_{ij} \in F \right\} \subseteq K_1K_2 \subseteq L$$

关于域 L 的乘法和加减法封闭. 我们断言 A 在 L 的除法下也是封闭的. 这是因为 A 是一个有限维的 F 向量空间, 任意非零元 $a \in A$ 的幂次所组成的子集 $\{a^i \in A, i \geqslant 0\}$ 必然 F-线性相关, 即可以找到有限个系数 $r_i \in F$, $i = 1, 2, \cdots, k$, 使得

$$\sum_{i=0}^{k} r_i a^i = 0,$$

且 $r_0 = 1$. 两边同乘 a^{-1}, 即得 $a^{-1} = -\sum_{i=1}^{k} r_i a^{i-1} \in A$, 故 A 是一个域. 根据定义我们有

$$K_1K_2 = A = \left\{ \sum_{\substack{i=1,2,\cdots,n \\ j=1,2,\cdots,m}} a_{ij}\alpha_i\beta_j \,\Big|\, a_{ij} \in F \right\}.$$

特别地, $[K_1 K_2 : F] \leqslant mn$.

从 $K_1 K_2 = F(\alpha_1, \alpha_2, \cdots, \alpha_n, \beta_1, \beta_2, \cdots, \beta_m) = K_1(\beta_1, \beta_2, \cdots, \beta_m)$, 我们看到 $\beta_1, \beta_2, \cdots, \beta_m$ 在 K_1 上生成了 $K_1 K_2$. 因此, $[K_1 K_2 : K_1] \leqslant m = [K_2 : F]$, 且等号成立当且仅当 $\beta_1, \beta_2, \cdots, \beta_m$ 在 K_1 上线性无关. 由于

$$[K_1 K_2 : F] = [K_1 K_2 : K_1] [K_1 : F],$$

命题成立. $\qquad\square$

例 3 考虑域 $\mathbb{Q}(\sqrt{2}, \sqrt{3})$, 它是由 $\sqrt{2}$ 和 $\sqrt{3}$ 生成的 $\mathbb{C}$ 的子域, 也可以看成是 $\mathbb{Q}(\sqrt{2})$ 和 $\mathbb{Q}(\sqrt{3})$ 的合成域. 根据命题 1.4, 我们有

$$[\mathbb{Q}(\sqrt{2}, \sqrt{3}) : \mathbb{Q}] \leqslant 4,$$

且等号成立当且仅当 $\mathbb{Q}(\sqrt{3})$ 的基 $\{1, \sqrt{3}\}$ 在 $\mathbb{Q}(\sqrt{2})$ 上线性无关. 假设 $\sqrt{3} \in \mathbb{Q}(\sqrt{2})$, 则 $\sqrt{3} = a + b\sqrt{2}$, 其中 $a, b \in \mathbb{Q}$. 我们得到 $(a^2 + 2b^2) + 2ab\sqrt{2} = 3$, 注意到 a, b 不同时为 0, 上式会导出矛盾. 这表明 $\sqrt{3} \notin \mathbb{Q}(\sqrt{2})$, 从而我们有

$$[\mathbb{Q}(\sqrt{2}, \sqrt{3}) : \mathbb{Q}] = 4.$$

$\mathbb{Q}(\sqrt{2}, \sqrt{3})$ 中的元素包括了 $1, \sqrt{2}, \sqrt{3}, \sqrt{6}$. 通过计算发现, 这些元素构成了它的一组 $\mathbb{Q}$-基:

$$\mathbb{Q}(\sqrt{2}, \sqrt{3}) = \{\, a + b\sqrt{2} + c\sqrt{3} + d\sqrt{6} \mid a, b, c, d \in \mathbb{Q} \,\}.$$

命题 1.4 揭示了下述图示:

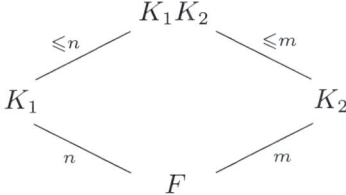

这里我们给出命题 1.4 的不等式中等号成立的一个充分条件.

推论 1.5 假设同命题 1.4. 若 $[K_1 : F] = n, [K_2 : F] = m$, 且 n 和 m 互素, 则

$$[K_1 K_2 : F] = [K_1 : F] [K_2 : F] = nm.$$

证明 由于 $K_1 K_2 = K_1(K_2) = K_2(K_1)$, 所以 $[K_1 K_2 : F]$ 均可被 n 和 m 整除. 因此, $nm = \mathrm{lcm}(n, m) \mid [K_1 K_2 : F]$. 又有 $[K_1 K_2 : F] \leqslant nm$, 故 $[K_1 K_2 : F] = nm$. $\qquad\square$

习题 3.1

1. 对于整数 n, 当 $n \neq -1, 3, 5$ 时, 证明 $F = \mathbb{Q}[x]/(x^3 - nx + 2)$ 是域.

2. 证明 $\mathbb{Q}(\sqrt{5}, \sqrt{7}) = \mathbb{Q}(\sqrt{5} + \sqrt{7})$.

3. 证明 $\mathbb{Q}(\sqrt{2})$ 和 $\mathbb{Q}(\sqrt{5})$ 作为 $\mathbb{Q}$-线性空间是同构的, 但作为域不同构.

4. 设 L 为 K 的有限扩张, 证明其有理函数域 $L(x)$ 也是 $K(x)$ 的有限扩张, 且 $[L(x) : K(x)] = [L : K]$.

5. 设 L/K 为域扩张, 特征不为 2. a, b 为 L 中的两个非零元, 且满足 $a^2, b^2 \in K$. 证明: $K(a) = K(b)$ 当且仅当 $ab \in K$.

6. 设 F 为域, n 为正整数, 证明对任意矩阵 $A \in M_{n \times (n+1)}(F)$, 秩 $\mathrm{rank}(A) \leqslant n$. 这个命题的等价命题为: 域 F 上具有 n 个方程和 $n + 1$ 个未知量的齐次线性方程组必有非零解.

7. 对于域 F 的有限扩张 E/F. 若 $[E : F] = n$, 证明在 F 的 $n \times n$ 矩阵环 $M_n(F)$ 上存在一个子环 R 使得 $E \cong R$.

8. 设 F 是一个域.

   (1) 证明所有的矩阵 $\begin{pmatrix} a & b \\ -b & a \end{pmatrix}$, 其中 $a, b \in F$, 在矩阵加法和矩阵乘法下组成一个域 E, 当且仅当方程 $X^2 + 1 = 0$ 在 F 中没有解;

   (2) 证明 E 包含一个同构于 F 的域;

   (3) 使用 (1) 来构造一个具有九个元素的域并找出其特征.

*9. 证明实数域 $\mathbb{R}$ 上不存在真子域跟它自身同构. 试问复数域 $\mathbb{C}$ 上是否存在真子域跟它自身同构?

*10. 令 $\mathbb{C}(x)$ 为复系数有理函数域, 证明下述集合构成 $\mathbb{C}(x)$ 的一组 $\mathbb{C}$-基:

$$\{x^i\}_{i=0}^{\infty} \cup \left\{ \frac{1}{(x-a)^k} \,\Big|\, a \in \mathbb{C}, k \in \mathbb{N} \right\}.$$

如将 $\mathbb{C}$ 换成实数域 $\mathbb{R}$, 情况又如何?

3.2 代数扩张

代数元与超越元

定义　设 F 是域, K/F 是一个域扩张.

(1) 对于元素 $\alpha \in K$, 如果存在非零多项式 $f(x) \in F[x]$ 使得 α 是 $f(x) = 0$ 的根, 那么称 α 在 F 上是代数元 (algebraic); 否则, 称 α 在 F 上是超越元 (transcendental).

(2) 设 α 在 F 上是代数元, 则存在次数最小的首一多项式 $m_\alpha(x) \in F[x]$ 使得 $m_\alpha(\alpha) = 0$, 称 $m_\alpha(x) \in F[x]$ 为 α 在 F 上的极小多项式, 其次数被称为 α 在 F 上的次数. 根据极小多项式次数最小的定义要求, 容易知道首一极小多项式 $m_\alpha(x)$ 必是唯一的且必为不可约多项式 (见本节习题结论).

命题 2.1　设 F 是域, K/F 是一个域扩张. 设 $\alpha \in K$ 是 F 上的代数元, 且 α 在 F 上的极小多项式为 $m_\alpha(x)$. 则 α 是多项式 $f(x) \in F[x]$ 的根当且仅当 $m_\alpha(x)$ 在环 $F[x]$ 中整除 $f(x)$.

证明　设 $g(x)$ 是 $F[x]$ 中满足 $g(\alpha) = 0$ 的具有最小次数的首一多项式. 由于 $g(x)$ 次数的极小性, 我们知道 $g(x)$ 是在 $F[x]$ 上不可约的. 假设 $f(x) \in F[x]$ 是满足 $f(\alpha) = 0$ 的任一多项式. 利用 $F[x]$ 中的带余除法, 可以找到多项式 $q(x), r(x) \in F[x]$ 使得

$$f(x) = q(x)g(x) + r(x),$$

满足 $\deg r(x) < \deg g(x)$. 此时有 $f(\alpha) = q(\alpha)g(\alpha) + r(\alpha)$. 由于 α 同时是 $f(x)$ 与 $g(x)$ 的根, 因此有 $r(\alpha) = 0$. 根据 $g(x)$ 次数的极小性, 可以看出 $r(x) = 0$. 因此, $g(x) \mid f(x)$. □

命题 2.2　设 F 是一个域, K/F 是一个域扩张且 $\alpha \in K$.

(1) 若 α 在 F 上是代数元, $m_\alpha(x)$ 为 α 在 F 上的极小多项式, 则有域同构

$$F(\alpha) \cong F[x]/(m_\alpha(x)),$$

且 $[F(\alpha) : F] = \deg m_\alpha(x)$.

(2) 若 α 在 F 中是超越的, 则有域同构

$$F(\alpha) \cong F(x),$$

这里 $F(x) = K(F[x])$ 为有理函数域.

证明 考虑赋值映射诱导的环同态 $\theta : F[x] \to K$, 对 $\forall f(x) \in F[x]$, 定义 $\theta(f(x)) = f(\alpha)$. 令 $L = \operatorname{Ker} \theta$.

如果 $L = 0$, 这意味着 α 是 F 上的超越元, 从而 $F[\alpha] \triangleq \operatorname{Im} \theta \cong F[x]$. 因此, 它们的分式域同构, 即 $K(F[\alpha]) \cong K(F[x]) = F(x)$. 我们注意到, 根据命题 1.2(2),

$$K(F[\alpha]) = F(\alpha) = \left\{ \frac{f(\alpha)}{g(\alpha)} \,\Big|\, f(x), g(x) \in F[x], \ g(\alpha) \neq 0 \right\}.$$ 此即结论 (2).

如果 $L \neq 0$, α 必是 F 上的代数元, 且 $L = (m_\alpha(x))$. 由第二章我们知道, L 是一个极大理想, 从而

$$F[\alpha] \triangleq \operatorname{Im} \theta \cong F[x]/L,$$

这里 $F[\alpha] = \{ f(\alpha) \mid f(x) \in F[x] \}$. 特别地, $F[\alpha] = F(\alpha)$.

最后, 我们设 $m_\alpha(x) = x^n + a_{n-1}x^{n-1} + \cdots + a_1 x + a_0, n \geqslant 0$. 由带余除法知道, $F[\alpha]$ 可由 $1, \alpha, \cdots, \alpha^{n-1}$ 在 F 上线性张成. 此外, $1, \alpha, \cdots, \alpha^{n-1}$ 在 F 上必线性无关, 否则会与 $n = \deg m_\alpha(x)$ 矛盾. 因此, $1, \alpha, \cdots, \alpha^{n-1}$ 是 $F[\alpha]$ 的 F-基, 由此可知, $[F(\alpha) : F] = n = \deg m_\alpha(x)$. $\qquad\square$

例 1 (1) $\sqrt{2}$ 在 $\mathbb{Q}$ 上的极小多项式为 $x^2 - 2$, 且 $[\mathbb{Q}(\sqrt{2}) : \mathbb{Q}] = 2$.

(2) $\sqrt[3]{2}$ 在 $\mathbb{Q}$ 上的极小多项式为 $x^3 - 2$ 且 $[\mathbb{Q}(\sqrt[3]{2}) : \mathbb{Q}] = 3$.

(3) 对于任意 $n > 1$, 根据 Eisenstein 判别法 (见习题 2.7 的第 7 题), 多项式 $x^n - 2$ 在 $\mathbb{Q}$ 上是不可约的. 设 ξ 是它的一个根. 此时有 $[\mathbb{Q}(\xi) : \mathbb{Q}] = n$.

(4) 元素 α 在 F 上的次数与基域 F 有关. 例如, 可以取 (3) 中 $\xi \in \mathbb{R}$, 此时 ξ 在 $\mathbb{R}$ 中的极小多项式为 $x - \xi$, 所以 ξ 在 $\mathbb{R}$ 上的次数为 1.

(5) 考虑 $\mathbb{Q}$-系数多项式 $p(x) = x^3 - 3x - 1$. 由于它在 $\mathbb{Q}$ 上没有有理根, 所以它在 $\mathbb{Q}$ 上是不可约多项式. 因此对于 $p(x)$ 的任一根 α, $[\mathbb{Q}(\alpha) : \mathbb{Q}] = 3$. 此外, 注意到 $p(x)$ 仅有唯一的实数根.

推论 2.3 设 F 是域, K/F 是域扩张, $\alpha \in K$. 则元素 α 在 F 上是代数的当且仅当单扩张 $F(\alpha)/F$ 是有限扩张.

证明 若 α 在 F 上是代数的, 则 $F(\alpha)/F$ 的扩张次数 $[F(\alpha) : F] = \deg m_\alpha < \infty$. 反过来, 若 $[F(\alpha) : F] = n < \infty$, 则 $F(\alpha)$ 中的 $n+1$ 个元素

$$1, \alpha, \alpha^2, \cdots, \alpha^n$$

在 F 上是线性相关的, 即存在 $b_i \in F$ 不全为 0, 使得

$$b_0 + b_1\alpha + b_2\alpha^2 + \cdots + b_n\alpha^n = 0.$$

因此 α 是左侧非零多项式的根. 这说明 α 是 F 上次数不超过 n 的代数元. $\qquad\square$

例 2　设 u 是 $\mathbb{Q}$ 上的方程 $x^3 - 6x^2 + 9x + 3 = 0$ 的一个根, 则 $[\mathbb{Q}(u) : \mathbb{Q}] = 3$. 试用 $1, u, u^2$ 表示 $u^4, u^5, (1 + u)^{-1}$.

证明　由 Eisenstein 判别法知 $x^3 - 6x^2 + 9x + 3$ 在 $\mathbb{Q}$ 上不可约, 故 $[\mathbb{Q}(u) : \mathbb{Q}] = 3$.

由法则 $u^3 - 6u^2 + 9u + 3 = 0$ 知 $u^3 = 6u^2 - 9u - 3$. 故

$$u^4 = u(6u^2 - 9u - 3) = 6(6u^2 - 9u - 3) - 9u^2 - 3u = 27u^2 - 57u - 18;$$

$$u^5 = u(27u^2 - 57u - 18) = 27(6u^2 - 9u - 3) - 57u^2 - 18u = 105u^2 - 261u - 81.$$

至于 $(1 + u)^{-1}$, 我们可以使用带余除法, 得

$$u^3 - 6u^2 + 9u + 3 = (u + 1)(u^2 - 7u + 16) - 13 = 0,$$

从而, $(1 + u)^{-1} = \dfrac{1}{13}(u^2 - 7u + 16)$. $\qquad\square$

设 F 是特征不为 2 的域, K 是 F 的二次扩域, 即 $[K : F] = 2$. 设 α 是 K 中不包含在 F 中的任意元素, 则 α 满足一个关于 F 的最高次数不超过 2 的方程. 这个方程不能是一次方程, 因为 α 不是 F 的元素. 因此, α 的最小多项式是一个首一的二次多项式

$$m_\alpha(x) = x^2 + bx + c, \quad b, c \in F.$$

由于 $F \subset F(\alpha) \subseteq K$, 而 $F(\alpha)$ 已经是一个 2 维的 F-向量空间, 我们有 $K = F(\alpha)$. 这个二次方程的根可以通过求根公式

$$\alpha = \frac{-b \pm \sqrt{b^2 - 4c}}{2}$$

来确定. 现在可以证明 $F(\alpha) = F(\sqrt{b^2 - 4c})$: 根据上述公式, α 是右侧域的元素, 因此 $F(\alpha) \subseteq F(\sqrt{b^2 - 4c})$. 反之, $\sqrt{b^2 - 4c} = \mp(b + 2\alpha)$ 表明 $\sqrt{b^2 - 4c}$ 是 $F(\alpha)$ 的元素, 这给出了 $F(\sqrt{b^2 - 4c}) \subseteq F(\alpha)$.

由此可知, F 的任何次数为 2 的域扩张 K 都具有形式 $F(\sqrt{D})$, 其中 D 在 F 中非完全平方; 反之亦然. 为此, 域 F 的次数为 2 的扩张被称为 F 的二次扩域 (quadratic extension).

代数扩张

<u>定义</u>　设 K/F 为域扩张, 如果 K 中的元素在 F 上都是代数的, 那么称 K/F 是代数扩张 (algebraic extension).

命题 2.4　如果域扩张 K/F 是有限的, 那么它必是代数的.

证明　对任意 $\alpha \in K$, 由于 $F(\alpha) \subset K$, 因此 $[F(\alpha):F] \leqslant [K:F] < +\infty$. 因此存在正整数 n, 使得 $1, \alpha, \cdots, \alpha^n$ 在 F 上线性相关, 即 α 满足 F 上一个非零多项式.　□

例 3 (有理数域的扩张)

(1) 设 α 是 $f(x) = x^3 - 3x - 1$ 在 0 到 2 之间的实根, 则 $\sqrt{2} \notin \mathbb{Q}(\alpha)$. 这是因为我们知道 $[\mathbb{Q}(\sqrt{2}):\mathbb{Q}] = 2$ 且 $[\mathbb{Q}(\alpha):\mathbb{Q}] = 3$, 而 2 不能整除 3. 另一个方法是直接证明 $\sqrt{2}$ 不能写成 $1, \alpha, \alpha^2$ 的有理线性组合, 细节留给读者.

(2) 用 $\sqrt[6]{2}$ 表示 2 的正实数六次根. 有 $[\mathbb{Q}(\sqrt[6]{2}):\mathbb{Q}] = 6$. 由于 $(\sqrt[6]{2})^3 = \sqrt{2}$, 我们有 $\mathbb{Q}(\sqrt{2}) \subset \mathbb{Q}(\sqrt[6]{2})$ 且由推论 1.5 知 $[\mathbb{Q}(\sqrt[6]{2}):\mathbb{Q}(\sqrt{2})] = 3$. 这给出了以下域图:

$$\underbrace{\underbrace{\mathbb{Q} \subset \underset{2}{\underbrace{\mathbb{Q}(\sqrt{2})}} \subset \underset{3}{\underbrace{\mathbb{Q}(\sqrt[6]{2})}}}}_{6}.$$

特别地, 这表明 $\sqrt[6]{2}$ 在 $\mathbb{Q}(\sqrt{2})$ 上的极小多项式的次数为 3, 也即该多项式就是 $x^3 - \sqrt{2}$. 读者可以思考, 能否直接证明 $x^3 - \sqrt{2}$ 在 $\mathbb{Q}(\sqrt{2})$ 上是不可约的.

定理 2.5　(有限扩张的刻画定理)　设 K/F 是域扩张, 则 K/F 是有限扩张当且仅当 K/F 是有限生成的代数扩张. 特别地, 若 $a_1, a_2, \cdots, a_n$ 是 F 上次数为 $m_1, m_2, \cdots, m_n$ 的代数元, 则 $F(a_1, a_2, \cdots, a_n)/F$ 是有限扩张, 并且 $[F(a_1, a_2, \cdots, a_n):F] \leqslant m_1 m_2 \cdots m_k$.

证明　先设 $K = F(a_1, a_2, \cdots, a_n)$ 是代数扩张. 考虑一系列中间域 $F_0 = F \subset F_1 \subset \cdots \subset F_n = K$, 其中 $F_i = F(a_1, a_2, \cdots, a_i)$. 因 $F_i = F_{i-1}(a_i)$ 且 a_i 是代数元, 推论 2.3 表明 $[F_i:F_{i-1}] \leqslant [F(a_i):F] = m_i < +\infty, \forall\, 1 \leqslant i \leqslant n$. 从而

$$[K:F] = \prod_{i=1}^{n} [F_i:F_{i-1}] \leqslant m_1 m_2 \cdots m_n < +\infty.$$

另一方面, 设 K/F 有限扩张且 $x_1, x_2, \cdots, x_k$ 是一组 F-基. 由命题 2.4 知, K/F 是代数扩张. 从而 $K = F(x_1, x_2, \cdots, x_k)$ 是有限生成的代数扩张.　□

通过定理 2.5, 我们可以证明代数元关于代数运算的封闭性.

推论 2.6　设 K/F 为域扩张.

(1) 若 $\alpha \in K$ 和 $\beta \in K$ 是 F 上的代数元, 则 $\alpha \pm \beta, \alpha\beta, \alpha\beta^{-1}$(对于 $\beta \neq 0$) 都是 F 上的代数元.

(2) K 中在 F 上代数元的集合构成了一个中间域 L.

证明   (1) 考虑中间域 $F(\alpha,\beta)$ 中, 根据定理 2.5, $F(\alpha,\beta)/F$ 为有限扩张, 它也是代数扩张. 因为 $\alpha\pm\beta, \alpha\beta, \alpha\beta^{-1}$ 均在 $F(\alpha,\beta)$ 中, 故它们都是 F 上的代数元.

(2) 根据结论 (1), L 中的元素关于 K 的四则运算封闭, 因而 L/F 是中间域且为代数扩张.   □

命题 2.7   设 $K/L, L/F$ 均为代数扩张, 则 K/F 为代数扩张.

证明   我们要证明对任意 $\alpha\in K$, α 是 F 上的代数元. 为此, 取 α 在 L 上的极小多项式

$$f(x) = x^n + a_{n-1}x^{n-1} + \cdots + a_1 x + a_0,$$

其中对任意 $i, a_i\in L$. 作 K 的子域 $H \cong F(a_0, a_1, \cdots, a_{n-1})$, 则由 L/F 是代数扩张知 H/F 是有限生成的代数扩张, 由定理 2.5 知 H/F 是有限扩张. 又由 α 是 H 上的代数元, 故 $H(\alpha)/H$ 是有限扩张. 则由扩张次数的乘性知, $H(\alpha)/F$ 是有限扩张, 从而 α 是 F 上的代数元.   □

注   通过计算域扩张次数, 容易验证

$$代数元 \pm 超越元 = 超越元.$$

但如何判断两个超越元在加减运算之后的代数性或超越性则是当今数学中的一个公认难题. 人们甚至无法证明 $e+\pi$ 是否为一个无理数.

例 4   代数数域 $\overline{\mathbb{Q}}$.

(1) 考虑扩域 $\mathbb{C}/\mathbb{Q}$, 并令 $\overline{\mathbb{Q}}$ 表示所有在 $\mathbb{Q}$ 上代数的复数构成的子域. 特别地, 元素 $\sqrt[n]{2}$ 都是 $\overline{\mathbb{Q}}$ 中的元素, 因此对于所有整数 $n>1$, $[\overline{\mathbb{Q}}:\mathbb{Q}]\geqslant n$. 因此 $\overline{\mathbb{Q}}$ 是 $\mathbb{Q}$ 上一个无限代数扩域, 称 $\overline{\mathbb{Q}}$ 为代数数域.

(2) 考虑域 $\overline{\mathbb{Q}}\cap\mathbb{R}$. 由于域 $\mathbb{Q}$ 是可数的, 因此有理系数的多项式全体也是可数的. $\mathbb{R}$ 中的所有代数元子集是可数个有限集合的并集, 因而也是可数的. 由于 $\mathbb{R}$ 是不可数的, 因此 $\mathbb{R}$ 中存在不可数多个超越元. 特别地, 代数元素的子域 $\overline{\mathbb{Q}}\cap\mathbb{R}$ 是 $\mathbb{R}$ 的一个真子域, 故 $\overline{\mathbb{Q}}$ 也是 $\mathbb{C}$ 的一个真子域.

证明一个给定的实数为超越数是非常困难的. 例如, 已知 $\pi = 3.14159\cdots$ 和 $e = 2.71828\cdots$ 是 $\mathbb{R}/\mathbb{Q}$ 的超越元素. 读者也许知道, 即使证明 e 和 π 不是有理数也不是一件容易的事.

习题 3.2

1. 设 F 是一个域, K/F 是域扩张, 如果 $\alpha\in K$ 是 F 上的代数元, 证明 α 的极小多项式在 $F[x]$ 上是不可约的.

2. 计算域扩张次数 $[\mathbb{Q}(\sqrt[4]{2}, \sqrt[4]{18}) : \mathbb{Q}]$.

3. 证明 $F = \mathbb{Q}[x]/(x^3 - 7x + 3)$ 是域. 令 θ 为 $x^3 - 7x + 3$ 的一个根, 用 $1, \theta, \theta^2$ 的 F-线性组合表示 $(1 + \theta)^{-1}$.

4. 是否所有 $\mathbb{Q}$ 上的三次扩张都形如 $\mathbb{Q}(\alpha)$, 其中 $\alpha^3 \in \mathbb{Q}$?

5. 给定域扩张 E/F, 若 $t \in E$ 是 F 上奇数次代数元, 证明 $F(t) = F(t^2)$.

6. 设 $u \in \mathbb{C}$ 是多项式 $f(x) = x^3 - 7$ 的一个零点, $E = \mathbb{Q}(u)$. 记 $g(x) = x^2 - ux + u^2 \in E[x]$. 问 $g(x)$ 是否是 $E[x]$ 的不可约多项式? 说明理由.

7. 求解下列问题:

   (1) 假设 K/F 是域的代数扩张, 令 R 是 K 的一个包含 F 的子环. 证明: R 是 K 的子域;

   (2) 假设 K/F 是域扩张, 且任何 K 的包含 F 的子环 R 均是域, 证明: K/F 是代数扩张.

8. 设 E/F 是 m 次域扩张, $f(x)$ 是 F 上的 n 次不可约多项式, 且 m 和 n 互素, 证明: $f(x)$ 是 E 上的不可约多项式.

*9. 设 F 是包含于 $\mathbb{Q}$ 系数 $n \times n$ 矩阵环 $M_n(\mathbb{Q})$ 的域, 证明: $[F : \mathbb{Q}] \leqslant n$.

*10. (超越次数) 设 $k \subseteq F$ 是一个域扩张, I 是一个指标集, 选取 $\{\alpha_i\}_{i \in I}$ 是 F 中元素. 这个选取确定了从多项式环 $k[I]$ 到 F 的 k-代数同态 φ. 若 φ 是单射时, 我们说 $\{\alpha_i\}_{i \in I}$ 在 k 上是代数独立的. 例如, 如果 $\alpha_1, \alpha_2, \cdots, \alpha_n$ 是 F 的不同元素并且在 k 上代数独立, 则不存在非零多项式 $f(x_1, x_2, \cdots, x_n) \in k[x_1, x_2, \cdots, x_n]$ 使得 $f(\alpha_1, \alpha_2, \cdots, \alpha_n) = 0$.

如果 $\{\alpha_i\}_{i \in I}$ 是 F 中的极大代数独立集, 那么称其是 F 在 k 上的一组超越基 (transcendence basis).

   (1) 证明 $\alpha_1, \alpha_2, \cdots, \alpha_n$ 在 k 上代数独立当且仅当赋值 $t_1 \mapsto \alpha_1, t_2 \mapsto \alpha_2, \cdots, t_n \mapsto \alpha_n$ 定义了从有理函数域 $k(t_1, t_2, \cdots, t_n)$ 到 $k(\alpha_1, \alpha_2, \cdots, \alpha_n)$ 的 k-代数同态 (从而是同构);

   (2) 证明 $\{\alpha_i\}_{i \in I}$ 是 F 在 k 上的一组超越基当且仅当它是代数独立的并且 F 在 $k(\{\alpha_i\}_{i \in I})$ 上是代数的;

   (3) 证明超越基的存在性 (Zorn 引理);

   (4) 证明 F 在 k 上的任意两组超越基具有相同的基数. (简单起见考虑有限情形)

   超越基的基数称为 F 在 k 上的超越次数 (transcendence degree), 记作

$\mathrm{tr.}\deg_k(F).$

*11. 求解下列问题:

(1) 证明: 代数扩张不会改变无限域的基数. 也就是说, 如果 K 是无限域, 那么 K 的任意代数扩张 L 的基数与 K 相同;

(2) 证明 $\mathbb{C}$ 在 $\mathbb{Q}$ 上的超越次数为连续统的势 $|\mathbb{R}|$;

(3) 若 p 为任意素数, 则任意有理数 r 可写为 $r = p^j\dfrac{a}{b}$, 其中 $\gcd(p,ab)=1$, 那么定义 r 的 p-范数为 $|r|_p = p^{-j}$. 记 $\mathbb{Q}_p$ 为 $\mathbb{Q}$ 在 p-范数下的完备化, 则 $\mathbb{Q}_p$ 在 $\mathbb{Q}$ 上的超越次数为多少?

3.3　分裂域与代数闭域

分裂域

设 F 是域, $f(x) \in F[x]$, 一般来说, $f(x)$ 在 F 中不一定有零点, 但可以在 F 的一个扩域中有. 例如, $f(x) = x^2 + 1$ 在 $\mathbb{R}$ 中无零点, 但在复数域 $\mathbb{C}$ 中有分解 $x^2 + 1 = (x - \mathrm{i})(x + \mathrm{i})$. 下面我们将讨论 $f(x)$ 在 F 的扩域中分解为一次因子乘积的问题.

定义　设 F 是域, $f(x) \in F[x]$, $\deg f(x) \geqslant 1$, 如果存在域扩张 K/F 满足下列条件:

(1) 在 $K[x]$ 中, $f(x)$ 可分解为 $f(x) = c(x - a_1)(x - a_2) \cdots (x - a_n)$, $a_i \in K$ $(\forall i)$, c 是 $f(x)$ 的首项系数;

(2) $K = F(a_1, a_2, \cdots, a_n)$,

则称域 K 是多项式 $f(x)$ 在 F 上的分裂域 (splitting field).

例 1　F 是 $f(x)$ 在 F 上的分裂域当且仅当 $f(x)$ 在 $F[x]$ 中分解成一次因子的乘积.

例 2　设 $f(x) = x^2 + 1 \in \mathbb{Q}[x]$, 则 $K = \mathbb{Q}(\mathrm{i}, -\mathrm{i}) = \mathbb{Q}(\mathrm{i})$ 是 $f(x)$ 在 $\mathbb{Q}$ 上的分裂域. 另一方面, 如果我们将 $f(x)$ 看成 $\mathbb{R}[x]$ 中的元素, 那么它在 $\mathbb{R}$ 上的分裂域 $K = \mathbb{R}(\mathrm{i}, -\mathrm{i}) = \mathbb{R}(\mathrm{i}) = \mathbb{C}$.

首先, 我们证明分裂域的存在性.

定理 3.1　设 F 为域, $f(x) \in F[x]$ 且 $n = \deg f(x) \geqslant 1$, 则 $f(x)$ 在 F 上的分裂域 K/F 存在且扩张次数 $[K : F] \leqslant n!$.

证明　对 $n = \deg f(x)$ 归纳. 设 $n = 1$, 则对任意域 F, $K = F$ 是 $f(x)$ 在 F 上的分裂域, 命题成立. 假设对任意域 F, 任意 $f(x) \in F[x]$ 且 $\deg f(x) = n - 1$ 时, 命题成立, 下面考虑 $\deg f(x) = n$ 时的情况. 若 $f(x)$ 在 $F[x]$ 中分解成一次因子的乘积, 则 $K = F$ 是 $f(x)$ 在 F 上的分裂域. 下面我们设 $f(x)$ 在 $F[x]$ 中不能分解成一次因子的乘积. 由于 $F[x]$ 是 UFD, 我们有 $f(x) = p(x)g(x)$, 这里 $p(x) \in F[x]$, $g(x) \in F[x]$, 且 $p(x)$ 是一个首一不可约多项式, $2 \leqslant m = \deg p(x) \leqslant n$. 记

$$F_1 = F[x]/(p(x)), \quad a_1 = \bar{x} = x + (p(x)) \in F_1,$$

由上一节的讨论, 我们有 $F_1 = F(a_1)$, $p(x)$ 是 a_1 在 F 上的极小多项式, $[F_1 : F] = m \leqslant n$. 由于 $p(a_1) = 0$, 故 $f(a_1) = p(a_1)g(a_1) = 0$. 在 $F_1[x]$ 中, 我们有

$f(x) = (x - a_1)h(x)$, $h(x) \in F_1[x]$ 且 $\deg h(x) = n - 1$. 由归纳假设, $h(x)$ 在 F_1 上的分裂域 K/F_1 存在, 且 $[K : F_1] \leqslant (n-1)!$. 由定义, $K = F_1(a_2, \cdots, a_n)$ 且 $h(x) = c(x - a_2) \cdots (x - a_n)$. 由于 $F_1 = F(a_1)$, 故

$$K = F_1(a_2, \cdots, a_n) = F(a_1)(a_2, \cdots, a_n) = F(a_1, a_2, \cdots, a_n),$$

$$f(x) = (x - a_1)h(x) = c(x - a_1)(x - a_2) \cdots (x - a_n).$$

因此, K/F 是 $f(x)$ 在 F 上的一个分裂域且有

$$[K : F] = [K : F_1][F_1 : F] \leqslant (n-1)! \cdot n = n!. \qquad \square$$

接下来, 自然会提出的问题是: 若 K_1/F 和 K_2/F 都是多项式 $f(x)$ 在域 F 上的分裂域, 那么这两个分裂域之间存在何种关系? 我们将证明必定存在一个域同构映射 $\alpha : K_1 \to K_2$, 使得对于所有的 $u \in F$, 都有 $\alpha(u) = u$. 因此, 在同构的意义上, 分裂域是唯一的. 为此, 我们需要做一些准备工作.

引理 3.2 设 $F, \tilde{F}$ 是两个域, $\varphi : F \to \tilde{F}$ 是一个域同构. 定义映射 $\tilde{\varphi} : F[x] \to \tilde{F}[x]$ 如下: 对 $f(x) = a_0 + a_1 x + \cdots + a_n x^n \in F[x]$, $\tilde{\varphi}(f(x)) = \varphi(a_0) + \varphi(a_1)x + \cdots + \varphi(a_n)x^n$. 设 $f(x), p(x) \in F[x]$, 记 $\tilde{f}(x) = \tilde{\varphi}(f(x))$, $\tilde{p}(x) = \tilde{\varphi}(p(x)) \in \tilde{F}[x]$. 下列结论成立:

(1) 上面定义的 $\tilde{\varphi}$ 是环同构, $\deg f(x) = \deg \tilde{f}(x)$ 且 $p(x) \mid f(x)$ 当且仅当 $\tilde{p}(x) \mid \tilde{f}(x)$;

(2) 若 $p(x)$ 是一个不可约多项式, 则 $\tilde{p}(x)$ 也是不可约多项式; 且此时有域同构 $\hat{\varphi} : F[x]/(p(x)) \to \tilde{F}[x]/(\tilde{p}(x))$, 满足 $\hat{\varphi}(h(x) + (p(x))) = \tilde{\varphi}(h(x)) + (\tilde{p}(x))$, $\forall h(x) \in F[x]$.

证明 留作练习. $\qquad \square$

定理 3.3 (1) 记号同引理 3.2, 设 K/F 是 $f(x) \in F[x]$ 在 F 上的分裂域, $\tilde{f}(x) = \tilde{\varphi}(f(x))$, $\tilde{K}/\tilde{F}$ 是 $\tilde{f}(x)$ 在 $\tilde{F}$ 上的分裂域, 则存在域同构 $\alpha : K \to \tilde{K}$ 使得 $\alpha|_F = \varphi$, 即 $\alpha(u) = \varphi(u)$, $\forall u \in F$.

(2) 设 K_1/F, K_2/F 是 $f(x) \in F[x]$ 在 F 上的两个分裂域, 则存在域同构 $\alpha : K_1 \to K_2$ 使得 $\alpha|_F = \mathrm{id}_F$.

证明 (1) 对扩张次数 $m = [K : F]$ 归纳. 首先设 $[K : F] = 1$, 则 $K = F$, 故 $f(x)$ 在 $F[x]$ 中分解成一次因子的乘积. 由于 $\tilde{\varphi}$ 是环同构, $\tilde{\varphi}$ 保持加法与乘法, 因此 $\tilde{f}(x) = \tilde{\varphi}(f(x))$ 在 $\tilde{F}[x]$ 中分解成一次因子的乘积, 故 $\tilde{K} = \tilde{F}$, 取 $\alpha = \varphi$ 即可. 假设命题对任意 $[K : F] < m$ 时成立, 下面考虑 $[K : F] = m \geqslant 2$ 时的情况. 由分裂

域的定义, $K = F(a_1, a_2, \cdots, a_n)$, $f(x) = c(x - a_1)(x - a_2) \cdots (x - a_n)$, c 是 $f(x)$ 的首项系数; $\tilde{K} = \tilde{F}(b_1, b_2, \cdots, b_n)$, $\tilde{f}(x) = \tilde{c}(x - b_1)(x - b_2) \cdots (x - b_n)$, $\tilde{c}$ 是 $\tilde{f}(x)$ 的首项系数.

由于 $[K : F] = m \geqslant 2$, 至少有一个 $a_i \notin F$, 不妨设 $a_1 \notin F$. 记 $F_1 = F(a_1)$, $p(x) \in F[x]$ 是 a_1 在 F 上的极小多项式, 则 $p(x)$ 是 $F[x]$ 中的不可约多项式, $p(x) \mid f(x)$ 且 $[F_1 : F] = \deg p(x) \geqslant 2$. 设 $f(x) = p(x)g(x)$, $g(x) \in F[x]$. 记 $\tilde{g}(x) = \tilde{\varphi}(g(x))$, $\tilde{p}(x) = \tilde{\varphi}(p(x)) \in \tilde{F}[x]$. 由引理 3.2, $\deg \tilde{p}(x) = \deg p(x)$, $\tilde{f}(x) = \tilde{p}(x)\tilde{g}(x)$ 且 $\tilde{p}(x)$ 是 $\tilde{F}[x]$ 中的不可约多项式. 在 $\tilde{K}[x]$ 中, 有

$$\tilde{f}(x) = \tilde{c}(x - b_1)(x - b_2) \cdots (x - b_n) = \tilde{p}(x)\tilde{g}(x),$$

故至少有一个 b_i 是 $\tilde{p}(x)$ 在 $\tilde{K}$ 中的零点, 不妨设 $\tilde{p}(b_1) = 0$, 记 $\tilde{F}_1 = \tilde{F}(b_1)$. 由上一节的性质, 有域同构

$$\beta : F_1 = F(a_1) \to F[x]/(p(x)), \beta(a_1) = \bar{x}, \beta(u) = \bar{u}, \forall u \in F,$$

$$\tilde{\beta} : \tilde{F}_1 = \tilde{F}(b_1) \to \tilde{F}[x]/(\tilde{p}(x)), \tilde{\beta}(b_1) = \bar{x}, \tilde{\beta}(u) = \bar{u}, \forall u \in \tilde{F}.$$

现在复合引理 3.2 中的域同构 $\hat{\varphi} : F[x]/(p(x)) \to \tilde{F}[x]/(\tilde{p}(x))$, 我们有域同构

$$\gamma = \tilde{\beta}^{-1} \circ \hat{\varphi} \circ \beta : F_1 \xrightarrow{\beta} F[x]/(p(x)) \xrightarrow{\hat{\varphi}} \tilde{F}[x]/(\tilde{p}(x)) \xrightarrow{\tilde{\beta}^{-1}} \tilde{F}_1$$

满足 $\gamma(a_1) = b_1$, $\gamma|_F = \varphi$.

对域同构 $\gamma : F_1 \to \tilde{F}_1$, 我们有同样的多项式环同构 $\tilde{\gamma} : F_1[x] \to \tilde{F}_1[x]$. 由于 $\gamma|_F = \varphi$, 故 $\tilde{\gamma}|_{F[x]} = \tilde{\varphi}$. 在 $F_1[x]$ 中, 我们有分解 $f(x) = (x - a_1)h(x)$, 等式两边作用 $\tilde{\gamma}$, 有 $\tilde{f}(x) = (x - b_1)\tilde{\gamma}(h(x))$, 记 $h_1(x) = \tilde{\gamma}(h(x))$. 注意到在 $K[x]$ 与 $\tilde{K}[x]$ 中, 我们分别有

$$f(x) = c(x - a_1)(x - a_2) \cdots (x - a_n) = (x - a_1)h(x),$$

$$\tilde{f}(x) = \tilde{c}(x - b_1)(x - b_2) \cdots (x - b_n) = (x - b_1)h_1(x),$$

故 K/F_1 是 $h(x)$ 在 F_1 上的分裂域, $\tilde{K}/\tilde{F}_1$ 是 $h_1(x)$ 在 F_1 上的分裂域, $h_1(x) = \tilde{\gamma}(h(x))$, 且 $[K : F_1] = \dfrac{[K : F]}{[F_1 : F]} < m$. 由归纳假设, 存在域同构 $\alpha : K \to \tilde{K}$ 使得 $\alpha|_{F_1} = \gamma$. 由于 $\gamma|_F = \varphi$, 故 $\alpha|_F = \varphi$, 命题得证.

(2) 取 $\varphi = \mathrm{id}_F$ 是 F 的恒等映射, 由 (1) 即得. □

有了分裂域的存在唯一性 (同构意义下), 我们就可以在一个指定的分裂域里讨论多项式的性质.

多项式的重根

定义 设 F 是域, $f(x) \in F[x]$, $n = \deg f(x) \geqslant 1$, K 是 $f(x)$ 在 F 上的分裂域. 设 $f(x) = c(x-a_1)(x-a_2)\cdots(x-a_n)$, c 是 $f(x)$ 的首项系数, $a_i \in K$, $1 \leqslant i \leqslant n$. 如果 $a_1, a_2, \cdots, a_n$ 是两两不同的, 我们称 $f(x)$ 是无重根的; 否则, 称 $f(x)$ 是有重根的.

例 3 $f(x) = x^2 + 1 \in \mathbb{Q}[x]$ 是无重根的, $g(x) = x^2 - 2x + 1 = (x-1)^2$ 是有重根的.

下面我们引入导数多项式的概念, 并用它来判断一个多项式是否有重根.

定义 设 F 是域, $f(x) = a_n x^n + \cdots + a_1 x + a_0 \in F[x]$, 定义映射 $D : F[x] \to F[x]$ 如下:

$$D(f(x)) = na_n x^{n-1} + (n-1)a_{n-1}x^{n-2} + \cdots + 2a_2 x + a_1.$$

称 $D(f(x))$ 为 $f(x)$ 的导数多项式, 记为 $f'(x)$.

引理 3.4 上述映射 $D : F[x] \to F[x]$ 满足下列性质:

(1) D 是 F-线性映射, 即对 $f(x), g(x) \in F[x]$, $a, b \in F$, 我们有 $D(af(x) + bg(x)) = aD(f(x)) + bD(g(x))$;

(2) 对 $f(x), g(x) \in F[x]$, 我们有 $D(f(x)g(x)) = f(x)D(g(x)) + D(f(x))g(x)$.

证明 可按定义直接验证, 留作练习. □

命题 3.5 设 F 是域, $f(x) \in F[x]$, 则 $f(x)$ 无重根当且仅当在 $F[x]$ 中 $f(x)$ 与其导数 $f'(x)$ 互素, 即 $\gcd(f(x), f'(x)) = 1$.

证明 首先设 $\gcd(f(x), f'(x)) = 1$, 我们来证明 $f(x)$ 无重根. 假设 $f(x)$ 有重根, 设 K 是 $f(x)$ 在 F 上的分裂域, $r \in K$ 是 $f(x)$ 的一个重根. 我们有正整数 $s \geqslant 2$, $g(x) \in K[x]$, 使得 $f(x) = (x-r)^s g(x)$. 由引理 3.4, $f'(x) = s(x-r)^{s-1}g(x) + (x-r)^s g'(x)$, 由于 $s \geqslant 2$, r 也是 $f'(x)$ 的零点. 因此, 在 $K[x]$ 中, $(x-r) \mid f(x)$, $(x-r) \mid f'(x)$. 由于 $\gcd(f(x), f'(x)) = 1$, 故存在 $a(x), b(x) \in F[x]$ 使得 $a(x)f(x) + b(x)f'(x) = 1$. 因此 $(x-r) \mid 1$, 矛盾! 故 $f(x)$ 无重根.

下面设 $f(x)$ 无重根, 我们来证明 $\gcd(f(x), f'(x)) = 1$. 设 $n = \deg f(x)$, K 是 $f(x)$ 在 F 上的分裂域, $f(x) = c(x-a_1)(x-a_2)\cdots(x-a_n)$, c 是 $f(x)$ 的首项系数, $a_i \in K$, 且 $a_i \neq a_j$, $1 \leqslant i \neq j \leqslant n$. 由引理 3.4,

$$f'(x) = \sum_{i=1}^{n} c(x-a_1)\cdots(x-a_{i-1})\widehat{(x-a_i)}(x-a_{i+1})\cdots(x-a_n),$$

这里 $\widehat{(x-a_i)}$ 表示没有 $x-a_i$ 这一项. 因此 $f'(a_l) = \prod_{i=1,i\neq l}^{n}(a_l-a_i) \neq 0, 1 \leqslant l \leqslant n$. 记 $d(x) = \gcd(f(x), f'(x))$. 假设 $f(x)$ 与 $f'(x)$ 不互素, 则有 $m = \deg d(x) \geqslant 1$. 由于 $d(x) \mid f(x) = c(x-a_1)(x-a_2)\cdots(x-a_n)$, $K[x]$ 是 UFD, 故 $d(x) = (x-a_{j_1})\cdots(x-a_{j_m})$, $\{j_1, j_2, \cdots, j_m\} \subset \{1, 2, \cdots, n\}$. 又由于 $d(x) \mid f'(x)$, 故 $f'(a_{j_1}) = 0$, 矛盾! 因此, $\gcd(f(x), f'(x)) = 1$. □

例 4　设 F 是域, n 是正整数, $f(x) = x^n - 1 \in F[x]$. 我们有 $f'(x) = nx^{n-1}$, 则

$$\gcd(f(x), f'(x)) = \begin{cases} x^n - 1, & \mathrm{char}(F) = p \mid n, \\ 1, & \text{其他}, \end{cases}$$

因此 $f(x) = x^n - 1$ 有重根当且仅当 F 的特征是一个素数 p 且 $p \mid n$.

代数闭域

我们已经知道, 一个多项式 $f(x) \in F[x]$ 在 F 上的分裂域存在且在同构意义下唯一. 是否存在 F 的一个扩域 K 使得 $F[x]$ 中的每个多项式在 $K[x]$ 中都可以分解成一次因子的乘积? 下面我们将讨论这个问题, 首先回顾下列著名的定理:

定理 3.6　(代数学基本定理)　对于域 $F = \mathbb{C}$, 下列命题成立并互相等价:

(1) $F[x]$ 中不存在次数大于 1 的不可约多项式.

(2) $F[x]$ 中任一正次数多项式在 $F[x]$ 中都可分解为一次因式的乘积.

(3) $F[x]$ 中任一正次数多项式在 F 中都至少有一个根.

(4) F 无真代数扩张, 即若 E/F 是代数扩张, 则 $E = F$.

基于 $\mathbb{C}$ 的上述性质, 人们提出了代数闭域的概念.

定义　满足定理 3.6 等价条件的域 F 称为代数闭域 (algebraically closed field).

例 5　3.2 节例 4 中定义的代数数域 $\overline{\mathbb{Q}}$ 是代数闭域.

证明　任取正次数多项式 $f(x) \in \overline{\mathbb{Q}}[x]$, 则 $f(x)$ 在 $\mathbb{C}$ 中至少有一个根 $\alpha \in \mathbb{C}$, 此时 α 是 $\overline{\mathbb{Q}}$ 上的代数元. 我们已经证明 $\overline{\mathbb{Q}}/\mathbb{Q}$ 是代数扩张, 故 α 是 $\mathbb{Q}$ 上的代数元, 从而 $\alpha \in \overline{\mathbb{Q}}$. 因此 $\overline{\mathbb{Q}}[x]$ 中任意正次数多项式在 $\overline{\mathbb{Q}}$ 中至少有一个根, 故 $\overline{\mathbb{Q}}$ 是代数闭域. □

例 6　代数闭域是无限域.

证明　不妨设 F 是有限域, 记 $q = |F|$. 那么 $F^* = F \setminus \{0\}$ 是阶为 $q-1$ 的群. 由群论的 Lagrange 定理知对任意 $\alpha \in F^*, \alpha^{q-1} = 1$, 故 $\alpha^q = \alpha$. 作

$f(x) = x^q - x + 1 \in F[x]$, 则 $f(x)$ 在 F 中没有零点 (矛盾), 故 F 不是代数闭域. 这说明代数闭域一定是无限域. $\qquad\square$

定义　设 F 是域. 若 L/F 是代数扩张, 且 L 是代数闭域, 则称 L 为 F 的一个代数闭包 (algebraic closure).

考虑 $\mathbb{Q} \subset \mathbb{C}$, $\mathbb{C}$ 是代数闭域, 但 $\mathbb{C}/\mathbb{Q}$ 不是代数扩张, 故 $\mathbb{C}$ 不是 $\mathbb{Q}$ 的代数闭包. 但是我们可以取 $\mathbb{C}$ 中在 $\mathbb{Q}$ 上的代数元全体来得到 $\mathbb{Q}$ 的代数闭包 $\overline{\mathbb{Q}}$. 正如下列定理所言, 任何域上都存在在同构意义下唯一的代数闭包.

定理 3.7　(代数闭包的存在性)　设 F 是一个域, 则 F 必有一个代数闭包 L.

　　证明　选取一个不可数集 $\Omega \supseteq F$ 且 Ω 的基数大于 F 的基数. 令

$$\mathcal{S} = \Big\{ E \mid F \subset E \subset \Omega, E/F \text{ 是代数扩张} \Big\}.$$

根据命题 2.7, 集合之间的包含关系给出了 $\mathcal{S}$ 上的一个自然偏序 "$\preceq$". 若 $I \subseteq \mathcal{S}$ 为在 "$\preceq$" 下的全序子集, 易知

$$K = \bigcup_{E \in I} E \in \mathcal{S}$$

给出了 I 中元素的上界. 由 Zorn 引理, $\mathcal{S}$ 中有极大元, 记为 L.

　　我们断言, L 为代数闭域. 若 L 并非代数闭域, 则存在一个非平凡的代数扩张 $\tilde{L} = L(\alpha)$. 若 F 是无穷域, 鉴于代数扩张不改变无穷域的基数, 则 $\tilde{L}$ 的基数与 F 的基数相同, 均小于 Ω 的基数. 若 F 为有限域, 则 $\tilde{L}$ 为可数集, 仍小于 Ω 的基数. 我们能够找到一个单射 $\iota : \tilde{L} \to \Omega$, 此单射在 L 上保持恒等. 其像 $\iota(\tilde{L})$ 自然地拥有一个域结构, 并且构成 L 的一个代数扩张. 然而, 这与 L 在 $\mathcal{S}$ 中的极大性相矛盾. $\qquad\square$

　　为了研究代数闭包的唯一性问题, 我们需要先做如下准备.

命题 3.8　设 $F(\alpha)/F$ 是代数扩张, $f(x) \in F[x]$ 是 α 的极小多项式. 设 $\varphi_0 : F \to E$ 是一个域的嵌入, 下列结论成立:

(1) φ_0 可诱导环同态 $\tilde{\varphi}_0 : F[x] \to E[x]$, 这里 $\tilde{\varphi}_0$ 保持未定元 x 不变, 但对每一个系数 $a \in F$, $\tilde{\varphi}_0(a) = \varphi(a) \in E$.

(2) φ_0 在 $F[\alpha]$ 上的延拓

$$\varphi : F[\alpha] \to E \quad (\varphi|_F = \varphi_0)$$

的集合与 $\tilde{\varphi}_0(f(x))$ 在 E 中的不同根的集合一一对应.

　　证明　(1) 注意到 φ_0 可诱导 $F[x]$ 与 $\varphi_0(F)[x]$ 的同构 $\tilde{\varphi}_0$, 故可以将 F 视为 E 的一个子域, $\varphi_0(f) = \tilde{f}$. 此时 $\tilde{f}$ 在 E 中的根在 F 上的极小多项式仍为 $\tilde{f}$, 我们

知道 $\tilde{f} \in \varphi_0(F)[x]$ 必然是不可约的.

(2) 任给延拓 $\varphi: F[\alpha] \to E$, 显然 $\varphi(\alpha)$ 是 $\tilde{f}$ 在 E 中的根. 反之, 任给 $\tilde{f}$ 在 E 中的根 $r \in E$, 考虑同构的复合

$$F[\alpha] \xrightarrow{\cong} F[x]/(f(x)) \xrightarrow{\cong} \varphi_0(F)(r) \hookrightarrow E$$

即能给出所需的延拓. 读者容易验证, 这两种对应关系恰互为逆对应.   □

命题 3.9   (代数闭包的 "包罗万象" 性) 设 F 是一个域, 而 L 是 F 的一个代数闭包. 记 $i: F \hookrightarrow L$ 是自然的包含映射. 若有一个域嵌入 $j: F \hookrightarrow E$ 且 E 是 $j(F)$ 的代数扩张, 则存在一个域嵌入 $\varphi: E \to L$, 满足 $\varphi \circ j = i$, 即有如下交换图:

$$\begin{array}{ccc} F & \xhookrightarrow{\;j\;} & E \\ & {\scriptstyle i} \searrow & \downarrow {\scriptstyle \varphi} \\ & & L \end{array}$$

特别地, 若存在一个域同构 $\sigma: F \cong F'$, 并且 L' 是 F' 的任意一个代数闭包, 则存在一个域同构 $\varphi: L \to L'$, 使得 φ 在 F 上的限制等于 σ.

证明 考虑集合

$$\mathcal{P} = \left\{ (K, \varphi_K) \;\middle|\; \begin{array}{l} j(F) \subset K \subset E,\ K\ \text{是中间域}, \\ \varphi_K: K \to L\ \text{是一个嵌入且}\ \varphi_K \circ j = i \end{array} \right\},$$

则 $\mathcal{P}$ 上存在一个自然偏序 "$\preceq$":

$$(K_1, \varphi_1) \preceq (K_2, \varphi_2)\ \text{当且仅当}\ K_1 \subset K_2\ \text{且}\ \varphi_2|_{K_1} = \varphi_1.$$

若 J 是 $\mathcal{P}$ 的一个全序子集, 易知

$$K' \triangleq \bigcup_{K \in J} K, \quad \varphi': K' \to L,\ x \mapsto \varphi_K(x), \forall\, x \in K.$$

是 J 的一个上界. 由 Zorn 引理, $\mathcal{P}$ 存在一个极大元 (K, φ). 若 $K \neq E$, 则存在 $\alpha \in E \setminus K$. 由于 α 在 K 上是代数的, 且 L 上的任何多项式在 L 中总有根, 由引理 3.8 知, 我们可以将 φ 扩展成一个域嵌入 $K[\alpha] \to L$. 这与 K 的极大性矛盾, 故 $K = E$ 且 (E, φ) 就是我们所需要的嵌入.

关于第二个结论, 域同构映射

$$F \xrightarrow{\sigma} F' \subseteq L'$$

诱导一个从 F 到 L' 的域嵌入. 依据先前证明的结果, 存在一个域嵌入 $\varphi: L \hookrightarrow L'$, 使得 $\varphi|_F = \sigma$. 因此, 我们仅需证明 φ 是满射. 对于任意的 $\alpha \in L'$, 设 $m_\alpha(x)$ 为 α 在 $F[x]$ 中的最小多项式. 由于 $m_\alpha(x)$ 在 $L[x]$ 中完全分解, 它同样在 $\varphi(L)[x]$ 中完全分解. 根据唯一分解性可知 $x - \alpha$ 属于 $\varphi(L)[x]$, 即 α 属于 $\varphi(L)$.   □

由于代数闭包在同构意义下是唯一的, 对给定的域 F, 我们通常会取定 F 的一个代数闭包 $\overline{F}$.

例 7 设 $\mathbb{Q}(x)$ 为有理数域上的有理函数域. 证明: $\overline{\mathbb{Q}} \not\cong \overline{\mathbb{Q}(x)}$.

证明 (用反证法) 假设存在域同构 $\theta : \overline{\mathbb{Q}} \cong \overline{\mathbb{Q}(x)}$, 则由于 θ 是环同态, 它固定 $\mathbb{Z}$ 中的元素, 进而固定 $\mathbb{Q}$ 中的元素, 故 $\theta : \overline{\mathbb{Q}}/\mathbb{Q} \cong \overline{\mathbb{Q}(x)}/\mathbb{Q}$ 是域扩张同构. 令 $u = \theta^{-1}(x) \in \overline{\mathbb{Q}}$, 则 u 是 $\mathbb{Q}$ 上的代数元, 存在 $a_i \in \mathbb{Q}$ 使 $u^n + a_{n-1}u^{n-1} + \cdots + a_0 = 0$. 在等式两边作用 θ 得 $x^n + a_{n-1}x^{n-1} + \cdots + a_0 = 0$, 这与 x 是 $\mathbb{Q}$ 上的未定元之假设矛盾. $\square$

由代数闭包的存在唯一性, 我们给出分裂域的存在唯一性的另一个证明:

定理 3.10 (分裂域的存在唯一性) 给定域 F 及 $f(x) \in F[x]$, 则 $f(x)$ 在 F 上的分裂域存在且在同构意义下唯一.

证明 **存在性** 取 F 的一个代数闭包 $\overline{F}$, 设 $f(x) = 0$ 的所有根为 $\alpha_1, \alpha_2, \cdots, \alpha_t \in \overline{F}$, 则 $E = F(\alpha_1, \alpha_2, \cdots, \alpha_t) \subset \overline{F}$ 即为 $f(x)$ 的一个分裂域.

唯一性 设 $f(x)$ 有另一个分裂域 E', 则 E'/F 是代数扩张. 设在 $E'[x]$ 中, $f(x)$ 可以分解为一次因式之积:

$$f(x) = (x - \beta_1)(x - \beta_2) \cdots (x - \beta_n),$$

这里 $\beta_i \in E'$ $(\forall i)$. 由命题 3.9 得, 存在域嵌入 $\varphi : E' \to \overline{F}$ 使得 $\varphi|_F = \mathrm{id}_F$. 因此 $\varphi(\beta_1), \varphi(\beta_2), \cdots, \varphi(\beta_n)$ 是 $f(x)$ 在 $\overline{F}$ 中的所有根, 因此 $\varphi(E') = E$, 也即 $E' \cong E$. $\square$

例 8 直接计算可知:

(1) $\mathbb{Q}$ 上多项式 $x^2 - 2$ 的分裂域为 $\mathbb{Q}(\sqrt{2})$.

(2) $\mathbb{Q}$ 上多项式 $(x^2 - 2)(x^2 - 3)$ 的分裂域为 $\mathbb{Q}(\sqrt{2}, \sqrt{3})$.

(3) $\mathbb{Q}$ 上多项式 $x^3 - 2$ 的分裂域为 $\mathbb{Q}(\sqrt[3]{2}, \sqrt{-3})$.

在本节的结尾, 我们将阐述分圆域 (cyclotomic field) 的定义. 分圆域是通过在有理数域中引入复数单位根而形成的扩展域. 简单来说, 多项式 $x^n - 1$ 在复数域 $\mathbb{C}$ 上是完全分裂的, 故可以将多项式 $x^n - 1$ 的分裂域实现为由 n 次本原单位根 $\zeta_n = \mathrm{e}^{\frac{2\pi i}{n}}$ 生成的子域 $\mathbb{Q}(\zeta_n)$, 称为 n 次单位根的分圆域.

在第二章 2.10 节中, 我们知道分圆多项式

$$\Phi_n(x) = \prod_{\substack{d=1 \\ \gcd(d,n)=1}}^{n} (x - \zeta_n^d) \in \mathbb{Z}[x],$$

且 $\deg \Phi_n(x) = \varphi(n)$, 其中 φ 是 Euler 函数. 根据第二章 2.10 节中的讨论, 我们知道 $\Phi_n(x) \in \mathbb{Z}[x]$, 在 $\mathbb{Z}[x]$ 中 $\Phi_n(x) \mid (x^n - 1)$. 在本节习题中, 读者将证明 $\Phi_n(x)$ 在 $\mathbb{Q}[x]$ 上是不可约的, 故它是 ζ_n 在 $\mathbb{Q}$ 上的极小多项式, 因而

$$[\mathbb{Q}(\zeta_n) : \mathbb{Q}] = \varphi(n).$$

特别地, $\varphi(n)$ 也是 n 次本原单位根的个数.

习题 3.3

1. 证明引理 3.2.

2. 证明引理 3.4.

3. 对以下域 F 和多项式 $f(x) \in F[x]$, 计算 f 在 F 上的分裂域:

   (1) $F = \mathbb{Q}, f(x) = x^4 - 2$;

   (2) $F = \mathbb{Q}, f(x) = x^4 + x^2 + 1$.

4. 令 p 是一个奇素数, 考虑 $f(x) = x^p - 2$. 取 L 为 $f(x)$ 在 $\mathbb{Q}$ 上的分裂域, 证明: $[L : \mathbb{Q}] = p(p-1)$.

5. 按下列步骤可证明分圆多项式 $\Phi_n(x)$ 在 $\mathbb{Q}[x]$ 中不可约.

   (1) 设 $g(x) \in \mathbb{F}_p[x]$, $h(x) = g(x^p)$. 证明: $h(x) = g(x)^p$.

   (2) 设 $f(x) \in \mathbb{Z}[x]$ 是首一不可约元, 且 $f(x) \mid \Phi_n(x)$. 设 $\zeta \in \mathbb{C}$ 是一个 n 次本原单位根, $f(\zeta) = 0$. 设 p 是与 n 互素的素数, 证明 $f(\zeta^p) = 0$. (提示: 利用商映射 $\mathbb{Z}[x] \to \mathbb{F}_p[x]$ 和 $x^n - 1 \in \mathbb{F}_p[x]$ 在 $\mathbb{F}_p$ 中无重根的性质.)

   (3) 证明 $\Phi_n(x)$ 是 $\mathbb{Z}[x]$ 的不可约元, 并推出 $\Phi_n(x)$ 在 $\mathbb{Q}[x]$ 中不可约.

6. 我们知道 $\mathbb{R}/\mathbb{R}$ 是一个有限扩张. 是否存在其他不同构于 $\mathbb{R}$ 的域 K, 使得 $\overline{K}/K$ 是有限扩张? 证明或举例.

*7. 判断 $\mathbb{C}(x)$ 与 $\mathbb{C}((x))$ 是否是代数闭域并给出证明. 其中 $\mathbb{C}(x)$ 为复数域上的有理函数域, $\mathbb{C}((x))$ 为复数域上的形式幂级数环 $\mathbb{C}[[x]]$ 的分式域.

*8. 设 A_0 为通过添加所有奇数次不可约多项式 $f(X) \in \mathbb{Q}[X]$ 的所有复根得到的域. 对于 $i > 0$, 设 A_i 为从 A_{i-1} 通过添加 A_{i-1} 所有元素的所有平方根得到的域. 证明:

   (1) $A_0 \subseteq A_1 \subseteq A_2 \subseteq \cdots$ 且
   $$\overline{\mathbb{Q}} = \bigcup_{i=0}^{\infty} A_i;$$

   (2) 如果 A_0 是通过添加所有奇数次不可约多项式 $f(X) \in \mathbb{Q}[X]$ 的某一实根得到的域, 那么以上结论仍然成立.

3.4 域扩张嵌入

本节中我们将运用代数闭包的存在唯一性定理, 从域扩张嵌入的角度, 建立有限扩张自同构群阶的上界估计.

域扩张嵌入

定义 设 E/F 和 L/F 均为域扩张, 如果 $\sigma: E \to L$ 是环同态且 $\sigma|_F = \mathrm{id}_F$, 那么称 σ 是一个域扩张嵌入, 记为 $\sigma: E/F \to L/F$. 由定义, 一个域扩张嵌入是单射. 特别地, 取定 E 的一个代数闭包 $\overline{E}$, 则

$$\mathrm{Emb}(E/F) \triangleq \{\sigma: E/F \to \overline{E}/F \mid \sigma \text{ 是域扩张嵌入}\}.$$

定义 (域扩张的自同构群) 设 E/F 为域扩张. 我们用 $\mathrm{Aut}(E)$ 表示 E 的自同构全体, 它在自同构的复合作用下是一个群. 记

$$\mathrm{Aut}(E/F) \triangleq \{\sigma \in \mathrm{Aut}(E) \mid \sigma(a) = a, \forall\, a \in F\}.$$

$\mathrm{Aut}(E/F)$ 称为域扩张 E/F 的自同构群, 也称 $\sigma \in \mathrm{Aut}(E/F)$ 为 E 在 F 上的自同构.

引理 4.1 设 E/F 为有限扩张, 且 K 为中间域, 则有

$$|\mathrm{Emb}(E/F)| = |\mathrm{Emb}(K/F)| \cdot |\mathrm{Emb}(E/K)|,$$

这里 $|\cdot|$ 代表集合的基数.

证明 固定 $\overline{F}$ 为 F, K, E 公共的代数闭包, 记 $j: K \hookrightarrow \overline{F}$ 为其对应的嵌入映射. 任给 $j': K \hookrightarrow \overline{F} \in \mathrm{Emb}(K/F)$, 设 $K' = j'(K)$. 由命题 3.9 知, 总存在一个 $\varphi_{j'} \in \mathrm{Aut}(\overline{F}/F)$ 使得我们有如下交换图

$$
\begin{array}{ccc}
K & \xrightarrow{\;j\;} & \overline{F} \\
{\scriptstyle\cong}\big\downarrow & \;\;\nearrow{\scriptstyle j'} & \big\downarrow{\scriptstyle \varphi_{j'}} \\
K' & \xrightarrow{} & \overline{F}
\end{array}
$$

即有 $\varphi_{j'}|_K = j'$. 因此, 对每个 $j' \in \mathrm{Emb}(K/F)$, 我们都取定一个 $\varphi_{j'}$. 从而可以定义两个集合之间的如下映射:

$$\Theta: \mathrm{Emb}(K/F) \times \mathrm{Emb}(E/K) \;\longrightarrow\; \mathrm{Emb}(E/F),$$

$$(j', \tau) \quad \longmapsto \quad \varphi_{j'} \circ \tau.$$

注意到 $(\varphi_{j'} \circ \tau)|_K = \varphi_{j'}|_K = j'$ 以及 $\varphi_{j'}$ 是可逆映射, 故映射 Θ 是单射.

下证 Θ 是满射. 任给 $g \in \mathrm{Emb}(E/F)$, 令 $j' \triangleq g|_K \in \mathrm{Emb}(K/F)$, 则 $\tau \triangleq \varphi_{j'}^{-1} \circ g \in \mathrm{Emb}(E/K)$ 满足:

$$\Theta(j', \tau) = \varphi_{j'} \circ \tau = \varphi_{j'} \circ (\varphi_{j'}^{-1} \circ g) = g.$$

因此, Θ 是一一对应. $\qquad\square$

对有限扩张 E/F, 我们希望估计 $|\mathrm{Emb}(E/F)|$ 和 $|\mathrm{Aut}(E/F)|$, 并考察它们之间的关系. 我们需要使用如下结论 (Artin 引理):

引理 4.2 设 σ_i $(1 \leqslant i \leqslant m)$ 是从群 G 到域 E 的乘法群 E^* 的两两不同的群同态, λ_i $(1 \leqslant i \leqslant m)$ 是 E 中不全为 0 的元素, 则存在 $g \in G$ 使得

$$\sum_{i=1}^{m} \lambda_i \sigma_i(g) \neq 0.$$

证明 对 m 用归纳法. $m = 1$ 的情形由定义可知. 设引理对 $m-1$ 情形成立. 若

$$\sum_{i=1}^{m} \lambda_i \sigma_i \equiv 0,$$

由归纳假设, 可设 λ_i 全不为 0. 不失一般性, 不妨设 $\lambda_m = -1$, 则对任意 $g_0, g \in G$, 我们有

$$\sum_{i=1}^{m-1} \lambda_i \sigma_i(g_0 g) = \sigma_m(g_0 g) = \sigma_m(g_0) \sum_{i=1}^{m-1} \lambda_i \sigma_i(g),$$

从而

$$\sum_{i=1}^{m-1} \lambda_i [\sigma_i(g_0) - \sigma_m(g_0)] \sigma_i \equiv 0.$$

由于 $\sigma_1 \neq \sigma_m$, 取 $g_0 \in G$ 使得 $\sigma_1(g_0) \neq \sigma_m(g_0)$, 这与 $m-1$ 情形的归纳假设矛盾. $\qquad\square$

有限扩张自同构群的上界

定理 4.3 若 E/F 为有限扩张, 则有

$$|\mathrm{Aut}(E/F)| \leqslant |\mathrm{Emb}(E/F)| \leqslant [E:F].$$

证明 由于 $\mathrm{Aut}(E/F) \subseteq \mathrm{Emb}(E/F)$, 故 $|\mathrm{Aut}(E/F)| \leqslant |\mathrm{Emb}(E/F)|$. 我们的主要任务是证明第二个不等式. 设 $n = [E:F]$, 选取一组 F-基 $u_1, u_2, \cdots, u_n$ 于 E 中. 假设存在 $n+1$ 个不同的域扩张嵌入 $\sigma_1, \sigma_2, \cdots, \sigma_{n+1} \in \mathrm{Emb}(E/F)$, 我们希望推出矛盾.

首先, 域 $L \triangleq \overline{E}$ 上的矩阵

$$(\sigma_j(u_i))_{n \times (n+1)} \triangleq \begin{pmatrix} \sigma_1(u_1) & \sigma_2(u_1) & \cdots & \sigma_{n+1}(u_1) \\ \sigma_1(u_2) & \sigma_2(u_2) & \cdots & \sigma_{n+1}(u_2) \\ \vdots & \vdots & & \vdots \\ \sigma_1(u_n) & \sigma_2(u_n) & \cdots & \sigma_{n+1}(u_n) \end{pmatrix}$$

的秩不超过 n. 记 $\gamma_1, \gamma_2, \cdots, \gamma_{n+1}$ 为以上矩阵的列向量, 则它们 L-线性相关, 即存在不全为零的元素 $\lambda_1, \lambda_2, \cdots, \lambda_{n+1} \in L$ 使得

$$\begin{pmatrix} \sum_{j=1}^{n+1} \lambda_j \sigma_j(u_1) \\ \sum_{j=1}^{n+1} \lambda_j \sigma_j(u_2) \\ \vdots \\ \sum_{j=1}^{n+1} \lambda_j \sigma_j(u_n) \end{pmatrix} = 0,$$

因此对任意 $c_1, c_2, \cdots, c_n \in F$, 由诸 σ_j 的 F-线性性, 有

$$\sum_{i=1}^{n} \left(c_i \cdot \sum_{j=1}^{n+1} \lambda_j \sigma_j(u_i) \right) = \left(\sum_{j=1}^{n+1} \lambda_j \sigma_j \right) \left(\sum_{i=1}^{n} c_i u_i \right) = 0.$$

由于 $\sum_{i=1}^{n} c_i u_i$ 跑遍 E 中所有元素, 故 $\sum_{j=1}^{n+1} \lambda_j \sigma_j = 0$. 注意到 σ_j 在 E^* 上的限制即为 E^* 到 L^* 的群同态, 这与引理 4.2 结论矛盾. 因此 $|\mathrm{Emb}(E/F)| \leqslant [E:F]$. $\qquad \square$

基于上述不等式 $|\mathrm{Aut}(E/F)| \leqslant |\mathrm{Emb}(E/F)| \leqslant [E:F]$, 我们自然地提问: 在什么条件下等式成立. 这也是我们研究正规扩张和可分扩张的依据.

习题 3.4

1. 计算 $\mathrm{Emb}(\mathbb{Q}(\sqrt[4]{2}, \sqrt{-1})/\mathbb{Q})$ 和 $\mathrm{Emb}(\mathbb{Q}(\sqrt[3]{2})/\mathbb{Q})$.

2. 计算下列域扩张的自同构群:

(1) $\mathrm{Aut}(\mathbb{Q}(\sqrt[4]{2})/\mathbb{Q})$;

(2) $\mathrm{Aut}(\mathbb{Q}(\omega)/\mathbb{Q})$, 其中 $\omega = \dfrac{-1+\sqrt{3}\mathrm{i}}{2}$;

(3) $\mathrm{Aut}(\mathbb{Q}(\sqrt[3]{2},\omega)/\mathbb{Q})$;

(4) $\mathrm{Aut}(\mathbb{Q}(\sqrt{3},\sqrt{5})/\mathbb{Q})$.

3. 给出 $\mathbb{Q}(\sqrt{2},\sqrt{3})$ 到 $\mathbb{C}$ 的所有域嵌入.

4. 证明 $\overline{\mathbb{Q}}(x)$ 不可能嵌入到 $\overline{\mathbb{Q}}$ 中. 若将 $\overline{\mathbb{Q}}$ 换成复数域 $\mathbb{C}$ 呢?

5. 考虑有限域扩张 K/F, 如果存在 $r: F \to \mathbb{C}$ 为域嵌入, 那么 r 可以延拓为 $K \to \mathbb{C}$ 的域嵌入, 且不同延拓的个数为 $[K:F]$.

6. 设 E_1, E_2 均是 F 的扩域且 $E_1 = F(\alpha)$, 其中 α 是 F 上的代数元, 其极小多项式为 $g(x)$. 若 E_2 中有元素 β 的极小多项式也为 $g(x)$, 证明 E_1 必可嵌入 E_2.

7. (1) 证明 $\mathbb{Q}$ 的有限扩张均可嵌入域扩张 $\mathbb{C}/\mathbb{Q}$;

   *(2) 证明 $\mathbb{Q}$ 的有限生成扩张均可嵌入域扩张 $\mathbb{C}/\mathbb{Q}$.

8. 令 F 是一个域且 $f(x) \in F[x]$ 是不可约多项式. 设 K 是 $f(x)$ 在 F 上的分裂域并假设存在某个元素 $\alpha \in K$ 使得 α 和 $\alpha + 1$ 都是 $f(x)$ 的根.

   (1) 证明: $\mathrm{char}(F) > 0$;

   (2) 证明: $\mathrm{char}(F)$ 整除 $|\mathrm{Aut}(K/F)|$.

*9. 证明 $\mathbb{C}$ 有不可数多个域自同构, 并且 $\mathrm{Aut}(\mathbb{C})$ 的基数大于 $\mathbb{C}$ 的基数.

3.5 正规扩张与可分扩张

正规扩张

定义 设 E/F 为代数扩张, 若 F 上的每一个在 E 中有根的不可约多项式在 $E[x]$ 中总可以分解为一次因式之积, 则称 E/F 为正规扩张 (normal extension).

定理 5.1 设 E/F 为有限域扩张, 则下列命题等价:

(1) E/F 是正规扩张;

(2) E 是 F 上某个多项式的分裂域;

(3) $|\mathrm{Aut}(E/F)| = |\mathrm{Emb}(E/F)|$.

证明 我们将分别证明 (1) 与 (2), (1) 与 (3) 等价.

(1)$\Leftrightarrow$(2): 假设 E/F 为正规扩张. 设 $\alpha_1, \alpha_2, \cdots, \alpha_n$ 是 E 的一组 F-基, 且每个 α_i 在 F 上的极小多项式为 $g_i(x)$. 作 $f(x) = g_1(x)g_2(x)\cdots g_n(x)$, 由 E/F 的正规性得, $f(x)$ 在 E 中分裂. 则

$$E = F\alpha_1 + F\alpha_2 + \cdots + F\alpha_n \subset F(\alpha_1, \alpha_2, \cdots, \alpha_n) \subset E.$$

故 $E = F(\alpha_1, \alpha_2, \cdots, \alpha_n)$, E 即为 $f(x)$ 的分裂域.

设 $E \subset \bar{F}$ 是 F 上多项式 $f(x)$ 的分裂域. 对任意 $u \in E$, 设 $g(x) \in F[x]$ 为其极小多项式. 任取 $g(x)$ 在 $\bar{F}$ 中的一个根 r, 要证 $r \in E$. 由于 u 和 r 在 F 上均以 $g(x)$ 为极小多项式, 故

$$F(u)/F \cong F(r)/F.$$

于是由代数闭包的包罗万象性, $F(u)$ 到 $F(r)$ 的域同构会扩张成 $\phi \in \mathrm{Aut}(\bar{F}/F)$. 注意到 $f(x)$ 在 $F(u)$, $F(r)$ 上的分裂域分别为 E, $E(r)$. 由多项式在同一个代数闭包中分裂域的唯一性, $\phi(E) = E(r)$, 即

$$\phi|_E : E/F \xrightarrow{\cong} E(r)/F,$$

故 $E(r) = E$, $r \in E$.

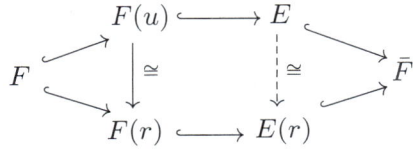

(1)⇔(3): 由于 $\mathrm{Aut}(E/F)$ 和 $\mathrm{Emb}(E/F)$ 均是有限集, 故等号

$$|\mathrm{Aut}(E/F)| = |\mathrm{Emb}(E/F)|$$

成立当且仅当映射 $\mathrm{Aut}(E/F) \hookrightarrow \mathrm{Emb}(E/F)$ 是双射. 而后者等价于:

$$\forall\, \sigma \in \mathrm{Emb}(E/F),\ \sigma(E) \subseteq E.$$

对任意 $u \in E$, 设 u 在 F 上的极小多项式为 $g(x)$, 则 $\sigma(u)$ 仍是 $g(x)$ 在 $\bar{E}$ 中的一个根. 由命题 3.8 和引理 4.1 证明中的双射 Θ, 我们有如下的满射

$$\mathrm{Emb}(E/F) \xrightarrow{\Theta} \mathrm{Emb}(F(u)/F) \times \mathrm{Emb}(E/F(u)) \to \{g(x)\ \text{的根}\},$$

$$\sigma \mapsto (\sigma|_{F(u)}, \tau) \mapsto \sigma(u).$$

故若 E/F 是正规扩张, 则 $g(x)$ 在 E 中分裂, 因此 $\sigma(u) \in E$. 由于 u 是任取的, 从而有 $\sigma(E) \subset E$ 及 $\mathrm{Aut}(E/F) = \mathrm{Emb}(E/F)$.

反之, 若 $\mathrm{Aut}(E/F) = \mathrm{Emb}(E/F)$, 则对任意 $\sigma \in \mathrm{Emb}(E/F)$, $\sigma(E) \subseteq E$, 于是 E 中元素的极小多项式 $g(x)$ 所有的根都在 E 中, E/F 是正规扩张. □

推论 5.2 设 E/F 是有限正规扩张, K 是 E/F 的中间域, 那么 E/K 也是正规扩张.

例 1 设 $E = \mathbb{Q}(\sqrt[3]{2})$, 那么 $E/\mathbb{Q}$ 不是正规扩张. 这是因为 $\sqrt[3]{2}$ 的极小多项式是 $x^3 - 2$, 它的另外两个根 $\sqrt[3]{2}\omega$ 和 $\sqrt[3]{2}\omega^2$ 不在 E 中, 其中 $\omega = \cos\left(\dfrac{2\pi}{3}\right) + \mathrm{i}\sin\left(\dfrac{2\pi}{3}\right)$ 是三次本原单位根. 因此 $x^3 - 2$ 的分裂域是 $\mathbb{Q}(\sqrt[3]{2}, \omega)$, 它真包含 E.

推论 5.3 设 E/F 是有限正规扩张, K 是中间域, 则下列命题等价:

(1) K/F 是正规扩张;

(2) $\forall\, \sigma \in \mathrm{Aut}(E/F),\ \sigma(K) \subset K$;

(3) $\forall\, \sigma \in \mathrm{Aut}(E/F),\ \sigma(K) = K$.

证明 (1)⇒(2): $\forall\, \sigma \in \mathrm{Aut}(E/F)$, $u \in K$, 取 u 在 F 上的极小多项式 $g(x)$, 则 $0 = \sigma(g(u)) = g(\sigma(u))$, $\sigma(u) \in E$ 是 $g(x)$ 的一个根. 由于 K/F 是正规扩张, $g(x)$ 在 K 中分裂, 故 $\sigma(u) \in K$, $\sigma(K) \subset K$.

(2)⇒(3): 此时 K/F 也是有限扩张, 且 $[K:F] = [K:\sigma(K)][\sigma(K):F]$. 由于 σ 固定 F 中的元素, 故 σ 是 K/F 到 $\sigma(K)/F$ 的域扩张同构, $[\sigma(K):F] = [K:F]$. 于是 $[K:\sigma(K)] = 1$, 即 $\sigma(K) = K$.

(3)⇒(1): 对任意 $\sigma: K \hookrightarrow \bar{F} \in \mathrm{Emb}(K/F)$, 根据命题 3.9, 我们可以找到域嵌入 $\varphi: E \hookrightarrow \bar{F} \in \mathrm{Emb}(E/F)$, 使得 $\varphi|_K = \sigma$. 由于 $\mathrm{Emb}(E/F) = \mathrm{Aut}(E/F)$, 故

$\varphi(K) = K$, 进而 $\sigma = \varphi|_K \in \mathrm{Aut}(K/F)$. 由此可推断出 $\mathrm{Emb}(K/F) \subseteq \mathrm{Aut}(K/F)$. 再由定理 5.1 可知 K/F 是正规扩张. $\qquad\square$

定义 (正规闭包) 设 E/F 是有限扩张. 如果 E 上一个代数扩张 K/E 满足:

(1) K/F 是正规扩张;

(2) 对于任意中间域 $E \subseteq L \subseteq K$, 若 L/F 正规, 则 $L = K$,

我们称 K/F 是 E/F 的一个正规闭包 (normal closure).

命题 5.4 对于任意有限扩张 E/F, 其正规闭包存在且在同构的意义下唯一.

证明 **存在性** 由于 E/F 有限, 它可以由有限个元素 α_i $(i = 1, 2, \cdots, n)$ 生成. 令 $m_i(x) \in F[x]$ 为 α_i 的极小多项式. 取 K 为 $\prod\limits_{i=1}^{n} m_i(x)$ 在 F 上的一个分裂域. 容易验证 K/F 就是 E/F 的一个正规闭包.

唯一性 来自分裂域的唯一性. $\qquad\square$

可分扩张

定义 设 E/F 为代数扩张.

(1) 如果 $f(x) \in F[x]$ 的每个不可约因子都没有重根, 那么称 $f(x)$ 为可分的 (separable).

(2) 对 $u \in E$, 若 u 在 F 上的极小多项式是可分的, 则称 u 是 F 上的可分元或称 u 在 F 上是可分的.

(3) 如果 E 中的每个元素都可分, 那么称 E/F 是可分扩张 (separable extension).

定理 5.5 设 E/F 是有限扩张, 则 E/F 是可分扩张当且仅当

$$|\mathrm{Emb}(E/F)| = [E : F].$$

证明 不妨设 $E = F(\alpha_1, \alpha_2, \cdots, \alpha_k)$, $F_i = F(\alpha_1, \alpha_2, \cdots, \alpha_i)$, $F_0 = F$, α_{i+1} 在 F_i 上的极小多项式为 $m_i(x)$, 则有 $[F_{i+1} : F_i] = \deg m_i(x)$. 由命题 3.8 知

$$|\mathrm{Emb}(F_{i+1}/F_i)| = m_i(x) \text{ 不同根的个数}.$$

故等式

$$|\mathrm{Emb}(E/F)| = [E : F] = \prod_{i=0}^{k-1} [F_{i+1} : F_i]$$

成立当且仅当所有 $m_i(x)$ 都没有重根, 即所有 α_i 都是 F_i 上可分元. 命题必要性成立.

对于充分性, 若存在 $\beta \in E$ 使得 β 在 F 上的极小多项式 $m(x)$ 为不可分多项式, 则我们有

$$|\mathrm{Emb}(F(\beta)/F)| = m(x) \text{ 中不同根的个数} < [F(\beta):F].$$

由此可得

$$|\mathrm{Emb}(E/F)| = |\mathrm{Emb}(E/F(\beta))||\mathrm{Emb}(F(\beta)/F)| < [E:F].$$

这与已知条件 $|\mathrm{Emb}(E/F)| = [E:F]$ 矛盾！　　　　　　　　□

定理 5.5 有如下直接应用:

推论 5.6　设 E/F 为有限扩张, K 为中间域, 则 E/F 是可分扩张, 当且仅当 K/F 和 E/K 都是可分扩张.

　　证明　这是引理 4.1 和定理 5.5 的直接推论.　　　　　　　　□

注　正规扩张不一定具有类似于推论 5.6 的性质. 例如 $\mathbb{Q}(\sqrt[3]{2}, \omega)/\mathbb{Q}$ 是正规扩张, 但中间域 $\mathbb{Q}(\sqrt[3]{2})/\mathbb{Q}$ 不是正规扩张.

我们在下列命题中讨论一个具体不可约多项式的不可分性质.

命题 5.7　设 F 为域, 若 $0 \neq f(x) \in F[x]$ 是一个不可约多项式, 则 $f(x)$ 是不可分的当且仅当 $\mathrm{char}\, F = p > 0$ 且 $f(x) = a_0 + a_p x^p + \cdots + a_{mp} x^{mp}$.

　　证明　由命题 3.5, 我们知道 $f(x)$ 无重根当且仅当 $f(x)$ 与 $f'(x)$ 互素. 由于 $f'(x)$ 是次数低于 $f(x)$ 的多项式, 故 f 与 f' 互素当且仅当 $f'(x) \neq 0$. 该条件成立当且仅当 $\mathrm{char}\, F = p > 0$ 并且 $f(x) = a_0 + a_p x^p + \cdots + a_{mp} x^{mp}$. 特别地, 特征为 0 的有限域扩张总是可分的.　　　　　　　　□

定义　若域 F 上的每个不可约多项式都是可分的, 则称 F 是完全域 (perfect field).

根据命题 5.7, 我们知道特征为 0 的域和代数闭域都是完全域.

最后, 我们给出一个非完全域的实例.

例 2　考虑 $\mathbb{F}_p$ 上的有理函数域 $F = \mathbb{F}_p(t)$. 对于多项式

$$f(x) = x^p - t \in F[x],$$

根据命题 5.7, $f(x)$ 不可分. 此外, $f(x)$ 在其分裂域中只有一个根 (重根), 容易检验 $f(x)$ 在 $F[x]$ 上不可约 (见本节习题). 因此 F 不是完全域.

习题 3.5

1. 对下列域扩张 E/F, 判断其是否为正规扩张或者可分扩张:

(1) $F = \mathbb{Q}$, $E = \mathbb{Q}(2^{\frac{1}{4}})$;

(2) $F = \mathbb{Q}$, $E = \mathbb{Q}(\sqrt{2}, \sqrt{3}, \cdots, \sqrt{n}, \cdots)$;

(3) p 是素数, $F = \mathbb{F}_p(t^p)$, $E = \mathbb{F}_p(t)$;

(4) $F = \mathbb{Q}(x)$, $E = \mathbb{Q}(x)[t]/(t^2 - x)$.

2. 对于给定的素数 p, 寻找域扩张 $\mathbb{Q}(2^{\frac{1}{p}})/\mathbb{Q}$ 的正规闭包.

3. 给出一个域扩张 $F \subseteq K \subseteq L$ 的例子, 使得 K/F 和 L/K 均为正规扩张, 但 L/F 不是.

4. 设 $E = \mathbb{C}(t)$ 为有理函数域, $F = \mathbb{C}(t^n + t^{-n})$. 证明 E/F 为正规扩张.

5. 对于任意素数 p, 证明 $E = \mathbb{F}_p[x]/(x^p - x + 1)$ 是 $\mathbb{F}_p$ 的一个正规扩张.

6. 设 $E/\mathbb{Q}$ 是一个有限正规奇数次扩张. 证明 $E \subseteq \mathbb{R}$.

7. 设 E/F 是一个域扩张, $\alpha, \beta \in E$. 如果 $F(\alpha)/F$ 是正规扩张并且 $F(\alpha) \cap F(\beta) = F$, 证明 $[F(\alpha, \beta) : F] = [F(\alpha) : F][F(\beta) : F]$.

8. 验证例 2 中的多项式 $f(x) = x^p - t$ 在 $F[x]$ 中不可约.

*9. 令 F 为域, t 是正整数且 $t > 1$, a 为 F 中元素.

(1) 设 p 为奇素数. 证明下列命题等价:

(a) $x^{p^t} - a$ 在 $F[x]$ 上不可约;

(b) $x^p - a$ 在 $F[x]$ 上不可约;

(c) 不存在 $b \in F$ 使得 $a = b^p$.

(2) 证明下列命题等价:

(a) $x^{2^t} - a$ 在 $F[x]$ 上不可约;

(b) $x^4 - a$ 在 $F[x]$ 上不可约;

(c) 不存在 $b \in F$ 使得 $a = b^2$ 或 $a = -4b^4$.

(3) 设 n 为正整数. 证明: $x^n - a$ 在 $F[x]$ 上可约当且仅当存在 $b \in F$ 使得下列条件之一成立:

(a) 存在 n 的素因子 p 使得 $a = b^p$;

(b) $4 \mid n$, 并且 $a = -4b^4$.

3.6 Galois 扩张

本节我们将介绍 Galois 扩张, 重点学习有限 Galois 扩张, 其核心内容为 Galois 对应定理.

Galois 扩张

定义 设 E/F 是代数扩张. 若 E/F 既可分又正规, 则称 E/F 为 Galois 扩张. 此时它的自同构群 $\mathrm{Aut}(E/F)$ 称为 Galois 群, 又记 $\mathrm{Gal}(E/F) \triangleq \mathrm{Aut}(E/F)$.

命题 6.1 设 E/F 是有限扩张, 则 E/F 是 Galois 扩张当且仅当

$$|\mathrm{Aut}(E/F)| = [E:F].$$

证明 这是定理 5.1 与定理 5.5 的结合.   □

例 1 设 E 是 $\mathbb{Q}$ 上多项式 $x^3 - 2$ 的分裂域, 由于 E 是特征零的, 故 $E/\mathbb{Q}$ 是可分且正规的, 从而是 Galois 扩张. 由 3.3 节例 8 知 $[E:\mathbb{Q}] = 6$, 故 $\mathrm{Gal}(E/\mathbb{Q})$ 是 6 阶群.

定义 设 E 是域, $G < \mathrm{Aut}(E)$ 为有限子群. 令

$$E^G = \{\, a \in E \mid \forall \sigma \in G, \sigma(a) = a \,\},$$

用定义容易验证 E^G 是 E 的子域, 称 E^G 为 E 的 G-不变子域.

引理 6.2 (Artin 引理) 设 E 是域, G 是 $\mathrm{Aut}(E)$ 的有限子群, $F = E^G$, 则 $[E:F] \leqslant |G|$. 特别地, E/F 是 Galois 扩张且 $G = \mathrm{Gal}(E/F)$.

证明 不妨设 $G = \{\eta_1, \eta_2, \cdots, \eta_n\}$, 其中 η_1 为恒等元. 任取 $n+1$ 个元素

$$u_1, u_2, \cdots, u_{n+1} \in E,$$

我们断言它们是 F-线性相关的, 从而 $[E:F] \leqslant n$. 在域 E 上考虑如下齐次线性方程组的解

$$\begin{cases} u_1 x_1 + u_2 x_2 + \cdots + u_{n+1} x_{n+1} = 0, \\ \eta_2(u_1)x_1 + \eta_2(u_2)x_2 + \cdots + \eta_2(u_{n+1})x_{n+1} = 0, \\ \quad\cdots\cdots\cdots\cdots \\ \eta_n(u_1)x_1 + \eta_n(u_2)x_2 + \cdots + \eta_n(u_{n+1})x_{n+1} = 0, \end{cases} \tag{3.1}$$

注意到它有 n 个 E-系数方程, $n+1$ 个未定元, 即未定元的个数大于方程的个数, 由第二章命题 8.11, 它在 E 中一定有非零解.

选取一组非零解 $x_i = b_i \in E$, 使得 $\{b_1, b_2, \cdots, b_{n+1}\}$ 中包含的非零元素个数最少. 为简单起见, 我们不妨假设只有前 r 个元素非零且 $b_1 = 1$(由方程的齐次性). 下面我们只需证明 $b_i \in F$, 则由方程组 (3.1) 中的第一个方程即可推出 u_i 的 F-线性相关性.

用反证法, 由方程的齐次性, 若有某个 $b_j \notin F$, 则存在 $\eta \in G$ 使得

$$\eta(b_j) - b_j \neq 0.$$

易见 $x_i = \eta(b_i)$ 仍是齐次方程组 (3.1) 的解. 这两组非零解的线性组合

$$x_i = \eta(b_i) - b_i$$

仍是 (3.1) 的非零解, 且其包含的非零元素至多只有 $r - 1$ 个 (因为 $\eta(b_1) - b_1 = 1 - 1 = 0$), 这与 $\{b_j\}$ 的取法矛盾! 故 $u_1, u_2, \cdots, u_{n+1}$ 为 F-线性相关. 从而 $[E : F] \leqslant n$.

按定义, 我们知道 $G \subset \mathrm{Aut}(E/F)$, 根据定理 4.3 的结论, E/F 是 Galois 扩张.

$\square$

我们现在可以给出有限 Galois 扩张的等价刻画条件.

定理 6.3 设 E/F 是域扩张, 下列命题等价:

(1) E/F 是有限 Galois 扩张;

(2) E 是 F 上的一个可分多项式的分裂域;

(3) 存在 $\mathrm{Aut}(E)$ 的有限子群 G, 使 $F = E^G$.

在上述等价条件成立时, 有 $G = \mathrm{Aut}(E/F)$.

证明 (1)$\Rightarrow$(2): 由于 E/F 是有限正规扩张, 根据定理 5.1, 我们知道 E 是 F 上某个多项式 $f(x)$ 的分裂域. 又因为 E/F 是可分的, $f(x)$ 所有的根都是可分元, 即 $f(x)$ 的不可约因子都是可分的, 所以 $f(x)$ 是可分多项式.

(2)$\Rightarrow$(1): 设 E 是 F 上可分多项式 $f(x)$ 的分裂域. 设 $\alpha_1, \alpha_2, \cdots, \alpha_n$ 为 $f(x)$ 的所有根, 并令 $F_0 = F$ 和 $F_i = F(\alpha_1, \alpha_2, \cdots, \alpha_i)$. 因此, E/F 可以被分解为 n 个单扩张 F_i/F_{i-1} 的复合. 我们有

$$|\mathrm{Aut}(E/F)| = |\mathrm{Emb}(E/F)| = \prod_{i=1}^{n} |\mathrm{Emb}(F_i/F_{i-1})|,$$

注意到 $F_i = F_{i-1}(\alpha_i)$, 根据命题 3.8(2), $|\mathrm{Emb}(F_i/F_{i-1})|$ 是 α_i 在域 F_{i-1} 中极小多项式 $m_i(x)$ 的不同根的个数. 由于 $m_i(x)$ 是 $f(x)$ 的因子, 它仍然是可分的. 因

此, $|\text{Emb}(F_i/F_{i-1})| = \deg m_i(x) = [F_i : F_{i-1}]$. 由此可得 $|\text{Aut}(E/F)| = \prod_{i=1}^{n}[F_i : F_{i-1}] = [E : F]$.

(2) $\Rightarrow$ (3): 令 $G = \text{Aut}(E/F)$, 根据不变子域的定义, 我们有 $F \subseteq E^G$, 从而得到 $\text{Aut}(E/E^G) \subseteq \text{Aut}(E/F) = G$. 此外, 因为 G 中的元素在 E^G 上是恒等作用, 我们有 $G \subset \text{Aut}(E/E^G)$, 故 $G = \text{Aut}(E/E^G)$.

注意到 E/E^G 是 E^G 上可分多项式 $f(x)$ 的分裂域, 故也是 Galois 扩张. 因此我们有

$$[E : E^G] = |\text{Aut}(E/E^G)| = |G| = [E : F].$$

故 $[E^G : F] = 1$, 即 $F = E^G$.

(3)$\Rightarrow$(1): 由引理 6.2, $[E : F]$ 是有限扩张且为 Galois 扩张. $\qquad\square$

有限 Galois 扩张的基本定理

我们介绍有限 Galois 扩张的基本定理, 它是 Galois 理论中的核心内容, 也被称为 Galois 对应定理. 它在群论和域扩张理论之间架起了一座桥梁.

定理 6.4 (有限 Galois 扩张对应定理) 设 E/F 为有限 Galois 扩张, $G \triangleq \text{Aut}(E/F)$, 则有如下两个集合之间的一一对应:

$$\Big\{ H \mid H \text{ 是 } G \text{ 的子群} \Big\} \longleftrightarrow \Big\{ K \mid K \text{ 是 } E/F \text{ 的中间域} \Big\}$$

$$\text{子群 } H < G \quad \longmapsto \quad E^H,$$

$$\text{Aut}(E/K) < G \quad \longleftarrow \quad \text{中间域 } K.$$

上述对应具有以下性质:

(1) $H_1 \subset H_2$ 当且仅当 $E^{H_1} \supset E^{H_2}$; $K_1 \subset K_2$ 当且仅当 $\text{Gal}(E/K_1) \supset \text{Gal}(E/K_2)$.

(2) $|H| = [E : E^H]$, $[G : H] = [E^H : F]$.

(3) $H \triangleleft G$ 当且仅当 E^H/F 是正规扩张. 此时 $\text{Gal}(E^H/F) \cong G/H$.

(4) $H \triangleleft G$ 当且仅当 E^H/F 是 Galois 扩张. 此时 $\text{Gal}(E^H/F) \cong G/H$.

证明 由定理 6.3 知, 对任意中间域 K, E/K 是 Galois 扩张并且 $H = \text{Aut}\, E/E^H$, $K = E^{\text{Aut}(E/K)}$. 这说明双向对应关系恰为互逆对应. 现在我们逐项证明其性质:

(1) 若 $H_1 \subset H_2$, 则由定义知 $E^{H_1} \supset E^{H_2}$. 反之, 若 $E^{H_1} \supset E^{H_2}$, 则

$$H_1 = \mathrm{Gal}(E/E^{H_1}) \subset \mathrm{Gal}(E/E^{H_2}) = H_2.$$

第二个结论可类似地得到.

(2) 结论 (2) 由定理 6.3 的证明直接得到.

(3) 假设 $H \triangleleft G$, 令 $K = E^H$, 则对任意 $\eta \in G$, $\eta H \eta^{-1} = H$, 两边取不变子域可得 $\eta(K) = K$ (参见本节习题结论), 由推论 5.3 知 K/F 是正规扩张. 反之, 若 $K = E^H$ 是 F 上的正规扩张, 则 $\forall \eta \in G$, $\eta(K) = K$, 从而 $E^{\eta H \eta^{-1}} = K = E^H$, 由 G 的子群和 E/F 的中间域的一一对应知 $\eta H \eta^{-1} = H$, 即 $H \triangleleft G$.

此时, 为了证明 $\mathrm{Gal}(K/F) \cong G/H$, 我们考虑群同态

$$\theta : G \to \mathrm{Gal}(K/F),$$

$$\eta \mapsto \eta|_K.$$

由于 K/F 是正规扩张, 故 $\eta|_K \in \mathrm{Gal}(K/F)$, θ 定义合理. 由定义知, $\mathrm{Ker}\,\theta = \mathrm{Gal}(E/K) = \mathrm{Gal}(E/E^H) = H$. 由同态基本定理知 G/H 与 $\mathrm{Gal}(K/F)$ 的子群 $\mathrm{Im}\,\theta$ 同构, 故不等式

$$[G : H] = |G/H| \leqslant |\mathrm{Gal}(K/F)| = [K : F] = [E^H : F] = [G : H]$$

实为等式. 因此 $\mathrm{Im}\,\theta = \mathrm{Gal}(K/F)$, θ 是满同态, $\mathrm{Gal}(K/F) \cong G/H$.

(4) 由于 E/F 是有限 Galois 扩张, E/F 是可分扩张. 根据推论 5.6, E^H/F 是可分扩张. 由 (3), 我们得到 (4). □

例 2 考虑域扩张 $\mathbb{Q}(\sqrt[3]{2}, \omega)/\mathbb{Q}$, 其中 $\omega = \cos\left(\dfrac{2\pi}{3}\right) + \sin\left(\dfrac{2\pi}{3}\right)\mathrm{i}$ 是三次本原单位根, $\rho = \omega\sqrt[3]{2}$ 为多项式 $x^3 - 2$ 的另一个非平凡根. 这也是一个 Galois 扩张, 它的 Galois 群为 S_3, 记两个生成元分别为 σ 与 τ, 它们分别是 3 阶和 2 阶的, 具体地说, 它们在 ω 与 $\sqrt[3]{2}$ 上的作用分别为:

$$\sigma(\omega) = \omega, \quad \sigma(\sqrt[3]{2}) = \omega\sqrt[3]{2};$$

$$\tau(\omega) = \omega^2, \quad \tau(\sqrt[3]{2}) = \omega\sqrt[3]{2}.$$

于是我们有如下关于 Galois 群的子群的关系图:

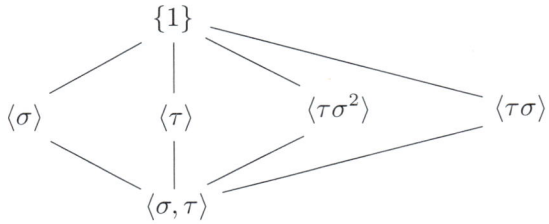

相应地还有子域之间的关系图:

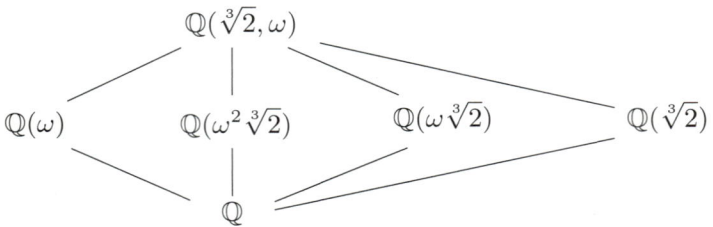

上面给出了 $\mathbb{Q}(\sqrt[3]{2},\omega)$ 的所有子域, 但由于 S_3 的唯一非平凡正规子群是 3 阶子群 $\langle\sigma\rangle$, 因此只有 $\mathbb{Q}(\omega)$ 是 $/\mathbb{Q}$ 上的 Galois 扩张, 其 Galois 群为二阶循环群 $S_3/\langle\sigma\rangle$. $\mathbb{Q}(\omega)$ 上非平凡的自同构是由 $\langle\sigma\rangle$ 的非平凡陪集 $\{\tau,\tau\sigma,\tau\sigma^2\}$ 中的元素 (如 τ) 的限制所诱导的, 它们均将 ω 映到 ω^2.

命题 6.5   设 L/F 为域扩张, E,K 均为中间域, E/F 是有限 Galois 扩张, 则 EK/K 与 $E/E\cap K$ 均为有限 Galois 扩张, 其 Galois 群为

$$\mathrm{Gal}(EK/K) \cong \mathrm{Gal}(E/E\cap K).$$

证明   因 E/F 为有限 Galois 扩张, 故 E 是 $F[x]$ 中某个可分多项式 $f(x)$ 的分裂域. 若我们将 $f(x)$ 视作 $K[x]$ 中的多项式, 则 EK/K 亦为 $f(x)$ 在 K 上的分裂域, 故此 EK/K 为有限 Galois 扩张. 取定 L 的一个代数闭包 $\bar{L}$ (从而诱导了 E 的一个代数闭包 $\bar{E}\subset\bar{L}$), 我们可以考虑限制映射

$$\varphi\colon \mathrm{Gal}(EK/K) \longrightarrow \mathrm{Emb}(E/F) = \mathrm{Gal}(E/F),$$
$$\sigma \longmapsto \sigma|_E, \tag{3.2}$$

这里, 由于 E/F 是代数扩张, $\sigma(E)/F$ 也是代数的, 故 $\sigma(E)\subset\bar{E}$, 因而 $\sigma|_E\in\mathrm{Emb}(E/F) = \mathrm{Aut}(E/F)$. 映射 φ 自然是一个群同态, 其核为:

$$\mathrm{Ker}\,\varphi = \{\,\sigma\in\mathrm{Gal}(EK/K)\mid\sigma|_E = 1\,\}.$$

由于 $\mathrm{Gal}(EK/K)$ 中的元素在 K 上的作用是平凡的, 于是上述核中的元素在 E 与 K 上的作用都是平凡的, 于是在它们的复合上的作用也是平凡的, 故核中只包含恒等自同构, 因此 φ 是单射.

记 φ 在 $\mathrm{Gal}(E/F)$ 中的像为 H, 并且记 E^H 为对应的固定子域. 因 H 中的元素都固定 K, 故 E^H 包含 $E\cap K$. 另一方面, 注意到合成域 E^HK 被 $\mathrm{Gal}(EK/K)$ 固定住. 根据基本定理可知 $E^HK\subset K$, 从而 $E^H\subset K$, 这就给出了另一个方向的包

含关系 $E^H \subset E \cap K$. 因此 $E^H = E \cap K$, 于是由基本定理知 $H = \mathrm{Gal}(E/E \cap K)$. 证毕. $\qquad\qquad\qquad\qquad\qquad\qquad\qquad\qquad\qquad\qquad\qquad\qquad\qquad\qquad\square$

习题 3.6

1. 证明扩张 $E \supseteq F$ 是 Galois 扩张, 确定 Galois 群 $\mathrm{Gal}(E/F)$、它的所有子群以及 F 和 E 之间的对应子域:

   (1) $F = \mathbb{Q}, E = \mathbb{Q}(\sqrt[5]{4}, \zeta_5)$, 其中 $\zeta_n = \mathrm{e}^{\frac{2\pi i}{n}}$ 是 n 次本原单位根;

   (2) $F = \mathbb{Q}, E = \mathbb{Q}(\sqrt[4]{2}, \mathrm{i})$;

   (3) $F = \mathbb{R}\left(x + \dfrac{1}{x}\right), E = \mathbb{R}(x)$;

   (4) $F = \mathbb{R}(x^2, y^2), E = \mathbb{R}(x, y)$;

   (5) $F = \mathbb{R}(x^2 + y^2, xy), E = \mathbb{R}(x, y)$.

2. 计算自同构群 $\mathrm{Aut}(\mathbb{R}/\mathbb{Q})$.

3. 分别计算 $x^5 - 2$ 在 $\mathbb{Q}$ 和 $\mathbb{F}_3$ 下的 Galois 群.

4. 找到一个单位根 $\zeta_n \in \mathbb{C}$ 使得存在中间域 $\mathbb{Q}(\zeta_n) \supseteq E \supseteq \mathbb{Q}$, $E/\mathbb{Q}$ 是 Galois 扩张且 $\mathrm{Gal}(E/\mathbb{Q}) \cong \mathbb{Z}/3\mathbb{Z}$.

5. 设 E/F 为域扩张, $G = \mathrm{Aut}(E/F)$, $H < G$, $K = E^H$. 证明: 对任意 $\eta \in G$, $E^{\eta H \eta^{-1}} = \eta(K)$.

6. 证明不存在 $\mathbb{Q}$ 的 Galois 扩张 E 使得 $\mathrm{Gal}(E/\mathbb{Q}) \cong S_n$ 且 E 包含 $\sqrt[4]{2}$.

7. 若 $E/\mathbb{Q}$ 是一个 Galois 扩张且 $\mathrm{Gal}(E/\mathbb{Q}) \cong S_5$, 证明 E 是一个 5 次多项式的分裂域.

8. 设 E/F 为 d 次可分扩张, N 为中间域的个数.

   (1) 证明: $N \leqslant 2^{d!}$;

   (2) 证明: $N \leqslant 2^d$.

9. 证明任一有限群均可实现为一个 Galois 扩张的 Galois 群.

10. 假设 E/F 是一个次数为 p^n 的 Galois 扩张, 其中 p 为素数, n 为正整数. 证明: E 中有 F 的次数为 p 和 p^{n-1} Galois 扩张.

11. 设 $f(x) \in F[x]$ 为不可约的可分多项式, E 为 $f(x)$ 的分裂域. 若 $\mathrm{Gal}(E/F)$ 是 Abel 群, 证明 $[E : F] = \deg f(x)$.

12. 令 p 为一素数, 假设域 F 的每一个有限扩张的次数都被 p 整除,

    (1) 证明 F 的每个有限可分扩张的次数都是 p 的幂次;

    *(2) 证明 F 的每个有限扩张的次数都是 p 的幂次.

3.7   有限域

本节我们介绍有限域的基本结果.

有限域的存在及唯一性

设 E 是一个有限域, 其特征 $\operatorname{char} E$ 是一个素数 p. 当 E 的元素个数为 q 时, 我们称 E 为一个 q 元域. 如前所述, 有限域 E 必然包含其素域 $\mathbb{F}_p$, 因此 E 可以被视为一个 n 维的 $\mathbb{F}_p$-向量空间. 特别地, 我们有 $q = |E| = p^n$. 为方便讨论, 我们通常选取 $\mathbb{F}_p$ 和 E 的一个共同的代数闭包 $\overline{\mathbb{F}}_p$, 从而得到以下嵌入关系:

$$\mathbb{F}_p \hookrightarrow E \hookrightarrow \overline{\mathbb{F}}_p.$$

下面我们阐述有限域的结构定理.

定理 7.1   设 $n \in \mathbb{N}$, 则

(1) $\overline{\mathbb{F}}_p$ 中必有唯一的阶为 p^n 的有限域;

(2) 任意两个阶为 p^n 的域一定相互同构.

证明   (1) 在 $\overline{\mathbb{F}}_p$ 中考虑方程 $f(x) = x^{p^n} - x = 0$. 由于 $f'(x) = -1$, 故 $\gcd(f(x), f'(x)) = 1$, 因此 $f(x) = 0$ 在 $\overline{\mathbb{F}}_p$ 中有 p^n 个各不相同的根. 设 E 是 $f(x) = 0$ 的根集, 则 $|E| = p^n$, 且 $0, 1 \in E$. 对任意 $\alpha, \beta \in E$ 且 $\alpha, \beta \neq 0$, 则由

$$(\alpha \pm \beta)^{p^n} = \alpha^{p^n} \pm \beta^{p^n} = \alpha \pm \beta,$$

$$(\alpha\beta)^{p^n} = \alpha^{p^n}\beta^{p^n} = \alpha\beta \quad \text{及} \qquad \left(\frac{\alpha}{\beta}\right)^{p^n} = \frac{\alpha^{p^n}}{\beta^{p^n}} = \frac{\alpha}{\beta},$$

E 是 $\overline{\mathbb{F}}_p$ 的阶为 p^n 子域.

又若 K 是 $\overline{\mathbb{F}}_p$ 中另一个阶为 p^n 的子域, 则其乘法群 K^* 的阶为 $p^n - 1$, 故 $\forall \alpha \in K^*, \alpha^{p^n - 1} = 1$. 从而 $\alpha^{p^n} = \alpha$ 对 K 中的所有元素 α 都成立, 因此 $K \subset E$, 又由它们的阶相同知 $K = E$.

(2) 若 E 和 E' 均为 p^n 元域, 我们可以视它们为素域 $\mathbb{F}_p$ 的域扩张. 取 $\overline{E}, \overline{E'}$ 为它们的代数闭包. 由于 $E/\mathbb{F}_p$ 和 $E'/\mathbb{F}_p$ 为代数扩张, 因此 $\overline{E}$ 和 $\overline{E'}$ 都是 $\mathbb{F}_p$ 的代数闭包. 如下图所示, 由代数闭包的唯一性定理, 存在域同构: $\theta : \overline{E'} \to \overline{\mathbb{F}}_p$ 且 $\theta|_{\mathbb{F}_p} = \operatorname{id}_{\mathbb{F}_p}$.

$$\begin{array}{ccc}
& E & \longrightarrow & \overline{E} \\
\nearrow & & & \cong \uparrow \theta \\
\mathbb{F}_p & & & \\
\searrow & & & \\
& E' & \longrightarrow & \overline{E'}
\end{array}$$

注意 E 通过映射 θ 的像 $\theta(E') \subseteq \overline{E}$ 也是一个 p^n 元域. 根据 (1) 中结果, $\overline{E}$ 中只有唯一的一个 p^n 元域. 故 $\theta(E') = E$. $\qquad\square$

推论 7.2 对 $\overline{\mathbb{F}}_p$ 中的两个有限域 $F = F_{p^n}$ 与 $E = F_{p^m}$, 其中 $n, m \in \mathbb{N}$, $F \subset E$ 当且仅当 $n \mid m$. 此时 $[E : F] = \dfrac{m}{n}$.

证明 这是本书 2.10 节 (含习题) 的直接结论. $\qquad\square$

例 1 设 p 是一个素数, $F = \mathbb{F}_p = \mathbb{Z}/p\mathbb{Z} = \{\overline{0}, \overline{1}, \overline{2}, \cdots, \overline{p-1}\}$, 对 $x^p - x \in \mathbb{F}_p[x]$, 我们有

$$x^p - x = x(x - \overline{1}) \cdots (x - \overline{p-1}),$$

$$x^{p-1} - \overline{1} = (x - \overline{1}) \cdots (x - \overline{p-1}),$$

取 $x = \overline{0}$, 在 $\mathbb{Z}/p\mathbb{Z}$ 中我们有

$$-\overline{1} = (-\overline{1})(-\overline{2}) \cdots (-\overline{p-1}),$$

即

$$-1 \equiv (-1)^{p-1}(p-1)! \pmod{p}.$$

由于 $(-1)^{p-1} \equiv 1 \pmod{p}$, 于是有

$$(p-1)! \equiv -1 \pmod{p}.$$

这是初等数论中的 Wilson 定理.

有限域的 Frobenius 同态

定义 设域 F 的特征为 p. 考虑映射

$$\begin{aligned}
\mathbf{Frob}_F : F &\to F, \\
a &\mapsto a^p,
\end{aligned} \tag{3.3}$$

$\forall a, b \in F$, $(a+b)^p = a^p + b^p$, 即 $\mathbf{Frob}_F$ 保持加法, 并且 $\mathbf{Frob}_F$ 保持乘法和乘法幺元, 故它是域的单同态, 称为域 F 上的 Frobenius 同态. 当 F 是有限域时, $\mathbf{Frob}_F \in \mathrm{Aut}(F)$.

定理 7.3   设 F 为有限域, E/F 是一个有限扩张, 则 E/F 是 Galois 扩张且 Galois 群 $\mathrm{Gal}(E/F)$ 由 $\mathbf{Frob}_E$ 的某个幂次生成.

证明   设有限域 E 的素域为 $\mathbb{F}_p$, 且扩张次数 $[E:\mathbb{F}_p]$ 为 n. 根据有限域的结构定理, E 是素域 $\mathbb{F}_p$ 关于多项式 $x^{p^n}-x$ 的分裂域. 鉴于 $x^{p^n}-x$ 是一个可分多项式, 因此, 域扩张 $E/\mathbb{F}_p$ 是一个 Galois 扩张, 故有 $|\mathrm{Gal}(E/\mathbb{F}_p)|=[E:\mathbb{F}_p]=n$. 注意到 $\mathbf{Frob}_E\in\mathrm{Gal}(E/F)$ 是一个阶为 n 的自同构, 故而 $\mathrm{Gal}(E/\mathbb{F}_p)=\langle\mathbf{Frob}_E\rangle$ 是一个循环群.

最后, 根据有限 Galois 基本定理, 因 F 是 $E/\mathbb{F}_p$ 的中间域, E/F 是一个 Galois 扩张, 其 Galois 群 $\mathrm{Gal}(E/F)$ 自然是 $\mathrm{Gal}(E/\mathbb{F}_p)$ 的一个循环子群.   □

由于正特征域不一定是完全域, 因此它的有限正规扩张不一定是 Galois 扩张. 下面我们给出正特征完全域的一个刻画.

命题 7.4   设域 F 的特征为 p, 则 F 是完全域当且仅当 $\mathbf{Frob}_F$ 是满射. 特别地, 有限域是完全域.

证明   若 $\mathbf{Frob}_F$ 不是满射, 则存在 $a\in F$ 使得 $b^p\neq a$, $\forall b\in F$. 此时 $x^p-a\in F[x]$ 不可约且不可分, 故 F 不是完全域. 反之, 若 $\mathbf{Frob}_F$ 是满射, 根据命题 5.7, F 上的不可约不可分多项式一定形如

$$f(x)=a_0+a_1x^p+\cdots+a_nx^{np},$$

其中 $n>0$. 但 $\forall i$, $\exists b_i\in F$ 使得 $b_i^p=a_i$. 因此 $f(x)=(b_0+b_1x+\cdots+b_nx^n)^p$, 这与 $f(x)$ 不可约矛盾. 故 F 上的多项式均为可分多项式, F 是完全域.

对有限域 F 而言, $\mathbf{Frob}_F$ 总是自同构, 因而是完全域.   □

例 2 $\mathbf{Frob}_{\mathbb{F}_p(t)}:\mathbb{F}_p(t)\to\mathbb{F}_p(t)$ 不是满射, 因为多项式 $x^p-t\in\mathbb{F}_p(t)[x]$ 是不可约且不可分的.

有限域的乘法群

引理 7.5   设 A 是有限 Abel 群, 则 A 是循环群当且仅当对于每个自然数 n, A 中至多有一个阶为 n 的子群.

证明   我们知道, 循环群的子群总是唯一的, 只需证必要性. 由有限 Abel 群的结构定理, 有 $A\cong\mathbb{Z}_{d_1}\oplus\cdots\oplus\mathbb{Z}_{d_m}$, 其中 $d_1\mid\cdots\mid d_m$. 当 $m>1$ 时, $\mathbb{Z}_{d_1}$ 和 $\mathbb{Z}_{d_2}$ 中各有一个 d_1 阶的子群. 故 m 只能为 1, A 是循环群.   □

定理 7.6   (有限域的乘法群结构)   取定代数闭包 $\mathbb{F}_p\hookrightarrow\overline{\mathbb{F}}_p$, 则有乘法群的包含关系: $\mathbb{F}_p^*\hookrightarrow\overline{\mathbb{F}}_p^*$. 下列结论成立:

(1) $\forall n \in \mathbb{N}$, 若 $p \mid n$, 则 $\overline{\mathbb{F}}_p^*$ 中不存在阶为 n 的子群.

(2) $\forall n \in \mathbb{N}$, 若 $p \nmid n$, 则 $\overline{\mathbb{F}}_p^*$ 中存在唯一的阶为 n 的子群, 且它是循环群.

(3) $\mathbb{F}_{p^n}^*$ 是循环群.

证明 (1) 若 $p \mid n$, 并且假设在 $\overline{\mathbb{F}}_p^*$ 中存在阶为 n 的子群 H. 根据 Cauchy 定理, 子群 H 中必定存在一个 p 阶元 α. 由此, 我们得出 $\alpha^p - 1 = 0$. 鉴于 $\operatorname{char} \overline{\mathbb{F}}_p = p$, 因此有 $(\alpha - 1)^p = 0$, 进一步推导得 $\alpha = 1$. 然而, 这与我们的假设相矛盾.

(2) 若 p 不整除 n, 则取 E 为多项式方程 $g(x) = x^n - 1 = 0$ 在 $\overline{\mathbb{F}}_p$ 上的根集. 由于 $g'(x) = nx^{n-1}$ 不等于零, 因此 $(g(x), g'(x)) = 1$, 即 $g(x)$ 无重根. 因此, E 是一个包含 n 个元素的集合. 值得注意的是, E 在除法运算下是封闭的, 这是由于对于任意的 $\alpha, \beta \in E$, 都有

$$\left(\frac{\alpha}{\beta}\right)^n = 1.$$

因此, E 是 $\overline{\mathbb{F}}_p^*$ 中的一个阶为 n 的子群.

又若 H 是 $\overline{\mathbb{F}}_p^*$ 中另一个阶数为 n 的子群, 依据 Lagrange 定理, 对于 H 中的任意元素 α, 均有 $\alpha^n = 1$ 成立, 这表明 H 是集合 E 的子集. 进一步对比两者的阶数, 我们可得出 H 与 E 实际上相等, 即 $H = E$. 类似地, 对于任意自然数 n, 作为 $\overline{\mathbb{F}}_p^*$ 的子群, 集合 E 中至多存在一个阶数为 n 的子群. 因此, 我们可以断定 E 是一个循环群.

(3) 由于 $\mathbb{F}_{p^n}^*$ 是 $\overline{\mathbb{F}}_p^*$ 的有限阶子群, 故由 (2) 知它是循环群. □

推论 7.7 设 F 是有限域, E/F 是有限扩张, 则 E/F 是单扩张.

证明 取 E 的乘法群 E^* 的生成元 α, 则有

$$E = E^* \cup \{0\} = \langle \alpha \rangle \cup \{0\} \subset F(\alpha) \subset E.$$

故 $E = F(\alpha)$. □

推论 7.8 有限域上存在任意次数的不可约多项式.

证明 对任意 $n > 0$, 有 $[\mathbb{F}_{p^{nm}} : \mathbb{F}_{p^m}] = n$. 由上述推论我们可设

$$\mathbb{F}_{p^{nm}} = \mathbb{F}_{p^m}(\alpha),$$

则 α 的极小多项式为 $\mathbb{F}_{p^m}$ 上的一个 n 次不可约多项式. □

本原元素定理

根据推论 7.7, 一个自然的问题是有限扩张是否都是单扩张 (即存在本原元). 我们提供如下反例:

例 3(非单有限扩张)　考虑二元有理函数域 $E = \mathbb{F}_p(s,t)$ 和其子域 $F = \mathbb{F}_p(s^p, t^p)$，我们有 $[E:F] = p^2$ (见本节习题)。对于任意元素 $u \in E$，它满足 $u^p \in F$，故 u 是 $F[x]$ 上 p 次多项式方程

$$x^p - u^p = 0$$

的根，它在 F 上的次数不大于 p。所以 E/F 不可能是单扩张。

读者可以看到，例 3 中的有限扩张不是可分扩张的主要原因在于存在不可分元。

命题 7.9　设 E/F 是一个有限可分扩张，则存在 $\alpha \in E$ 使得 $E = F(\alpha)$。特别地，有限 Galois 扩张是单扩张。

证明　根据推论 7.7，我们可假设 F 为无限域。鉴于 E/F 为有限生成域扩张，可设 $E = F(\beta_1, \beta_2, \cdots, \beta_k)$。通过归纳生成元个数 k，我们仅需证明具有两个生成元的特殊情况。

设 $E = F(\beta, \gamma)$，并设 $f(x), g(x) \in F[x]$ 分别为 γ 和 β 在 F 上的极小多项式。设 $\beta = \beta_1, \beta_2, \cdots, \beta_n$ 为 $g(x)$ 的所有不同根，$\gamma = \gamma_1, \gamma_2, \cdots, \gamma_m$ 为 $f(x)$ 的所有不同根。由于 E/F 为可分扩张，因此 $f(x), g(x)$ 均为可分多项式。我们可设定 $m = \deg f(x) > 1$，$n = \deg g(x) > 1$；否则，命题结论自然成立。鉴于 F 为无限域，易见存在 $r \in F$ 使得对 $1 \leqslant i \leqslant n$，$2 \leqslant j \leqslant m$，我们有

$$\beta - \beta_i \neq r(\gamma - \gamma_j).$$

令 $\alpha = -\beta + r\gamma$，下面我们证明 $F(\alpha) = F(\beta, \gamma)$。由于 $\alpha \in F(\beta, \gamma)$，只需要证明 $\beta \in F(\alpha)$，$\gamma \in F(\alpha)$ 即可。

考虑多项式 $h(x) = g(rx - \alpha)$，我们有 $h(\gamma) = 0$ 且对 $2 \leqslant j \leqslant m$，$h(\gamma_j) \neq 0$，故仅 $x - \gamma$ 是 $h(x)$ 的因子。因此，$h(x)$ 与 $f(x) = \prod\limits_{j=1}^{m}(x - \gamma_j)$ 的最大公因子为 $x - \gamma$。注意到 $h(x), f(x) \in F(\alpha)[x]$，故 $x - \gamma \in F(\alpha)[x]$，从而可得 $\gamma \in F(\alpha)$。最后可得 $\beta = -\alpha + r\gamma \in F(\alpha)$。　　　□

有限域上的不可约多项式

接下来，我们将利用有限域的结构定理来刻画有限域上的不可约多项式。简而言之，对于一个 q-元域 $\mathbb{F}_q$ 以及 $\mathbb{F}_q[x]$ 中的一个 d 次不可约多项式 $f(x)$，存在如下同构关系：

$$\mathbb{F}_q[x]/(f(x)) \cong \mathbb{F}_{q^d}. \tag{3.4}$$

鉴于 $\mathbb{F}_{q^d}$ 是多项式 $x^{q^d} - x$ 的根集，$f(x) = 0$ 的根均是 $x^{q^d} - x = 0$ 的根。特别地，我们可以得出以下结论：

命题 **7.10**　有限域 $\mathbb{F}_p$ 上的 n 次不可约多项式 $f(x)$ 是多项式 $x^{p^m} - x$ 的不可约因子当且仅当 $n \mid m$.

证明　我们主要通过有限域之间的包含关系来建立多项式之间的整除关系. 根据之前的分析, 我们知道有

$$\left\{ \alpha \in \overline{\mathbb{F}}_p \mid f(\alpha) = 0 \right\} \subseteq \mathbb{F}_{p^n}.$$

故 $f(x) \mid x^{p^n} - x$. 若 $n \mid m$, 则由 $x^{p^n} - x \mid x^{p^m} - x$ 知 $f(x) \mid x^{p^m} - x$.

反过来, 若 $f(x) \mid x^{p^m} - x$, 则必有

$$\mathbb{F}_{p^n} \cong \mathbb{F}_p[x]/(f(x))$$

包含于 $\mathbb{F}_{p^m}$ 中. 根据推论 7.2, 我们知 $n \mid m$. □

例 4　求解 $\mathbb{F}_p$ 上不可约 n 次首一多项式的个数.

证明　记 $N_p(n)$ 表示 $\mathbb{F}_p$ 上的 n 次不可约首一多项式的个数. 根据命题 7.10 可知:

$$x^{p^n} - x = \prod_{d \mid n} \prod_{\deg p(x) = d} p(x),$$

其中 $p(x)$ 为 $\mathbb{F}_p$ 上的不可约多项式, 于是我们得到:

$$p^n = \sum_{d \mid n} d N_p(d).$$

根据 Möbius 反演公式 (见本节习题), 我们便得到 $\mathbb{F}_p$ 上 n 次不可约首一多项式的个数的计算公式:

$$N_p(n) = \frac{1}{n} \sum_{d \mid n} \mu\left(\frac{n}{d}\right) p^d. \qquad □$$

例 5　证明 $f(x) = x^p - x - 1$ 在 $\mathbb{F}_p$ 上不可约.

证明　固定一个代数闭包 $\mathbb{F}_p \hookrightarrow \overline{\mathbb{F}}_p$. 在 $\overline{\mathbb{F}}_p$ 中取 $f(x) = 0$ 的一个根 α, 并记 $m = [\mathbb{F}_p(\alpha) : \mathbb{F}_p]$, 则 $m \leqslant p$. 由于 $\mathbb{F}_p(\alpha) = \mathbb{F}_{p^m}$ 是 $x^{p^m} - x = 0$ 的根集, 因此 $\alpha^{p^m} = \alpha$. 然而, 由已知条件得 $\alpha^p = \alpha + 1$, 进一步推导得:

$$\alpha^{p^2} = (\alpha^p)^p = (\alpha + 1)^p = \alpha^p + 1 = \alpha + 2,$$

$$\alpha^{p^3} = (\alpha^{p^2})^p = (\alpha^p + 1)^p = \alpha^{p^2} + 1 = \alpha + 3, \cdots$$

若 $m < p$, 则上述推导将持续进行, 最终得到 $\alpha^{p^m} = \alpha + m \neq \alpha$. 因此, 必须有 $m = p$, 即 $[\mathbb{F}_p(\alpha) : F] = p$. 由此可知 $f(x)$ 是 α 的极小多项式, 特别地, $f(x)$ 不可约. □

例 6   在 $\mathbb{F}_8$ 中方程 $f(x) = x^6 + x^4 + x + 1 = 0$ 共有多少个根?

证明 $\mathbb{F}_8$ 是 $\mathbb{F}_2$ 的三次扩张, 我们可以取 $\mathbb{F}_8 = \mathbb{F}_2(\alpha)$, 其中 α 的极小多项式是 $\mathbb{F}_2$ 上的三次不可约多项式, 不妨取为 $x^3 + x + 1$. 注意到 $\mathbb{F}_8^*$ 是素数阶群, 故它可以被 α 生成. 于是我们可以视 $\mathbb{F}_8$ 为 $\{1, \alpha, \alpha^2\}$ 的 $\mathbb{F}_2$-线性组合全体, 也可以视为 $\{0\}$ 与 $\{1, \alpha, \cdots, \alpha^6\}$ 的并. 以下我们用第二种方法验证哪些元素是 $\mathbb{F}_8$ 的根.

首先 0 不是 $f(x) = 0$ 的根, 做分解 $f(x) = (x-1)(x^4(x+1) - 1)$, 故 $1 \in \mathbb{F}_8$ 是 $f(x) = 0$ 的根. 于是只需计算何时 $x^4(x+1) = 1$ 对 $x = \alpha^t$ 成立. 计算知:

t	$\alpha^t + 1$	α^{4t}	$\alpha^{4t}(\alpha^t + 1) \overset{?}{=} 1$
1	α^3	α^4	$\checkmark$
2	α^6	α^8	$\checkmark$
3	α	α^{12}	
4	$\alpha^{12} = \alpha^5$	α^{16}	$\checkmark$
5	α^4	α^{20}	
6	α^2	α^{24}	

于是知 $f(x) = 0$ 在 $\mathbb{F}_8$ 中的根为 $1, \alpha, \alpha^2, \alpha^4$.

注意, 如果我们取 $\mathbb{F}_8 = \mathbb{F}_2(\beta)$, 其中 β 的极小多项式是 $x^3 + x^2 + 1$, 那么这些根的表达式会发生变化. 事实上我们有同构 $\mathbb{F}_2(\alpha) \to \mathbb{F}_2(\beta), \alpha \mapsto \beta^3 = \beta^2 + 1$, 故在 $\mathbb{F}_8 = \mathbb{F}_2(\beta)$ 中这四个根是 $1, \beta^3, \beta^5, \beta^6$. □

习题 3.7

1. 定义 Möbius 函数 $\mu : \mathbb{N} \to \mathbb{Z}$ 如下:

$$\mu(d) = \begin{cases} 1, & d = 1, \\ (-1)^k, & d = p_1 p_2 \cdots p_k \text{ 为 } k \text{ 个不同素数的乘积}, \\ 0, & \text{其他情况.} \end{cases}$$

对任意两个非零函数 $f, g : \mathbb{N} \to \mathbb{N}$, 若函数 $f(n)$ 满足 $f(n) = \sum_{d|n} g(d)$, 证明:

$$g(n) = \sum_{d|n} \mu(d) f\left(\frac{n}{d}\right),$$

并以此完成例 4 中的计算.

2. 设 α 是 $\mathbb{F}_3$ 上的多项式 x^2+2x+2 在 $\overline{\mathbb{F}}_3$ (代数闭包) 中的一个根, $E = \mathbb{F}_3[\alpha]$. 求:

   (1) 域扩张次数 $n = [E : \mathbb{F}_3]$;

   (2) 用 $1, \alpha, \cdots, \alpha^{n-1}$ 的 $\mathbb{F}_3$-线性组合表示元素 $\beta = \alpha^2 + 1$ 在 E 中的逆.

3. 求 $x^8 - 1 \in \mathbb{F}_3[x]$ 的分裂域.

4. 构造一个具体的从 $E_1 = \mathbb{F}_5[x]/(x^2 + 2)$ 到 $E_2 = \mathbb{F}_5[x]/(x^2 + 3)$ 的环同构.

5. 令 K, L 分别为有限域 F 的 n 次、m 次扩张, 证明

$$[KL : F] = \text{lcm}(n, m), \ [K \cap L : F] = \gcd(n, m).$$

6. 设 $q = p^m$, 其中 p 是奇素数, m 是正整数. 求以下关于 x, y, z 的方程在 $\mathbb{F}_{q^2}$ 中共有多少组解:

   (1) $x^{q+1} = y^q z + z^q y$;

   (2) $x^2 = y^q z + z^q y$.

7. 求多项式 $f(x) = x^6 + x^4 + x + 1 \in \mathbb{F}_2[x]$ 与 $g(x) = x^8 - x \in \mathbb{F}_2[x]$ 在 $\mathbb{F}_2$ 上的最大公因式. 据此解释为何 $f(x)$ 在 $\mathbb{F}_8$ 上恰有 4 个根.

8. 求有限域 $\mathbb{F}_q$ 上的 m 次特殊线性群 $\text{SL}_m(\mathbb{F}_q)$ 的阶数.

9. 证明有限域的任意元均可写成两个元素的平方和.

*10. 对于素数 p 和正整数 n, 证明: $x^{p^n} - x + 1$ 是 $\mathbb{F}_p$ 上的不可约多项式当且仅当 $n = 1$ 或 $n = p = 2$.

*3.8 多项式 Galois 群的计算

多项式的 Galois 群

定义 对一个可分多项式 $f(x) \in F[x]$, 设 E 为 $f(x)$ 在 F 上的分裂域. 我们记 $\mathrm{Gal}_F(f) \triangleq \mathrm{Gal}(E/F)$, 称 $\mathrm{Gal}_F(f)$ 为 $f(x)$ 在 F 上的 Galois 群.

引理 8.1 若域 F 上可分多项式 $f(x)$ 满足 $\deg f = n$, 则 $\mathrm{Gal}_F(f)$ 是对称群 S_n 的一个子群.

证明 我们可以将 $f(x)$ 在其分裂域中的所有根记为 $\alpha_1, \alpha_2, \cdots, \alpha_n$. 根据定义, 任意元素 $\sigma \in \mathrm{Gal}_F(f)$ 可以作用在集合 $\{\alpha_1, \alpha_2, \cdots, \alpha_n\}$ 上, 并且 σ 由这个作用唯一决定. 通过该作用, 我们可以得到一个自然的嵌入 $\mathrm{Gal}_F(f) \hookrightarrow S_n$. $\qquad\square$

命题 8.2 设 F 为域, $f(x) \in F[x]$ 为可分多项式. 则 $f(x)$ 是不可约的当且仅当 $\mathrm{Gal}_F(f)$ 在 $f(x)$ 的根集上的作用是可迁的.

证明 设 $g(x) \in F[x]$ 为 $f(x)$ 的不可约因子, 并设 α 为它的一个根. 则根据假设可知, 对 $f(x)$ 任意的根 β, 存在 $\sigma \in \mathrm{Gal}_F(f)$ 使得 $\beta = \sigma(\alpha)$. 我们有

$$g(\sigma(\alpha)) = \sigma(g(\alpha)) = 0,$$

即 β 也是 $g(x)$ 的根. 由此推出 $f(x)$ 的根都是 $g(x)$ 的根, 从而 $f(x) = g(x)$ 为不可约多项式.

若 $\mathrm{Gal}_F(f)$ 的作用不是可迁的, 则存在 $f(x)$ 的两个根 α 和 β, 使得 $\beta \notin \mathrm{Gal}_F(f)\alpha \triangleq \{g(\alpha) \mid g \in \mathrm{Gal}_F(f)\}$. 取多项式

$$h(x) = \prod_{\gamma \in \mathrm{Gal}_F(f)\alpha} (x - \gamma),$$

则因它在 $\mathrm{Gal}_F(f)$ 作用下不变, $h(x) \in F[x]$. 由于 $h(x)$ 的 1 次因子整除 $f(x)$, 故 $h(x)$ 也整除 $f(X)$. 注意到 $\deg h(x) < \deg f(x)$ 这与 $f(x)$ 是 F 上的不可约多项式矛盾! $\qquad\square$

例 1 考虑 $f(x) = (x^2 - 2)(x^2 - 3) \in \mathbb{Q}[x]$, 求 $\mathrm{Gal}_{\mathbb{Q}}(f)$.

证明 我们已经知道 $E = \mathbb{Q}(\sqrt{2}, \sqrt{3})$, 以及 $[E : \mathbb{Q}] = 4$. $E/\mathbb{Q}$ 上的自同构 η 被 $\eta(\sqrt{2})$ 与 $\eta(\sqrt{3})$ 所唯一确定. 故 $\eta(\sqrt{2})$ 只能为 $\pm\sqrt{2}$, $\eta(\sqrt{3})$ 只能为 $\pm\sqrt{3}$. 考虑到 $|\mathrm{Gal}(E/\mathbb{Q})| = 4$, 故以上可能的任意组合都可以给出 $E/\mathbb{Q}$ 的一个自同构, 我们

将它们罗列如下:

$$\mathrm{id} = \eta_1 : \sqrt{2} \mapsto \sqrt{2};\ \sqrt{3} \mapsto \sqrt{3}.$$

$$\eta_2 : \sqrt{2} \mapsto \sqrt{2};\ \sqrt{3} \mapsto -\sqrt{3}.$$

$$\eta_3 : \sqrt{2} \mapsto -\sqrt{2};\ \sqrt{3} \mapsto \sqrt{3}.$$

$$\eta_4 : \sqrt{2} \mapsto -\sqrt{2};\ \sqrt{3} \mapsto -\sqrt{3}.$$

由于 η_2, η_3, η_4 都是二阶元, 又因为 4 阶群一定是交换群, 故 $\mathrm{Gal}(E/\mathbb{Q}) \cong \mathbb{Z}_2 \oplus \mathbb{Z}_2$. $\qquad\square$

例 2 设 E 为不可约多项式 $f(x) = x^4 - 2$ 在 $\mathbb{Q}$ 上的分裂域, 求 $\mathrm{Gal}(E/\mathbb{Q})$.

证明 求解方程 $f(x) = 0$ 可知 $E = \mathbb{Q}(\sqrt[4]{2}, \mathrm{i})$, 因此 $[E : \mathbb{Q}] = 8$. $\mathrm{Gal}(E/\mathbb{Q})$ 中的任意一个元素 η 被 $\eta(\sqrt[4]{2})$ 与 $\eta(\mathrm{i})$ 确定. 故 i$\eta(\sqrt[4]{2})$ 只能为 $\pm\sqrt[4]{2}, \pm\mathrm{i}\sqrt[4]{2}$ 中的一个, $\eta(\mathrm{i})$ 只能为 $\pm\mathrm{i}$ 中的一个. 考虑到 $|\mathrm{Gal}(E/\mathbb{Q})| = 8$, 故以上可能的任意组合都可以给出 $E/\mathbb{Q}$ 的一个自同构, 我们将它们罗列如下:

$$\mathrm{id} : \sqrt[4]{2} \mapsto \sqrt[4]{2};\ \mathrm{i} \mapsto \mathrm{i}.$$

$$r : \sqrt[4]{2} \mapsto \sqrt[4]{2}\mathrm{i};\ \mathrm{i} \mapsto \mathrm{i}.$$

$$r^2 : \sqrt[4]{2} \mapsto -\sqrt[4]{2};\ \mathrm{i} \mapsto \mathrm{i}.$$

$$r^3 : \sqrt[4]{2} \mapsto -\sqrt[4]{2}\mathrm{i};\ \mathrm{i} \mapsto \mathrm{i}.$$

$$\sigma : \sqrt[4]{2} \mapsto \sqrt[4]{2};\ \mathrm{i} \mapsto -\mathrm{i}.$$

$$\sigma r : \sqrt[4]{2} \mapsto -\sqrt[4]{2}\mathrm{i};\ \mathrm{i} \mapsto -\mathrm{i}.$$

$$\sigma r^2 : \sqrt[4]{2} \mapsto -\sqrt[4]{2};\ \mathrm{i} \mapsto -\mathrm{i}.$$

$$\sigma r^3 : \sqrt[4]{2} \mapsto \sqrt[4]{2}\mathrm{i};\ \mathrm{i} \mapsto -\mathrm{i}.$$

故 $\mathrm{Gal}(E/\mathbb{Q}) \cong D_4$. $\qquad\square$

下面我们考虑一般 n 次多项式的 Galois 群.

定义 设 F 为一个域, 定义 F 上的一般 n 次多项式为

$$f(x) = x^n - a_{n-1}x^{n-1} + a_{n-2}x^{n-2} - \cdots + (-1)^n a_0.$$

它也可以视为以 a_i 为变量的函数域 $F(a_0, a_1, \cdots, a_{n-1})$ 上的多项式.

定理 8.3　一般 n 次多项式 $f(x)$ 在域 $F(a_0, a_1, \cdots, a_{n_1})$ 上的 Galois 群为

$$\mathrm{Gal}_{F(a_0, a_1, \cdots, a_{n-1})}(f) \cong S_n.$$

证明　首先, 我们注意到该定理蕴含了 $f(x)$ 必是一个可分多项式 (即其分裂域是 Galois 扩张). 通过察看不定元 a_i 的系数, 我们易证 $f(x)$ 在 $F(a_0, a_1, \cdots, a_{n-1})[x]$ 上不可约. 由于 $f'(x) \neq 0$, 根据推论 5.7, 从而有 $f(x)$ 为可分多项式. 设 $t_1, t_2, \cdots, t_n$ 为 $f(x) = 0$ 所有的不同根, 则 $f(x)$ 的分裂域为函数域 $F(t_1, t_2, \cdots, t_n)$ (习题). 根据韦达定理, $a_i = s_i(t_1, t_2, \cdots, t_n)$ 是 $t_1, t_2, \cdots, t_n$ 的 $n - i$ 次基本对称多项式, 它在集合 $\{t_1, t_2, \cdots, t_n\}$ 的对称群的作用下保持不变. 由此诱导了一个自然的单同态

$$\begin{aligned}
\Psi : S_n &\to \mathrm{Gal}_{F(a_0, a_1, \cdots, a_{n-1})}(f), \\
\sigma &\mapsto (t_i \mapsto t_{\sigma(i)}),
\end{aligned} \tag{3.5}$$

从而有 $|\mathrm{Gal}_{F(a_0, a_1, \cdots, a_{n-1})}(f)| \geqslant |S_n| = n!$. 根据引理 8.1, 我们可以得出 Ψ 必然是一个满同态. 这表示 $\mathrm{Gal}_{F(a_0, a_1, \cdots, a_{n-1})}(f) \cong S_n$.　□

$\mathrm{Gal}_F(f)$ 的计算

作为这本教材的拓展部分, 我们介绍可以计算更为复杂的多项式的 Galois 群的工具.

命题 8.4　设 $r_1, r_2, \cdots, r_n$ 为域 F 上的可分多项式 $f(x)$ 的所有不同根, 其中域 F 的特征不为 2. 令

$$\Delta(f) = \prod_{i < j} (r_i - r_j),$$

若 $\sigma \in \mathrm{Gal}_F(f)$ 在集合 $\{r_1, r_2, \cdots, r_n\}$ 上的作用保持 $\Delta(f)$ 不变, 则 σ 是一个偶置换.

证明　根据定义, 我们即有

$$\begin{aligned}
\sigma(\Delta(f)) &= \prod_{i < j} (\sigma(r_i) - \sigma(r_j)) \\
&= \mathrm{sgn}(\sigma) \prod_{i < j} (r_i - r_j) \\
&= \mathrm{sgn}(\sigma) \Delta(f).
\end{aligned}$$

因此 σ 是偶置换当且仅当 $\sigma(\Delta(f)) = \Delta(f)$.　□

命题 8.5 设 F 为特征不为 2 的域, $f(x) \in F[x]$ 为 n 次可分多项式, 则 $\mathrm{Gal}_F(f) \subseteq A_n$ 当且仅当 $\Delta(f) \in F$.

证明 设 E 为 $f(x)$ 的分裂域. 考虑中间域 $F \subseteq F(\Delta(f)) \subseteq E$, 根据命题 8.4, 我们有

$$\mathrm{Gal}\left(E/F(\Delta(f))\right) = \mathrm{Gal}_F(f) \cap A_n.$$

根据有限 Galois 扩张的基本定理可知, 我们有

$$[F(\Delta(f)) : F] = [\mathrm{Gal}_F(f) : \mathrm{Gal}_F(f) \cap A_n] \leqslant 2.$$

因此 $\mathrm{Gal}_F(f) \subseteq A_n$ 当且仅当 $F = F(\Delta(f))$, 即 $\Delta(f) \in F$. $\square$

例 3(三次多项式的 Galois 群) 设 $\mathrm{char}\, F \neq 2$. 若 $f(x) \in F[x]$ 为三次可分多项式, 则 $\mathrm{Gal}_F(f)$ 有如下情形:

(1) $f(x)$ 是可约的, 则它们可分解成三个线性因式或者一个线性因式与一个二次因式的乘积. 在前一种情况下 Galois 群是平凡群, 在第二种情形下 Galois 群是二阶群;

(2) $f(x)$ 是不可约的, 则其任一根均生成 F 的一个三次扩张, 因此 $f(x)$ 在 F 上的分裂域的次数一定被 3 整除. 于是 $\mathrm{Gal}_F(f)$ 要么是 S_3, 要么是 A_3. 根据命题 8.5, 我们有 $\mathrm{Gal}_F(f) = A_3$ 当且仅当 $\Delta(f) \in F$.

在上述例子中, 若不可约三次多项式 $f(x) \in \mathbb{Q}[x]$ 有复根, 则它的 Galois 群 $\mathrm{Gal}_F(f)$ 中存在着复共轭作用. 由于该作用是一个 2 阶元, 这使得 $\mathrm{Gal}_{\mathbb{Q}}(f)$ 只能是 S_3. 下列命题是该结果的一个推广.

命题 8.6 设 $f(x) \in \mathbb{Q}[x]$ 是 n 次不可约多项式且恰好只有两个复根. 若 n 为素数, 则 $\mathrm{Gal}_{\mathbb{Q}}(f) = S_n$.

证明 设 $\alpha \in E$ 为 $f(x)$ 的根, 则 $f(x)$ 是其极小多项式. 故 $[\mathbb{Q}(\alpha) : \mathbb{Q}] = \deg f = n$, n 可以整除 $|\mathrm{Gal}_{\mathbb{Q}}(f)|$. 由于 n 是素数, 由 Sylow 定理可知 $\mathrm{Gal}_{\mathbb{Q}}(f)$ 包含一个阶为 n 的元素 τ. 同样因为 n 是素数, S_n 中的 n 阶元必为 n 轮换.

另一方面, 因为 $f(x)$ 只有两个复根, $\mathrm{Gal}_{\mathbb{Q}}(f)$ 中的复共轭作用是一个 2 阶轮换. 由于 S_n 可以由一个 2 阶轮换和一个 n 阶轮换生成. 故有 $S_n = \mathrm{Gal}_{\mathbb{Q}}(f)$. $\square$

对于整系数多项式, 我们有如下更为强大的帮手.

命题 8.7 设 $f(x) \in \mathbb{Z}[x]$ 是 m 次首一多项式, $\overline{f}(x) \in \mathbb{F}_p[x]$ 是 $f(x)$ 在模 p 之后的多项式. 若 $\overline{f} = \prod_{i=1}^{r} f_i$ 为可分多项式, 其中 f_i 为 $\mathbb{F}_p[x]$ 中的 m_i 次不可约多项式. 则存在 $\sigma = \sigma_1 \sigma_2 \cdots \sigma_k \in \mathrm{Gal}_F(f)$, 这里 σ_i 为互不相交的 m_i 阶轮换.

我们将这一命题的证明留作习题.

例 4   计算 4 次整系数多项式 $f(x) = x^4 - 12x - 21$ 在 $\mathbb{Q}$ 上的 Galois 群.

证明   根据 Eisenstein 判别法易知, $f(x)$ 是 $\mathbb{Q}$ 上的不可约多项式.

(1) 由于 $f(x)$ 不可约, $\mathrm{Gal}_{\mathbb{Q}}(f)$ 不包含在 S_3 中;

(2) 通过计算导数 $f'(x)$, 可知 $f(x) = 0$ 有两个实根和两个复根. 于是 $\mathrm{Gal}_{\mathbb{Q}}(f)$ 包含一个长度为 2 的轮换, 从而 $\mathrm{Gal}_{\mathbb{Q}}(f)$ 不包含在 A_4 中;

(3) $f(x) \equiv x(x^3 - 5) \mod 7$ 可以分解为 $\mathbb{F}_7$ 上一个 1 次多项式与一个 3 次不可约多项式的乘积, 于是 $\mathrm{Gal}_{\mathbb{Q}}(f)$ 中包含长度为 3 的轮换.

综合上述结果, 我们可推出 $\mathrm{Gal}_{\mathbb{Q}}(f) \cong S_4$.   □

例 5   计算 5 次整系数多项式 $f(x) = x^5 - x - 1$ 在 $\mathbb{Q}$ 上的 Galois 群.

证明   Eisenstein 判别法不适用, 但我们有

(1) $f(x)$ 模 3 不可约, 因为 $f(x) = 0$ 在 $\mathbb{F}_9$ 中无解, 故 $\mathrm{Gal}_{\mathbb{Q}}(f)$ 包含一个 5 阶轮换;

(2) $f(x) \equiv (x^2 + x + 1)(x^3 + x^2 + 1) \mod 2$ (模 2 可分解为 2 次不可约多项式和 3 次不可约多项式的乘积), 因此 $\mathrm{Gal}_{\mathbb{Q}}(f)$ 包含不相交的 2-轮换和 3-轮换的乘积, 继而知道它包含一个 2-轮换.

综上可得, $\mathrm{Gal}_F(f) = S_5$, 因为 S_5 可由一个 5-轮换和一个 2-轮换生成.   □

根据命题 8.6, 当 n 为素数时, 我们可以通过探察实根的个数来构造 Galois 群为 S_n 的有理系数不可约多项式. 下述命题将对任意 n 给出一个更有效的方式来得到 $\mathrm{Gal}_{\mathbb{Q}}(f) = S_n$ 的整系数 n 次不可约多项式 f.

命题 8.8   设 $f(x) \in \mathbb{Z}[X]$ 为不可约多项式. 若存在两个素数 $p, q \in \mathbb{Z}$ 使得

(1) $f(x) \equiv (x - a)g(x) \pmod{p}$, 其中 $g(x)$ 在 $\mathbb{F}_p$ 上不可约,

(2) $f(x) \equiv \prod\limits_{i=0}^{m} g_i(x) \pmod{q}$, 其中 $g_i(x)$ 在 $\mathbb{F}_q$ 上均不可约, 且 $\deg g_0(x) = 2$, 当 $i > 0$ 时, $\deg g_i(x)$ 为奇数,

则 $\mathrm{Gal}_{\mathbb{Q}}(f) \cong S_n$.

证明   习题.   □

习题 3.8

1. 求以下元素在 $\mathbb{Q}$ 上的极小多项式 $f(x)$ 以及 $f(x)$ 在 $\mathbb{Q}$ 上的 Galois 群:

   (1) $\alpha = \sqrt{3 + \sqrt{5}}$;

   (2) $\alpha = \sqrt{4 + \sqrt{5}}$;

(3) $\alpha = \sqrt{5 + \sqrt{5}}$.

2. 讨论 $x^4 + px + p$ 在 $\mathbb{Q}$ 上的 Galois 群, 其中 p 是一个素数.

3. 令 L 为 $f(x) = x^5 - 4x + 2$ 在 $\mathbb{Q}$ 上的分裂域, 计算 $L/\mathbb{Q}$ 的 Galois 群.

4. 设 $f(x) \in \mathbb{Q}[x]$ 为不可约多项式. 若 $f(x)$ 有实根和非实根, 证明 $\mathrm{Gal}_{\mathbb{Q}}(f)$ 必定是非交换群.

5. 设 E 为不可约多项 $f(x) \in \mathbb{Q}[x]$ 的分裂域, 证明若 $[E : \mathbb{Q}] > \deg f(x)$, 证明 $\mathrm{Gal}(E/F)$ 必有非正规子群.

*6. 完成命题 8.7 的证明.

7. 完成命题 8.8 的证明.

*3.9   可解扩张与方程的可解性

本节我们主要介绍多项式的 Galois 群与多项式方程的求根公式之间的联系. 首先我们需要介绍循环扩张和根式扩张.

循环扩张

定义   如果有限 Galois 扩张 K/F 的 Galois 群是循环群, 那么称 K/F 为循环扩张.

定理 9.1   给定域 F 以及与其特征互素的整数 n, 假设 F 中包含所有 n 次单位根. 设 K/F 是 n 次有限扩张, 则 K/F 是循环扩张当且仅当存在 $0 \neq a \in F$ 使得 $K = F(\sqrt[n]{a})$.

证明   假设存在非零元素 $a \in F$ 使得 $K = F(\sqrt[n]{a})$, 则 n 次多项式 $x^n - a$ 作为 $\sqrt[n]{a}$ 的极小多项式在 F 上不可约. 由于 F 包含全部 n 次单位根, 故 K 是多项式 $x^n - a$ 的分裂域. 又因为 F 的特征与 n 互素, 所以 $x^n - a$ 为可分多项式. 故 K/F 是 Galois 扩张且 $|\mathrm{Gal}(K/F)| = [K : F] = n$.

对于任意 $\sigma \in \mathrm{Gal}(K/F)$, $\sigma(\sqrt[n]{a})$ 同样是多项式 $x^n - a$ 的根, 因此可以表示为 $\sigma(\sqrt[n]{a}) = \zeta_\sigma \sqrt[n]{a}$, 其中 ζ_σ 是某个 n 次单位根. 这构建了一个映射

$$\rho : \mathrm{Gal}(K/F) \to \mu_n, \quad \sigma \mapsto \zeta_\sigma,$$

其中 $\mu_n \subseteq F^*$ 表示 n 次单位根群. 由于在 $\mathrm{Gal}(K/F)$ 作用下, μ_n 中的元素都是不变的. 因此 $\forall \sigma, \tau \in \mathrm{Gal}(K/F)$, 有

$$\sigma\tau(\sqrt[n]{a}) = \sigma(\zeta_\tau \sqrt[n]{a}) = \zeta_\tau \sigma(\sqrt[n]{a}) = \zeta_\tau \zeta_\sigma \sqrt[n]{a} = \zeta_{\sigma\tau} \sqrt[n]{a},$$

于是 $\zeta_\tau \zeta_\sigma = \zeta_{\sigma\tau}$, 这证明了上述映射 ρ 为群同态. 这个同态的核由那些在 $\sqrt[n]{a}$ 上作用不动的自同构组成, 从而只能是恒等映射, 因此 $\rho : \mathrm{Gal}(K/F) \to \mu_n$ 是一个单同态. 同时, 由于 $n = |\mathrm{Gal}(K/F)| = |\mu_n|$, 故 $\mathrm{Gal}(K/F) \cong \mu_n$, K/F 为循环扩张.

反之, 若 K/F 是 n 次循环扩张, 记 σ 为循环群 $\mathrm{Gal}(K/F)$ 的生成元, $\zeta \in F$ 为 n 次本原单位根. 对于任意 $\alpha \in K$, 引入记号:

$$(\alpha, \zeta) \triangleq \alpha + \zeta\sigma(\alpha) + \zeta^2\sigma^2(\alpha) + \cdots + \zeta^{n-1}\sigma^{n-1}(\alpha).$$

我们有 $\sigma(\alpha, \zeta) = \zeta^{-1}(\alpha, \zeta)$. 因此, 对任意 $i = 1, 2, \cdots, n$, 有 $\sigma((\alpha, \zeta)^i) = \zeta^{-i}(\alpha, \zeta)^i$. 特别地, $\sigma((\alpha, \zeta)^n) = (\alpha, \zeta)^n$, 即 $(\alpha, \zeta)^n$ 在 $\mathrm{Gal}(K/F)$ 作用下不动, 因此 $(\alpha, \zeta)^n \in F$

中. 根据引理 4.2, 对自同构 $1, \sigma, \cdots, \sigma^{n-1}$, 存在 $\alpha \in K$, 使得 $(\alpha, \zeta) \neq 0$. 又当 $i < n$ 时, (α, ζ) 不会被 σ^i 固定住. 由 Galois 对应定理知, (α, ζ) 不会落在 K 的任何真子域中, 从而 $K = F((\alpha, \zeta))$. 我们已经证明 $(\alpha, \zeta)^n = a \in F$, (α, ζ) 是多项式 $x^n - a$ 的根. 于是 $F(\sqrt[n]{a}) = F((\alpha, \zeta)) = K$, 定理证毕. $\qquad\square$

根式扩张

为了简化我们的讨论, 设基域 F 的特征为 0. 对于一般的特征不整除根的阶的域, 下述结论也是成立的.

定义 设 K/F 为域扩张, 如果 F 与 K 之间有一系列单扩张:

$$F = K_0 \subset K_1 \subset \cdots \subset K_i \subset K_{i+1} \subset \cdots \subset K_s = K,$$

满足: $K_{i+1} = K_i(\sqrt[n_i]{a_i})$, $i = 0, 1, \cdots, s-1$, 其中 $a_i \in K_i$, $\sqrt[n_i]{a_i}$ 是多项式 $x^{n_i} - a_i$ 的某个根, 那么称 K 是 F 的根式扩张.

引理 9.2 任意两个根式扩张的合成扩张仍然是根式扩张.

证明 设 K/F 与 K'/F 是 F 的两个根式扩张, 相应的子域链分别为:

$$
\begin{aligned}
F = K_0 \subset K_1 \subset \cdots \subset K_i \subset K_{i+1} \subset \cdots \subset K_s = K, \\
F = K_0' \subset K_1' \subset \cdots \subset K_i' \subset K_{i+1}' \subset \cdots \subset K_r' = K'.
\end{aligned}
\tag{3.6}
$$

根据定义, 要证明 KK'/F 为根式扩张, 我们需要构造一系列中间子域将其分解为一系列单根式扩张. 我们构造中间子域的方式为: 取 K_1' 与 $K_0, K_1, \cdots, K_s$ 的合成, 然后再考虑这些子域与 K_2' 的合成. 如此做下去, 由于此过程中产生的每个单扩张都是单根式扩张, 我们就证明了引理. $\qquad\square$

定义 若域 F 上的一个代数元 α 落在 F 的某个根式扩张中, 则称 α 为根式可表.

引理 9.3 若 α 在域 F 上根式可表, 则可以找到 F 的一个包含 α 的根式扩张 K/F, 它是 Galois 扩张, 且每个中间扩张 K_{i+1}/K_i 的 Galois 群都是循环群.

证明 取 α 的一个根式扩张 K/F. 记 L 为 K 在 F 上的正规闭包. 对于任意 $\sigma \in \mathrm{Gal}(L/F)$, 我们有如下子域链:

$$F = \sigma K_0 \subset \sigma K_1 \subset \cdots \subset \sigma K_i \subset \sigma K_{i+1} \subset \cdots \subset \sigma K_s = \sigma K,$$

其中 $\sigma K_{i+1}/\sigma K_i$ 是由元素 $\sigma(\sqrt[n_i]{a_i})$ 生成的一个单根式扩张. 取遍 $\sigma \in \mathrm{Gal}(L/K)$, 考虑所有对应共轭子域 $\sigma(K)$ 的合成, 我们得到的仍然是一个根式扩张, 而它正是

L, 显然 α 包含在这个 Galois 根式扩张中. 为避免复杂的记号, 我们仍将得到的 Galois 根式扩张记为 K/F.

最后, 将 K/F 中出现的对应于 $\sqrt[n_i]{s_i}$ 的单根式扩张对应的 n_i 次单位根添加到 F 上, 得到 F'. 考虑如下合成的根式扩张:

$$F \subset F' = F'K_0 \subset F'K_1 \subset \cdots \subset F'K_i \subset F'K_{i+1} \subset \cdots \subset F'K_s = F'K.$$

根据定理 9.1, 读者不难验证, $F'K/F$ 仍为 Galois 根式扩张, 并且每个中间扩张 $F'K_{i+1}/F'K_i$ 的 Galois 群为循环群, 即是要找的 Galois 循环扩张.   □

高次方程根的可解性

我们首先回顾一下经典的二次方程求根公式. 对于二次多项式

$$f(x) = x^2 + ax + b \in F[x], \ \ \mathrm{char}\,F \neq 2,$$

它的根为

$$x = \frac{-a \pm \sqrt{D}}{2}, \ D = a^2 - 4b.$$

从域扩张的角度看, 这是因为二次多项式的分裂域为根式扩张 $F(\sqrt{D})$, 即 $f(x)$ 的根都可以表示成 F 中的元素与 $\sqrt{D}$ 的 F-线性组合. 下面我们来研究一个高次多项式方程何时有 "求根公式".

定义   如果多项式 $f(x) \in F[x]$ 的每个根都是根式可表的, 那么称它根式可解.

我们可利用 Galois 理论将此问题转化为判断一个有限群是否 "可解". 回顾一下, 有限群 G 可解是指存在一个可解群列:

$$1 = G_s \leqslant G_{s-1} \leqslant \cdots \leqslant G_{i+1} \leqslant G_i \leqslant \cdots \leqslant G_0 = G \tag{3.7}$$

使得每个商群 G_i/G_{i+1} $(i = 0, 1, \cdots, s-1)$ 都是循环群. 可解群的子群与商群都是可解群, 并且如果子群 H 与商群 G/H 都是可解群, 则 G 也是可解群.

定理 9.4   多项式 $f(x) \in F[x]$ 根式可解当且仅当它的 Galois 群是可解群.

证明   假设 $f(x)$ 根式可解, 则 $f(x)$ 的每个根都包含在某个如引理 9.3 所述的扩张中. 而所有这些扩张的合成扩张 L 仍然是满足引理 9.3 条件的扩张. 记 G_i 为对应于子域 $K_i, i = 0, 1, \cdots, s-1$ 的子群. 因

$$\mathrm{Gal}(K_{i+1}/K_i) = G_i/G_{i+1}, \quad i = 0, 1, \cdots, s-1,$$

于是 Galois 群 $\mathrm{Gal}(L/K)$ 是可解群. 域 L 包含 $f(x)$ 的分裂域, 于是 $f(x)$ 的 Galois 群为可解群 G 的商群, 从而仍为可解群.

现在假设 $f(x)$ 的 Galois 群 G 是一个可解群, 记 K 为 $f(x)$ 的分裂域. 考虑子群列 3.7 的固定子域, 我们得到子域链:

$$F = K_0 \subset K_1 \subset \cdots \subset K_i \subset K_{i+1} \subset \cdots \subset K_s = K,$$

其中 K_{i+1}/K_i $(i = 0, 1, \cdots, s-1)$ 是次数为 n_i 的循环扩张. 记 F' 为在 F 上添加了所有 n_i $(i = 0, 1, \cdots, s-1)$ 次单位根得到的循环扩域, 并记 $K_i' = F'K_i$. 于是我们得如下扩张序列:

$$F \subset F' = F'K_0 \subseteq F'K_1 \subseteq \cdots \subseteq F'K_i \subseteq F'K_{i+1} \subseteq \cdots \subseteq F'K_s = F'K,$$

其中 $F'K_{i+1}/F'K_i$ 是次数整除 n_i $(i = 0, 1, \cdots, s-1)$ 的循环扩张. 由于在基域中添加了适当的单位根, 可知这些循环扩张都是单根式扩张. 于是 $f(x)$ 的每个根都包含在 $F'K$ 的根式扩张中, 于是 $f(x)$ 根式可解. $\qquad \square$

推论 9.5 次数为 n 的一般多项式方程在 $n \geqslant 5$ 时不是根式可解的.

证明 根据定理 8.3, 一般 n 次多项式的 Galois 群为 S_n. 当 $n \geqslant 5$ 时, 它是不可解群, 由定理 9.4 即得结论. $\qquad \square$

例 1 (可解五次方程) 对于 5 次不可约多项式 $f(x) \in F[x]$, 若 $f(x) = 0$ 有根式解, 则 $\mathrm{Gal}_F(f)$ 为 S_5 的可解子群. 由于 $f(x)$ 不可约, $\mathrm{Gal}_F(f)$ 含有 5 阶元. 故由 $\mathrm{Gal}_F(f)$ 的可解性得到以下几种可能:

(1) 若 $|\mathrm{Gal}_F(f)| = 5$, 则 $\mathrm{Gal}_F(f) \cong \mathbb{Z}_5$ 由 5 阶轮换生成;

(2) 若 $|\mathrm{Gal}_{\mathbb{Q}}(f)| = 10$, 由于 S_5 中没有 10 阶元, $\mathrm{Gal}_F(f)$ 只能是 2 面体群 D_5; 它是由一个 5 阶轮换和一个非轮换 2 阶元生成的;

(3) 若 $|\mathrm{Gal}_{\mathbb{Q}}(f)| = 20$, $\mathrm{Gal}_{\mathbb{Q}}(f)$ 由一个 5 阶轮换和一个 4 阶轮换生成, 称为 20 阶 Frobenius 群 F_{20}.

下面我们给出一些 5 次不可约可解方程的例子:

(1) $f(x) = x^5 - 110x^3 - 55x^2 + 2310x + 979$ 的 Galois 群为 $\mathbb{Z}_5$;

(2) $f(x) = x^5 - 5x + 12$ 的 Galois 群是 D_5;

(3) $f(x) = x^5 + 15x + 12$ 的 Galois 群为 F_{20}.

虽然一般高次方程无法用根式求解, 但某些具体方程的根式解法却往往与其他数学问题紧紧相连, 这至今仍是充满魅力的数学园地.

抽象代数并不抽象, 编者希望读者能从数学中找到更多乐趣.

习题 3.9

1. 证明 $\mathbb{Q}$ 的任意有限扩张 $E/\mathbb{Q}$ 至多含有有限个单位根.

2. 证明 $\mathbb{Q}(\sqrt{-1})$ 不可能作为一个 4 次循环 Galois 扩张的子域.

3. 完成例 1 中 Galois 群的计算.

4. 设 $p, q \in \mathbb{Q}$ 满足条件: $4^4 p^5 + 5^5 q^4$ 是完全平方数. 证明 5 次不可约方程 $f(x) = x^5 + px + q = 0$ 根式可解当且仅当 $\mathrm{Gal}_{\mathbb{Q}}(f)$ 是二面体群 D_5.

5. 设 F 是一个特征为 $p > 0$ 的域, 对于可分多项式 $f(X) \in F[X]$, 设其分裂域 为 E_f. 证明 $\mathrm{Gal}(E_f/F)$ 是可解群当且仅当存在一列域扩张 $F = F_0 \subset F_1 \subset \cdots \subset F_n = E_f$, 使得 $F_{i+1} = F_i[u_i]$, 且要么存在一个与 p 互素的 $n_i \in \mathbb{Z}^+$ 使 得 $u_i^{n_i} \in F_i$, 要么 $u_i^p - u_i \in F_i$.

6. 设 p 是一个素数, 证明存在 $\mathbb{Q}$ 的一个 Galois 扩张 $E/\mathbb{Q}$ 使得 $\mathrm{Gal}(E/\mathbb{Q}) \cong \mathbb{Z}/p\mathbb{Z}$.

*7. 设 p 为素数, G 为置换群 S_p 的子群, 且 $|G|$ 是 p 的倍数. 证明 G 可解当且 仅当 G 的每个非平凡元至多固定一个 X 中元素.

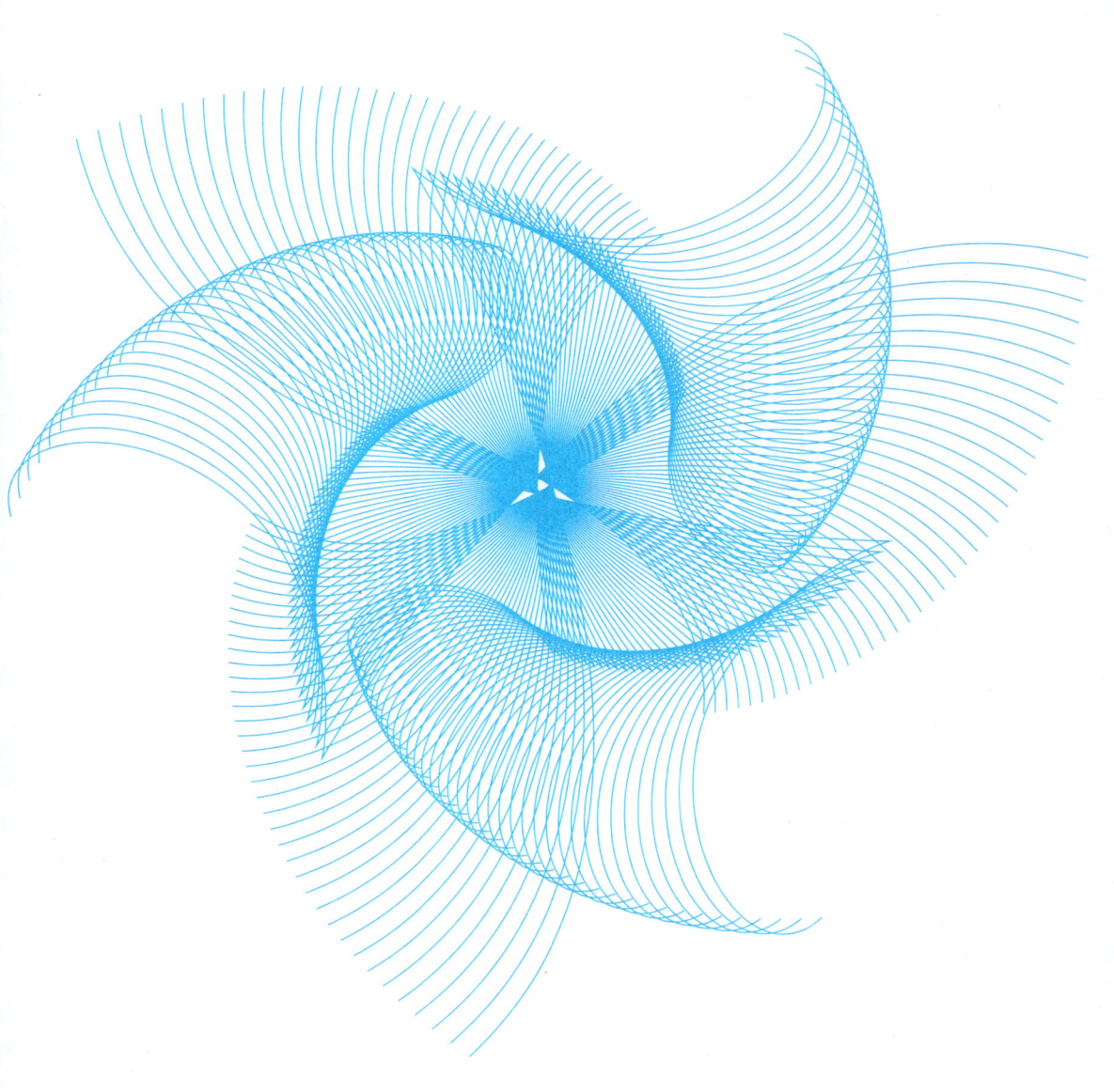

1　集合上的等价关系

2　Zorn 引理

1　集合上的等价关系

设 A 是一个非空集合.

(1) A 上的一个二元关系 (binary relation) 是指 $A \times A$ 的一个子集 R; 如果 $(a, b) \in R$, 那么我们记作 $a \sim b$, 并称 R 为 A 上的关系 $\sim$.

(2) A 上的关系 $\sim$ 称为:

(a) 自反的 (reflexive), 如果 $a \sim a$, 对所有 $a \in A$;

(b) 对称的 (symmetric), 如果 $a \sim b$ 蕴含 $b \sim a$, 对所有 $a, b \in A$;

(c) 传递的 (transitive), 如果 $a \sim b$ 且 $b \sim c$ 蕴含 $a \sim c$, 对所有 $a, b, c \in A$.

如果 A 上的关系 $\sim$ 是自反的、对称的且传递的, 那么称它为 A 上的一个等价关系 (equivalence relation).

(3) 如果 A 上的关系 $\sim$ 是一个等价关系, 那么 $a \in A$ 的等价类 (equivalence class) 定义为子集:

$$\{ x \in A \mid x \sim a \}.$$

等价类中任意元素称为等价于 a. 如果 C 是等价类, C 中的任意元素称为该类 C 的代表元.

(4) A 的一个划分 (partition) 是指 A 的一个非空子集的集合 $\{ A_i \mid i \in I \}$(I 是指标集), 满足下面两个条件:

(a) $A = \bigcup_{i \in I} A_i$,

(b) $A_i \cap A_j = \varnothing$, 对于所有 $i, j \in I$ 且 $i \neq j$,

即 A 是这些划分中集合的不交并.

等价关系与划分的概念是等价的:

命题 1.1　设 A 是一个非空集合:

(1) 如果 $\sim$ 在 A 上定义了一个等价关系, 则 $\sim$ 的等价类集合构成 A 的一个划分.

(2) 如果 $\{ A_i \mid i \in I \}$ 是 A 的一个划分, 那么存在唯一的等价关系, 使得其等价类恰好是这些集合 $A_i, i \in I$.

2 Zorn 引理

在许多地方, 我们都使用 Zorn 引理作为一种 "无限归纳" 的形式, 特别是在我们需要知道存在某个满足指定性质的极大集合时. 例如, Zorn 引理可以用来证明每个向量空间都有一个基. 在这种情况下, 向量空间 V 的基是 V 的一个子集, 它是由线性无关向量组成的一个极大集合 (极大性确保这些向量张成 V). 对于有限维空间, 这可以通过归纳法证明; 然而, 对于任意维度的空间, 必须使用 Zorn 引理来证明.

为了陈述 Zorn 引理, 我们需要一些术语.

定义　一个非空集合 A 上的偏序 (partial order) 是一个关系 $\leqslant$, 它满足以下性质:

(1) $x \leqslant x$, 对所有 $x \in A$(自反性);

(2) 如果 $x \leqslant y$ 且 $y \leqslant x$, 那么 $x = y$, 对所有 $x, y \in A$(反对称性);

(3) 如果 $x \leqslant y$ 且 $y \leqslant z$, 那么 $x \leqslant z$, 对所有 $x, y, z \in A$(传递性).

我们通常称 A 在 $\leqslant$ 下是一个偏序集.

定义　设非空集合 A 具有偏序 $\leqslant$:

(1) 子集 B 是 A 的一个链 (chain), 如果对于所有 $x, y \in B$, 要么 $x \leqslant y$, 要么 $y \leqslant x$.

(2) 子集 B 的上界 (upper bound) 是集合 A 中的一个元素 u, 使得对于所有 $b \in B$, 都有 $b \leqslant u$.

(3) 集合 A 的一个极大元 (maximal element) 是集合 A 中的一个元素 m, 使得如果对于任何 $x \in A$ 有 $m \leqslant x$, 那么 $m = x$.

在文献中, 链也称为塔 (tower)、全序 (totally ordered) 、线性序 (linearly ordered) 或简单序 (simply ordered) 子集.

下面的例子说明了上界与极大元之间的区别. 此外, 请注意, 如果 m 是 A 的一个极大元, 那么不一定有 $x \leqslant m$ 对所有 $x \in A$(即 m 不一定是最大元).

例 1　(1) 设 A 为某个集合 X 的幂集 (即所有子集的集合), 并且 $\leqslant$ 是子集包含关系 $\subseteq$. 请注意, 这只是一个偏序, 因为 X 的一些子集可能不可比较, 例如单元素集合: 如果 $x \neq y$, 那么 $\{x\} \not\subseteq \{y\}$ 且 $\{y\} \not\subseteq \{x\}$.

在这种情况下, 一个链的示例是 X 的一系列子集:

$$X_1 \subseteq X_2 \subseteq X_3 \subseteq \cdots.$$

集合 A 的任何子集 B 都有一个上界 b, 具体为:

$$b = \bigcup_{x \in B} x.$$

这个偏序集 A 有一个 (唯一的) 极大元 X.

在许多情况下, 集合 A 由集合 X 的一些 (但不一定是全部) 子集组成 (即 A 是 X 的幂集的子集), 且 A 上的偏序再次是包含关系. 上界和极大元的存在性取决于 A 的性质.

(2) 设 A 是所有正整数集合 $\mathbb{N}$ 的真子集的集合, 按包含关系 $\subseteq$ 排序. 在这种情况下, 链不一定有极大元, 例如链

$$\{1\} \subseteq \{1, 2\} \subseteq \{1, 2, 3\} \subseteq \cdots$$

没有上界. 集合 A 仍然有极大元, 例如 $\mathbb{N} \backslash \{n\}$ 是 A 的一个极大元, 对于任意 $n \in \mathbb{N}$.

(3) 设 $A = \mathbb{R}$ 且按通常的 $\leqslant$ 关系排序. 在此示例中, A 的每个子集都是一个链 (包括 A 本身). A 的子集具有上界的概念与实数集合 $\mathbb{R}$ 中 "被某个实数从上界定" 的常规概念相同 (因此某些集合, 例如有限长度的区间, 有上界, 而其他集合, 例如正实数集合, 没有上界). 集合 A 没有极大元.

Zorn 引理 如果 A 是一个非空的偏序集, 且其中的每个链都有一个上界, 则 A 中必存在一个极大元.

Zorn 引理独立于通常的 Zermelo-Fraenkel 集合论公理体系, 这并非显而易见的. 具体而言, 如果集合论公理是自洽的, 那么这些公理与 Zorn 引理一起也是自洽的; 反之, 如果集合论公理不是自洽的, 那么这些公理与 Zorn 引理的否定也同样是自洽的. 这里的 "引理" 一词在 Zorn 引理中只是历史沿用的术语.

为了完整起见 (以及将 Zorn 引理与其他课程中出现的表述联系起来), 我们在下面给出了 Zorn 引理的另外两个等价表述. 我们建议读者参考 Hewitt 和 Stromberg 所著的《实分析与抽象分析》(*Real and Abstract Analysis*), Springer-Verlag, 1965, 第 3 节, 了解这些等价性及其他内容.

选择公理 (the axiom of choice) 设 $\{A_i\}_{i \in I}$ 是一族非空集合, 这里 I 是一个非空指标集, 那么存在一个映射 $f : I \to \bigcup_{i \in I} A_i$ 使得对每个 $i \in I$, 都有 $f(i) \in A_i$. 换言之, 笛卡儿积 $\prod_{i \in I} A_i$ 是非空集合.

良序原理 (the well ordering principle) 每个非空集合 A 都有一个良序, 即 A 上存在一个全序 $\leqslant$, 使得 A 的每个非空子集都有一个最小元, 也就是说, 对于每个非空子集 $B \subseteq A$, 存在 $s \in B$, 使得 $s \leqslant b$, 对所有 $b \in B$ 都成立.

参考文献

[1] ATIYAH M F, MACDONALD I G. Introduction to commutative algebra. Reading, Mass.-London-Don Mills, Ont.: Addison-Wesley Publishing Co., 1969.

[2] DUMMIT D S, FOOTE R M. Abstract algebra. 3rd ed. Hoboken, NJ: John Wiley & Sons, Inc., 2004.

[3] HERSTEIN I N. Abstract algebra. 3rd ed. Upper Saddle River, NJ: Prentice Hall, Inc., 1996.

[4] JACOBSON N. Lectures in Abstract Algebra. II: Linear Algebra. Graduate Texts in Mathematics 31. New York: Springer, 1953.

[5] JACOBSON N. Basic algebra: I. 2nd ed. New York: W. H. Freeman and Company, 1985.

[6] JACOBSON N. Basic algebra: II. 2nd ed. New York: W. H. Freeman and Company, 1989.

[7] 杨劲根. 近世代数讲义. 北京: 科学出版社, 2009.

[8] 姚慕生. 抽象代数学. 上海: 复旦大学出版社, 1998.

记号列表

$\mathbb{N}, \mathbb{Z}, \mathbb{Z}_{\geqslant 0}$	自然数集 (正整数集), 整数集, 非负整数集
$\mathbb{Q}, \mathbb{R}, \mathbb{C}$	有理数域, 实数域, 复数域
$M_{m \times n}(R), M_n(R)$	环 R 上 $m \times n$ 矩阵全体, n 阶方阵全体
id_S	集合 S 到自身的恒等映射
$|S|$	集合 S 的元素个数 (基数)
$\mathrm{GL}_n(K), \mathrm{GL}(V)$	一般线性群
$\mathrm{SL}_n(K)$	特殊线性群
$\mathbb{Z}_m$	模 m 的同余类全体
$o(g)$	群元素 g 的阶
$H < G$	H 是 G 的子群
$C(G)$	群 G 的中心
$C(g)$	群元素 g 的中心化子
$\langle S \rangle$	子集 S 生成的子群 (子模)
HK	$\{hk \mid h \in H, k \in K\}, H, K \subset G$
S_X, S_n	集合 X 上的对称群, n 元对称群
A_n	交错群
D_n	二面体群
aH, Ha	左、右陪集
$[G : H]$	群 G 关于子群 H 的指数
$H \lhd G$	H 是 G 的正规子群
$G/H, R/I, M/N$	商群, 商环, 商模
$N_G(H)$	正规化子
$[G, G]$	群 G 的换位子群
$\mathrm{Aut}(\cdot)$	自同构群

$\mathrm{Inn}(G)$	内自同构群
$\mathrm{Ker}\, f$, $\mathrm{Im}\, f$	同态的核, 像
$A \times B$	笛卡儿积
$G_1 \oplus G_2$	直和
Gx, $\mathrm{Stab}(x)$	轨道, 稳定子
$\mathrm{O}_n(\mathbb{R})$, $\mathrm{SO}_n(\mathbb{R})$	正交群, 特殊正交群
$\dbinom{n}{m}$	组合数
$N \rtimes H$	半直积
$\mathrm{End}(\cdot)$, $\mathrm{End}_R(\cdot)$	自同态环
$Z(R)$	环 R 的中心
R^*	环 R 的乘法群
$\mathbb{H}$	四元数体
(S)	子集 S 生成的理想
$R[x]$, $R[x_1, x_2, \cdots, x_n]$	环 R 上的多项式环
$\deg f$	多项式 f 的次数
$\mathbb{F}_p$	特征 p 的素域
$K(R)$	整区 R 的分式域
$\mathrm{char}\, F$	域 F 的特征
$a \mid b$	a 整除 b
$\gcd(a,b)$, $\mathrm{lcm}(a,b)$	最大公因子, 最小公倍式 (数)
$\dim_F V$	F-向量空间的维数
$\mathrm{Tor}(G)$	扭子群
$\Phi_n(x)$	分圆多项式
$V(f)$, $D(f)$	多项式 f 的零点集, 非零点集
K/F	域扩张
$[K : F]$	域扩张的次数
$F(S)$	由 S 生成的 F 的扩域
$K_1 K_2$	合成域
$f'(x)$	$f(x)$ 的导数多项式
$\overline{F}$	域 F 的代数闭包
$\mathrm{Emb}(E/F)$	F 上 $E \to \overline{E}$ 域扩张嵌入全体

$\mathrm{Gal}(E/F)$	Galois 群
E^G	域 E 的 G-不变子域
$\mathbf{Frob}_F$	Frobenius 同态
$\mathrm{Gal}_F(f)$	f 在 F 上的 Galois 群

索引

读者意见反馈

为收集对教材的意见建议，进一步完善教材编写并做好服务工作，读者可将对本教材的意见建议通过如下渠道反馈至我社。

咨询电话　400-810-0598

反馈邮箱　hepsci@pub.hep.cn

通信地址　北京市朝阳区惠新东街 4 号富盛大厦 1 座

高等教育出版社理科事业部

邮政编码　100029

图书在版编目（CIP）数据

抽象代数 / 陈猛，王庆雪，李志远编著 . -- 北京：
高等教育出版社，2025. 9. -- ISBN 978-7-04-065440-0

Ⅰ. O153

中国国家版本馆 CIP 数据核字第 2025JX5116 号

Chouxiang Daishu

策划编辑	杨　帆	出版发行	高等教育出版社
责任编辑	杨　帆	社　　址	北京市西城区德外大街 4 号
封面设计	张申申	邮政编码	100120
版式设计	曹鑫怡	购书热线	010-58581118
责任校对	陈　杨	咨询电话	400-810-0598
责任印制	赵　佳	网　　址	http://www.hep.edu.cn
			http://www.hep.com.cn
		网上订购	http://www.hepmall.com.cn
			http://www.hepmall.com
			http://www.hepmall.cn

印　　刷	涿州市星河印刷有限公司
开　　本	787mm×1092mm　1/16
印　　张	12.75
字　　数	220 千字
版　　次	2025 年 9 月第 1 版
印　　次	2025 年 9 月第 1 次印刷
定　　价	32.80 元